増補改訂版

国語力をつける物語・小説の「読み」の授業

「言葉による見方・考え方」を鍛える
あたらしい授業の提案

阿部 昇 著

明治図書

はじめに――これまで物語・小説を「読む力」をつけることができてこなかった

この本は何をめざして書かれたのか

　これまで物語・小説を「読むこと」に関する実践の試みや研究は様々に行われてきた。しかし、いずれも不十分な成果しか残してくることができなかった。特にどういう手順どういう過程で指導をしていけば、子どもたちに確かな「読む力」がついていくのかについての解明、つまり「指導過程」の解明が不十分だった。様々な提案はあったものの、全く未完成の状態である。またどういう力をつけると子どもたちは豊かに物語・小説が読めるようになるのかについての「読む力」の解明、つまり「教科内容」の解明も極めて甘かった。だから小学校から中学・高校までに是非身につけさせるべき物語・小説に関する「読む力」＝「教科内容」について、体系と呼べるものは今に至っても出来上がっていない。これら二つの解明の不十分さは相互に関連する。

　物語・小説を「読む力」を子どもにつけることができていないという状態を大きく乗り超えるために、本書を書いた。本書では子どもたちに物語・小説を豊かに確かに「読む力」をつけていくための新しい「指導過程」を提案した。そして、その際にどういう力を子どもたちに身につけさせていけばいいかという「読む力」つまり「教科内容」の具体を新たに提案した。

　小学校そして中学・高校の国語の先生方にとって、明日からすぐに生かしていける具体性・臨床性も重視した。国語科教育について現在学んでいる学部生・院生の皆さん、国語科教育の研究者の方々も読者として想定している。「スイミー」「お手紙」「モチモチの木」「ごんぎつね」「一つの花」「大造じいさんとガン」「注文の多い料理店」「カレーライス」「やまなし」「少年の日の思い出」「走れメロス」「故郷」「羅生門」など、現行の教科書教材を豊富に例示しつつ、わかりやすい提案となるようにこころがけた。

ＰＩＳＡを評価しつつＰＩＳＡを乗り超える

ＯＥＣＤ（経済協力開発機構）のＰＩＳＡ（生徒の学習到達度調査）「読解力」が、日本の国語科教育に大きな影響を与えている。ＰＩＳＡ「読解力」は、言語の教育の立場をとり作品の「批評」なども重視しており、先進的と言える。物語・小説では技法、伏線、構成、評価などの要素を明確に位置づけている。小説の前半の導入部の設定が伏線として後半の山場でどういう意味をもつかを問う設問、暗示を問う設問、作品の最後の一文が「このような文で終わるのは適切か」自分の考えを書く批評の設問などがある。

その影響を受けて、二〇〇七年から全国学力・学習状況調査が始まった。その国語の「Ｂ問題」には、たとえば「蜘蛛の糸」（芥川龍之介）を取り上げ、その「三」の場面は「ない方がいい」か「あった方がいい」か、自分の考えを答えさせる設問がある。もちろん「本文中の表現や内容に触れ」ながら理由を述べることという条件がついている。小説を批評することを求めるものである。そして、二〇〇八年・二〇〇九年の学習指導要領・国語も二〇一七年・二〇一八年の学習指導要領・国語も、ＰＩＳＡの影響を受け言語の教育としての立場を一層明確にした。「登場人物の相互関係」「登場人物の設定」「比喩や反復などの技法」「構成や展開」などが明確に位置づいた。また小説の「評価」「批評」「批判」も明記された。学習指導要領解説・国語編には物語の構成例として「状況設定―発端―事件展開―山場―結末」といった具体的な記述まで出てきた。

その意味で今、国語科教育は大きな節目を迎えていると言える。そして、これらは本書で私が提起しようとしている「構造」「形象」「吟味」の指導過程・教科内容とかなりの程度重なる。しかし、残念ながらＰＩＳＡ「読解力」にも全国学力・学習状況調査にも学習指導要領にも、不十分な点、不徹底な部分が多くある。本書は、それらを一定程度評価しつつも、それらを超えることを目指した。特に、今回の一連の動きの中で大きな役割を果たしているＰＩＳＡ「読解力」を重視しつつ、同時にそれを乗り超えることを強く意識している。

この本の問題提起の骨子と本書の構成

国語科教育について考える時、私は五つの枠組みを用いる。「目的論」「内容論」「教材論」「指導過程論」「授業論」である。国語科でめざすべき目的を論じる「目的論」、国語科で身につけさせるべき教科内容を論じる「内容論」、そのためにどの教材を取り上げどう教材を研究していくかを論じる「教材論」、それに基づきどういう手順・過程で授業を展開し指導するかを論じる「指導過程論」、そして実際の授業をどう構築するかを論じる「授業論」である。本書で取り上げるのは、そのうちの「内容論」と「指導過程論」である。「指導過程」は次の三つを提案する。

1　物語・小説の構成・構造を読む指導過程――構造よみ
2　物語・小説の形象・技法を読む指導過程――形象よみ
3　物語・小説の吟味・評価をする指導過程――吟味よみ

はじめに物語・小説の「構成・構造」を読む。次にそれを生かしながら各部分の「形象」や「形象相互の関係」を読む。その際に様々な「技法（レトリック）」や工夫、仕掛けなどに着目する。その延長線上で主題をつかむ。最後にそれらの読みを生かしながら作品の「吟味・評価」を行う―という指導過程である。それらを通して子どもは「読む力」を身につけていく。（ここで言う「形象」は、作品を読むことで立ち上がってくる人物・事物などの具体的な姿・行動、形・様子、考え・感情、見解等のことである。）

三つの指導過程を提案する中で、それぞれの過程で子どもに学ばせるべき「読む方法」を提示する。それが「教科内容」である。子どもは「読む方法」を学び習熟させていく中で「読む力」（国語力）を身につける。

「教科内容」としての「読む方法」は次の三つを提案する。

a　構成・構造を読む方法
b　形象・技法を読む方法
c　吟味・評価をする方法

右の具体的なものとしては、たとえば「クライマックス」への着目の方法、作品の鍵となる（重要）箇所への着目の方法、比喩・反復・倒置・体言止め・象徴などに着目しながら形象を読む方法、語りの仕掛けに着目しながら形象を読む方法、作品の主題を多様に読みひらいていく方法、別の語り手を想定しながらオリジナルの語りを吟味・評価する方法などである。それぞれの章で「教科内容」として多くの方法（指標）を示したが、実際の授業では学年や学習段階に合わせて、そこから大胆に取捨選択していってほしい。

本書は、大きく二部構成になっている。

第1部では多くの教科書教材を取り上げながら物語・小説の「構造よみ」「形象よみ」「吟味よみ」の「指導過程」と、それぞれの「指導過程」で身につけさせる「教科内容」についての解明を行った。第一章で指導過程と教科内容の大枠を示し、第二章で「構造よみ」について、第三章と第四章で「形象よみ」について、第五章で「吟味よみ」について述べた。

第2部では小学校の代表的な教材「モチモチの木」（斎藤隆介）と「ごんぎつね」（新美南吉）、そして中学校の代表的な教材「走れメロス」（太宰治）を取り上げ、第1部の「指導過程」「教科内容」の活用の具体例を示した。これまで解明されることのなかった新しい教材の読みの切り口も示した。

「読む方法」を意識していく中で、物語・小説が、人間や世界の認識の仕方・見方を読者に知らせ考えさせる力を、どれほど多様にもっているかが見えてくることと思う。

本書で示した「読む方法」は、二〇一七年・二〇一八年の学習指導要領・国語で重視されている「言葉による見方・考え方」にあたるものであり、国語科の高次の教科内容と言える。構成・構造、形象・技法、吟味・評価は、深く読むための視点・観点、つまり「見方」である。それをより具体化した読むための方法、たとえば「クライマックスを意識しながら、展開部の鍵となる部分に着目する」「倒置表現のもつ『期待効果』という性質に着目して表現を読み深める」などは「考え方」である。

「読む方法」を多様に生かしていくことで、学びは確実に深くなる。そして、「読む方法」が子どもたちに身についていく。

教材研究の方法、授業づくりの方法も織り込んだ

右記の解明の中で、先生方が物語・小説の教材をどのように研究したらいいかも見えてくる。また、「たぬきの糸車」「スイミー」「お手紙」「ちいちゃんのかげおくり」「モチモチの木」「ごんぎつね」「一つの花」「大造じいさんとガン」「わらぐつの中の神様」「注文の多い料理店」「カレーライス」「やまなし」「少年の日の思い出」「オツベルと象」「走れメロス」「形」「故郷」「羅生門」などの教材を引用しながら具体的に解明を進めた。村上春樹や井上ひさしの小説、さらには「平家物語」「万葉集」なども必要に応じて取り上げた。その意味で「教材研究論」に関わる要素も少なからず含まれている。

さらに実際の授業での指導の在り方―発問や助言の在り方などについても言及している。その意味で部分的に「授業論」にも触れていることになる。

共同研究・先行研究を生かし阿部がまとめあげた

本書は日本教育方法学会、全国大学国語教育学会などの学会での研究、「読み」の授業研究会などの研究会での研究、全国の先生方との共同研究の成果を生かすかたちで書いた。また、明治期以来の国語科教育研究の成果を生かしつつ同時に批判的に検討もした。内容の責任はすべて阿部に帰するものだが、本書はそういった全国の研究者・先生方との共同研究、過去の研究の継承と批判的検討が背景にある。

＊

本書初版は二〇一五年に刊行されたが、おかげさまで版を重ねることができた。全国の多くの先生方にお読みいただいていることに感謝を申し上げる。今回増補改訂版を刊行するにあたって、本文を改訂するとともに、索引を付けた。「索引があればありがたい」というお声をいただいたことに応えた。また、現在、多くの国語教科書に掲載されている「モチモチの木」（斎藤隆介）の教材研究を新たに加えた。

なお、本書と合わせて、本書の姉妹編である拙著『物語・小説「読み」の授業のための教材研究―「言葉による見方・考え方」を鍛える教材の探究―』（明治図書）をご覧いただきたい。ここでは「スイミー」「お手紙」「一つの花」「大造じいさんとガン」「海の命」「少年の日の思い出」「字のない葉書」「故郷」を丁寧に深く研究している。二冊合わせてご覧いただくことで物語・小説のあたらしい授業の姿がより立体的に見えてくる。

最後になるが、本書の出版にあたって温かく励まし援助してくださった明治図書の木山麻衣子氏に厚く感謝申し上げる。

秋田大学　阿　部　　昇

〈注〉本書では国語教科書の教材を引用している。小学校は原則として二〇一五年度版を使った。一部、二〇一一年度版も使った。中学校は二〇一二度版を使った。その出典は次のとおりである。「おおきなかぶ」（西郷竹彦）「たぬきの糸車」（岸なみ）「スイミー」（レオ＝レオニ・谷川俊太郎訳）「お手紙」（アーノルド＝ローベル・三木卓訳）「わたしはおねえさん」（石井睦美）「スーホの白い馬」（大塚勇三）「きつつきの商売」（林原玉枝）「海をかっとばせ」（山下明生）「ちいちゃんのかげおくり」（あまんきみこ）「モチモチの木」（斎藤隆介）「白いぼうし」（あまんきみこ）「一つの花」（今西祐行）「ごんぎつね」（新美南吉）「三つのお願い」（ルシール＝クリフトン・金原瑞人訳）「初雪のふる日」（安房直子）「茂吉のねこ」（松谷みよ子）「大造じいさんとガン」（椋鳩十）「わらぐつの中の神様」（杉みき子）「カレーライス」（重松清）「やまなし」（宮沢賢治）「海の命」（立松和平）（以上小学校）「星の花が降るころに」（安東みきえ）「大人になれなかった弟たちに……」（米倉斉加年）「少年の日の思い出」（ヘルマン＝ヘッセ・高橋健二訳）「アイスプラネット」（椎名誠）「盆土産」（三浦哲郎）「走れメロス」（太宰治）「蝉の声」（浅田次郎）「握手」（井上ひさし）「故郷」（魯迅・竹内好訳）「平家物語」（以上中学校）は光村図書出版による。「注文の多い料理店」（宮沢賢治）（小学校）「トロッコ」（芥川龍之介）「形」（菊池寛）（中学校）は東京書籍による。「川とノリオ」（いぬいとみこ）（小学校）「オツベルと象」（宮沢賢治）「蜘蛛の糸」（芥川龍之介）（以上中学校）「羅生門」（芥川龍之介（高等学校『新編国語総合』）は教育出版による。また、「草枕」（夏目漱石）「月夜のでんしんばしら」（宮沢賢治「ブンとフン」（井上ひさし）「賢者の贈り物」「最後の一葉」（以上、О＝ヘンリー・大久保康雄訳）作品集『未来いそっぷ』（星新一）は新潮文庫（二〇一五年時点での現行版）による。「不忠臣蔵」（井上ひさし）は集英社（一九八五年）による。「ねじまき鳥と火曜日の女たち」（村上春樹）は『象の消滅（村上春樹短篇選集一九八〇―一九九一年）』新潮社（二〇〇五年）による。「色彩を持たない多崎つくると、彼の巡礼の年」（村上春樹）は同名の単行本（文藝春秋、二〇一三年）による。（なお、「お手紙」「スイミー」などについては、教科書では分かち書きになっているが、本書では通常の文章の形で引用した。）

目次

第四章 「形象」を読み深めるための様々な方法 139

第2部 有名教材であたらしい「読み」の授業を検証……224

第一章 「モチモチの木」（斎藤隆介）のあたらしい「読み」の授業……224

第1部 国語力をつける物語・小説の「読み」の授業
――指導過程と身につける「国語の力」

第一章 物語・小説についての三つの指導過程と三つの国語の力

第1節 三つの指導過程「構造よみ―形象よみ―吟味よみ」

本書は、第一に、物語・小説を「読む力」を子どもに豊かに確かに身につけさせるための指導方法について述べる。特に「指導過程」を柱に解明を進めていく。第二に、その指導過程で子どもたちに身につけさせる「国語の力」（読む方法・読む力）について解明をしていく。「読むこと」分野の「教科内容」の解明である。

子どもたちに物語・小説を「読む力」を身につけさせるための指導過程として次を提案していく。

1 構成・構造を読む指導過程――構造よみ
2 形象・技法を読む指導過程――形象よみ
3 吟味・評価をする指導過程――吟味よみ

はじめに「構造よみ」（注1）で作品の「構成・構造」を読む。次にそれを生かしながら「形象よみ」で各部の「鍵」となる語や文に着目し、「形象」や「形象相互の関係」を読み深める。その際に様々な「技法（レトリック）」や「仕掛け」に着目する。その延長線上で「主題」をつかむ。最後にそれらの読みを生かしながら「吟味よみ」で作品を再読し「吟味・評価」を行う。ここでは書く学習も重視する。それぞれの指導過程ごとに、様々な読むための「方法」を学び習熟させていく。それにより子どもたちは「読む力」を身につけていく。

読むための「方法」は、国語科の高次の教科内容であり、二〇一七年・二〇一八年学習指導要領で示された「言葉による見方・考え方」そのものと言える。

三つの指導過程は、戦前・戦後を通じ多く行われてきた「通読」「精読」「味読」という指導過程とかなり重なる。その後の研究・実践の成果を生かしながら、独自の観点を位置づけ新しい学力観にも対応できるものとして新たに提案する。

1 三つの指導過程には、それぞれ二つの要素が含まれる

三つの指導過程には、それぞれ二つの要素が含まれる。

「構造よみ」の二つの要素は、①「構成」の読みと、②「構造」の読みである。「構成」の読みでは、「導入部・展開部・山場」などの典型構成を手がかりに、作品の組み立てに着目していく。「導入部」はプロローグなどとも言われるが、事件が始まる前に人物の紹介など様々な設定を提示する。そして「山場」で事件が急展開を見せる。そういった全体の構成を俯瞰する。「構造」の読みでは、事件（展開部＋山場）の最大の節目である「クライマックス」に着目する。それにより事件の大きな方向性やつながり、伏線などの仕掛けが浮かび上がってくる。

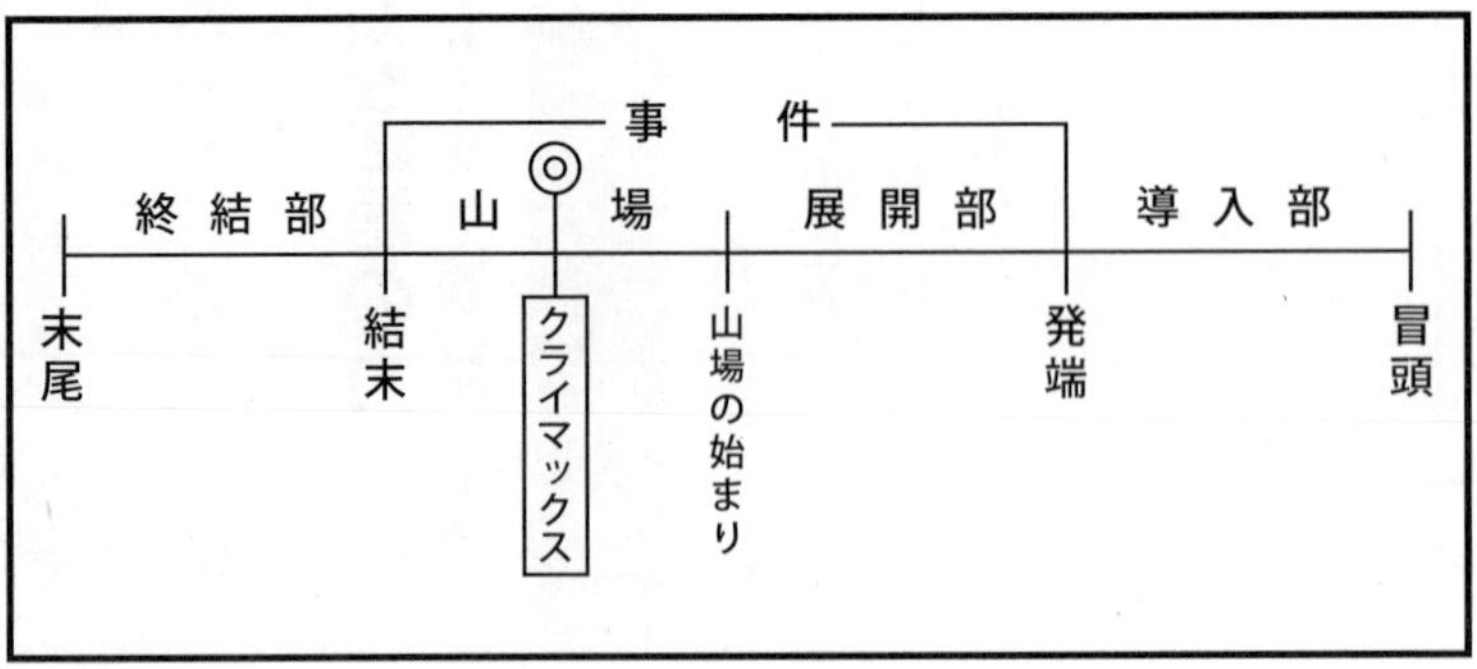

「クライマックス」は本来「梯子の一番上」という意味だが、物語・小説の山場の頂点にあたる。事件が決定的な局面を迎えたり大逆転が起こったりする。読者に最も強くアピールする部分でもある。主題も（仮説的に）浮かび上がってくる。前頁の図が四部の場合の（構成と構造を含む）典型的な構造図である。

「形象よみ」の二つの要素は、①「鍵」となる語や文（重要箇所）への着目（取り出し）と、②その読み深めである。物語・小説には、より重要な「鍵」と言えるような部分がある。そこに丁寧に着目しこだわることで、作品の仕掛けや面白さがくっきりと見えてくる。主題もより鮮明になる。まず導入部・展開部・山場など、それぞれで「鍵」となる語や文に着目し、それらに傍線を引きながら取り出しをしていく。（この過程で構造よみで「クライマックス」に着目したことが生きてくる。）「導入部」では特に「人物」設定が大きな意味をもつ。その中でも特に伏線として後で生きてくるような部分を取り出していく。作品によっては「時」や「場」の設定が重要な意味をもつこともある。「展開部」「山場」では「事件が大きく発展する部分」や「新しい人物像が見えてくる部分」が鍵となる。その上で取り出した語や文を、様々な「技法」や「仕掛け」などに着目しながら読み深めていく。形象相互の関係にも注意する。その延長線上に主題の把握がある。

「吟味よみ」ではそれまでの構造よみ、形象よみを再読する。二つの要素は、①作品を吟味・評価することと、②それを「吟味文」として書くことである。作品への共感・違和感などを意識しつつ吟味・評価そして批判を行っていく。その際にそれまでの構成・構造、形象を振り返り再読する。次にそれを吟味文として書いていく。「読むこと」から「書くこと」への発展である。作品への吟味・評価・批判を吟味文として書く中で読みが一層深くなる。さらにそれを子どもが相互に交流することで吟味・評価・批判が多様で豊かになっていく。

「構造よみ」→「形象よみ」という順序で指導過程を構築したのは、はじめに導入部・展開部・山場などの構成を把握し、クライマックスを構造的に把握することで、「鍵」の部分への着目・取り出しがより効果的に行えるからである。「鍵」の部分を読み深める際にも、構成・構造の把握がより文脈性の高い読みを生み出す。

2 読者が物語・小説を「読む」という行為を、三つの要素に分けてみる

私たちが物語・小説を読むという行為の中には、意識・無意識は別として次の三つの要素が同時に存在する。

一つ目は、物語・小説の今まさに読んでいる箇所の、その部分の語句や文の形象を読むという要素である。「ごんぎつね」（新美南吉）（小4）で「『おれと同じ、ひとりぼっちの兵十か。』こちらの物置の後ろから見ていたごんは、そう思いました。」を読んでいる時、私たちはその時のごんの心の動きや様子をイメージしている。物置やその周りの風景もイメージに入っているかもしれない。

ただし、私たちの「読み」はそれだけではない。私たちはその部分その部分の形象を読みつつ、同時にそれまで読んできた形象とのつながり・関係を考えている。これが二つ目の要素である。「『おれと同じ、ひとりぼっちの兵十か。』こちらの物置の後ろから見ていたごんは、そう思いました。」を読んでいる時も、「すぐ前の『ちょっ、あんないたずらをしなけりゃよかった。』とつながってる」とか「兵十は『ぬすっとぎつねめ』って言ってるけれど、ここを見ると少し違うかもしれない」とか「これは、導入部の『ひとりぼっちの小ぎつね』という紹介と関係がありそう」など、前に読んだ形象と現在の形象とを関連づけながら読む。また「これは、前に言っていたことと随分違うな」とか「このあたりから違った動きが出てくる」とか「前よりテンポが速くなってきた」などという関連づけもある。その先の事件展開を予想するということもある。

これらは、文脈を読むということである。作品の読みが進むにつれて関連の範囲、文脈の範囲が広がり、だんだんと作品全体が有機的に関わり合うようになる。そして、作品の山場に近づくにしたがって、作品全体の形象の相関、変化、一貫性などから、その作品の主題や思想を読みとることになる。そういった過程をより豊

かにより有機的に行えれば行えるほど、作品の読みは一層豊かに楽しくなる。

また、私たちは各形象や文脈を読みながら、その都度、物語・小説に共感したり感想をもったり評価したりしている。これが三つ目の要素である。「この主人公、魅力的」「この一言、好きだ」「この人物の描き方うまい」「この人物の台詞（せりふ）はウソっぽい」「この展開は面白くない」などという感想、共感・違和感、評価である。作品を読み終わった時にも「考えさせられた」「主人公の生き方、意外だったけど共感できた」「この作品、冗長で読みにくい」「この人物の考え方、共感できない」などと共感をしたり違和感をもったりする。

「その部分の形象（イメージ）を読む」「前後・全体のつながりを考えながら読む」「共感・違和感をもつ」という三つの要素が、実際にはあまり意識されることなく読者の中で（比較的同時に）現象している。時々は「前はどうだったっけ」とか「やっぱりこの主人公は好きだな」などと意識的に立ち止まることもある。しかし、意識しなくても三つの要素はほぼ同時に展開されている。

指導過程として私は、右の中の二つ目の要素、つながりや全体の有機的関わりを「構成・構造」の読み（構造よみ）として位置づけた。そして、一つ目の要素を「形象・技法」の読み（形象よみ）として位置づけ、三つ目の要素を「吟味・評価」（吟味よみ）という形で位置づけた。（「形象よみ」でも、構成・構造の読みを生かしながら、つながりや全体の有機的関わりの読みとりは行われる。）それらの過程で「読む方法」を学ばせ習熟させながら子どもに「読む力」を身につけさせていく。

既に述べたとおり、これら三つの要素は実際の読む行為では同時に進行する。だから授業で三つを同時に指導をするという方法も考えられる。しかし、それは高い力をもっている一部の子どもには有効かもしれないが、多くの子どもにとっては難しい読みの学習となる。はじめに全体の「構成・構造」を読み、そこで作品の組み立てや事件の方向性やつながりを俯瞰する。次に、それを生かしながら「鍵」となる語や文（重要箇所）に着目しながら形象を読み深める。また、形象相互の関係を読む。「技法」「仕掛け」にも着目する。その延長線上に主題をつかむ。そして、さらにそれら「構成・構造」「形象・技法」の読みを生かしながら、最後に「吟味・評価」の読みを行う―という指導過程の方が、より効果的に子どもに「読む力」をつけることができる。

第2節 「表層のよみ」と「深層のよみ」

実際の授業では右の三つの指導過程の前に、教師の範読（朗読）、子どもの音読、語句の確認などの指導が必要となる。その際重視すべきことに子どもが作品と「幸せな出会い」ができるようにすることがある。「この物語面白い」「わくわくする」「みんなで読んでみたい」など作品との幸せな出会いを創り出す必要がある。

そのためには教師による範読（朗読）が大切である。読むことの指導の際の朗読は、読み聞かせなどの朗読と違い、教師の解釈が前面に出過ぎてはいけない。その後の構造よみ、形象よみ、吟味よみに影響を与え過ぎてはいけないからである。とは言え、ドライに読み過ぎたのでは子どもたちの作品への興味を引き出すことはできない。子どもたちに「幸せな作品との出会い」をさせつつも、教師の解釈が前面に出過ぎない朗読が求められる。その意味で通常の朗読より高度な技術が求められる。

また、子どもに何度も音読させ、作品を反芻して味わわせることも大切である。暗唱するくらいまで音読を繰り返させる方がよい。それがこの後の構造よみ、形象よみ、吟味よみで生きる。暗唱するくらいにまでなるということは、作品の全体像を（無意識のうちに）把握することにつながる。構造よみはもちろん、形象よみでも吟味よみでも、作品の全体像を常に頭の中に置きながら読みとることで読みが豊かになる。作品を豊かに楽しく読める子どもは、全体と部分の関係を的確に把握できている。逆に部分の読みだけに気を取られている子どもは作品の面白さに気づかない。

漢字の読みや語句の意味、書かれていることのだいたいの場面の展開なども、ある程度まで押さえておく必要がある。ただし、ここでは構造よみ以降の指導がスムーズに進むための最低限の確認と考えた方がよい。また、場面分けもだいたいを確認できれば、後は構成の読みとりで明確にできる。

子どもに始めに作品の感想を出させることも大切である。口頭での簡単な感想でもよいし文章を書かせることがあってもよい。この「第一次感想」は、必要に応じてこの後の構造よみ、形象よみ、吟味よみで生かすことができる。「第一次感想」と吟味よみでの「吟味文」とを比較させるという指導も有効である。

これらの指導を作品とのよりよい出会いを創り出す場として「表層のよみ（出会いよみ）」と呼ぶ。これは子どもの発達段階や作品の難易度によって、どのくらいの時間をかけるかは違ってくる。

「表層のよみ（出会いよみ）」に対して、第1節で述べた「構造よみ」「形象よみ」「吟味よみ」の三つの指導過程を合わせて「深層のよみ（深めよみ）」と呼ぶ。それらを整理すると、次頁のようになる。

第3節　三つの読む方法＝三つの国語の力＝三つの教科内容
―構成・構造を読む方法、形象・技法を読む方法、吟味・評価をする方法

「深層のよみ」の指導過程では、作品の構成やクライマックスへの着目（構造よみ）、「鍵」の部分（重要箇所）への着目と読み深め（形象よみ）、吟味・評価（吟味よみ）についての指導を行う。その過程でそれらに関わる「読む方法」を多様に学ばせる。「読む方法」に習熟することで、子どもは「読む力」（国語の力）を身につけていく。それらは「読むこと」分野の教科内容である。子どもは「読む方法」を学び習熟させ身につけることで、だんだんと教師の指示を待たなくても自力で作品が読めるようになっていく。そして新しい教材・新しい単元では、それまでに身につけた「読む方法」を生かしながら、新しい「読む方法」を学び「読む力」

（国語の力）をさらに豊かにしていく。

物語・小説の指導過程

Ⅰ　表層のよみ

①　作品との出会いの演出（題名への注目、題材への注目、作者への注目など）
②　教師の範読（朗読）
③　子どもの音読（できれば暗唱するくらいまで繰り返させる）
④　漢字や語句の確認
⑤　場面やだいたいの話の流れの確認
⑥　第一次感想（簡単な感想発表でもよいが、短い文章で書くことも効果的である）

Ⅱ　深層のよみ

1　構造よみ─①　作品の構成（導入部─展開部─山場─終結部など）を読む。
②　作品の構造（クライマックスを軸とした形象の方向性・つながりや仕掛け）を読む。

2　形象よみ─①　作品の鍵となる語句や文に着目し取り出す。
②　取り出した語句や文の形象を、技法や様々な方法で読み深めていく。
その際に文脈（相互の形象の関係性）を重視する。その延長線上で主題を把握する。

3　吟味よみ─①　作品への共感・違和感を意識しつつ再読し吟味・評価・批判を行う。
②　吟味文を書き、交流する。（「読むこと」から「書くこと」への発展）

構造よみ（構成・構造の読み）、形象よみ（形象・技法の読み）、吟味よみ（吟味・評価の読み）の指導過程に対応する形で、それぞれ次のように物語・小説を「読む方法」が設定できる。「読む力」を育てるための教科内容としての「読む方法」を三つの枠組（カテゴリー）に整理したということでもある。

本書では三つの指導過程を解明するとともに次の三つの枠組の教科内容（読む方法）について解明する。

a　構成・構造を読む方法 b　形象・技法を読む方法 c　吟味・評価をする方法

「a　構成・構造を読む方法」としては、たとえば次のようなものがある。

・導入部から事件（展開部・山場）に入っていく「発端」への着目の方法
・事件の最大の見せ場である「クライマックス」への着目の方法

「b　形象・技法を読む方法」としては、次のようなものがある。

・導入部や展開部・山場で「鍵」となる部分に着目する方法
・鍵の部分を様々な技法（比喩、反復、倒置、象徴など）に着目しながら形象を読み深める方法
・差異性・多様な立場から形象を読み深める方法
・語りの仕掛けに着目しながら形象を読み深める方法

「c　吟味・評価をする方法」としては、次のようなものがある。

・別の語り手を想定しながらオリジナルの語りを吟味・評価する方法

・別の構成・構造の可能性を想定しながらオリジナルの構成・構造を吟味・評価する方法
・別の事件展開の可能性を想定しながらオリジナルの事件展開を吟味・評価する方法
・別の題名の可能性を想定しながらオリジナルの着目を吟味・評価する方法

二〇〇八年・二〇〇九年そして二〇一七年・二〇一八年の学習指導要領の国語および解説・国語編に示されている「内容」の中には、これらと対応する要素が多く含まれる。学習指導要領および解説中の「構成や展開」「文章全体と部分との関係」「状況設定―発端―事件展開―山場―結末」などは、構造よみ（構成・構造を読む指導過程）に対応する。「場面の様子」「登場人物の行動」「登場人物の気持ちの変化」「登場人物の相互関係」「描写」「登場人物の設定の仕方」「表現の効果」「比喩、反復、倒置、体言止めなどの表現の技法」などは、形象よみ（形象・技法を読む指導過程）に対応する。「自分の考えをまとめる」「自分の意見をもつ」「評価する」「批評する」「批判的に読み」などは、吟味よみ（吟味・評価を行う指導過程）に対応する（注2）。

これらの学習指導要領は「言語教育」としての国語という方向を目指すものとなっている。従来の学習指導要領から前進があったことは率直に評価したい。しかし、残念ながらこれらの学習指導要領でも、「読む力」を形成すべき「読む方法」について多くの欠落がある。また「要領」という性格もあるのだろうが（「解説」も含め）十分に具体的な「方法」にまでは言及できていない。本書は、その課題にも応えようと考えた。

＊

明治以来、国語科の教科内容は十分に解明されてこなかった。その理由の一つに、作品を様々な方法を使って読むことに対する忌避感が国語科教育に関わる人たちの間に少なからずあったということが挙げられる。「構成とか技法とか人物とか主題とか言うからかえって文学がつまらなくなる」「優れた作家が創作した芸術作品を分析的に読むなど芸術への冒涜」という見方・考え方が見え隠れする。

西郷信綱は、文学作品の「分析は命を殺すものと受けとられやすい」が、「実は逆で」あると述べる(注3)。「鑑賞」と称するものをうっかり信用できないのも、概して享受が分析を経ない趣味のことばで語られているからである。すばらしいとか、美しいとか、人間的とか、天才的とか、等々、分析とはこういった一般的名辞による評価を拒み、享受そのものを表現に即してもっと意識化することである。

ピエール・ブルデューも同様のことを述べる(注4)。

科学的分析が、美的快楽をはじめとして、文学作品や読書行為の特殊性をなすものをどうしても破壊してしまうというのは、いったい本当なのか？（中略）いったいなぜ、あれほど多くの批評家、作家、哲学者たちが、芸術作品の経験は曰く言いがたいものであり、それは定義からして理性による認識を逃れるものであると、あんなにも迎合的に言明するのか？　いったいなぜ、彼らは闘いもせずに、知の敗北をこんなふうに性急に宣言してしまうのか？（中略）なぜ人は、芸術作品や美的経験を知的に認識する試みを押し進めようとする人々にたいして、あんなにも執拗な攻撃を加えるか？（中略）要するにひとことで言えば、なぜ人はあんなにもはげしく、分析に対する抵抗を示すのか？

こう述べながらブルデューは一定の「理性」的方法によって分析的に文学作品を読むことの大切さを強調する。「多くの批評家、作家、哲学者たち」は、日本の「教育関係者」に言い換えられる。ブルデューはそういった傾向は「典礼さながらにくりかえされる学校教育によって、かつ学校教育のために、それらが際限なく再生産されて、〈学校〉によって形成されてゆくすべての人々の精神に深く刻み込まれている」とも述べる。

物語・小説の「読むこと」の指導では、「読む方法」を体系的に解明し、それを子どもたちに学ばせ習熟させていく必要がある。それによって子どもたちは豊かに確かに「読む力」を身につけていく。それは、子どもたちの生き方と深く関わる。本書は、それに応えるための一つの新しい試みと言える。

第4節　これまでの指導過程と教科内容に関する実践・研究

この節では、戦前・戦後を通じて日本でどういった指導過程と教科内容に関する実践・研究があったかを振り返り、私の提案のもつ位置について考えていく。

第1節で示した阿部の指導過程は、石山脩平はじめ多くの先人が提唱し実践し成果を上げてきた「通読」「精読」「味読」などの指導過程に重なる部分がある。石山修平は一九三五年に次の指導過程を提案した（注5）。

(1)「通讀段階」
(2)「精讀段階」
(3)「味讀（鑑賞）段階」
(4)「批評段階」

「通讀段階」は阿部の「構造よみ」と、「精讀段階」は「形象よみ」と重なる部分が多い。「味讀（鑑賞）段階」「批評段階」はともに「吟味よみ」と重なる部分が多い。石山の「通讀段階」では①全文の「素讀」、②「語句の一般的讀解」、③「假定的主題」のとらえを含む「文意の概觀」を行う。①全文の「素讀」と②「語句の一般的讀解」は、阿部の「表層のよみ」に対応し、「構造よみ」には対応していない。③の「假定的主題」は「構造よみ」に含まれる。石山は主題を「第一次直觀」によって「豫見」し「假説的主題」をとらえるとする。私の場合、特に「クライマックス」への着目に関わり「主題」を仮説的に予測することを重視する。石山は「文意の概觀」が「精讀段階への起點」になるという指摘をしている。その点は高く評価できる。

ただし、石山の指導過程には「通讀」の具体的方法は示されていない。私の「構造よみ」では導入部・展開部・山場などの作品構成の読み、クライマックスを中心とした構造の読みなどが含まれ、それに伴う具体的な指標や方法がある。それにより通読が精読で生きることになり、主題の仮説的予測もより有効に行える。

石山の「精讀段階」では①「主題の探究」、②「事象の精査」と「主題」への「統一」、③「情調の味得」を行う。「個々の事象」の「精査」と「關聯づけ」「統一」を重視し、「個々の部分的情調」と「全體としての統一的情調」との関連を重視している点では評価できる。文脈性の重視である。この段階に主題の把握を位置づけている点も評価できる。ただし、石山の指導論には、やはり具体的な「精讀」の方法が示されていない。どのように鍵となる語や文に着目するか、その着目した語や文をどのように読み深め関係づけるか、どのように主題に総合するかについての方法の提示がない。鍵となる語や文への子ども自身による着目、そして子ども自身による読み深め過程があることで、子ども主体の授業となる。石山の指導過程ではその観点も弱い。

石山の「味讀段階」では①「朗讀」、②「暗誦」、③「感想發表」などを行う。「批評段階」では①「内在する立場を標準としてその作品の構造の適否優劣を評價するところの『内在的批評』」、②「作品以外の立場を標準としてその作品の性格や優劣を評價するところの『超越的批評』」を行う。「味讀段階」と「批評段階」は、ほぼ私の「吟味よみ」と重なる。「批評段階」の「内在的批評」も「外在的批評」も、やはり具体的な方法が提示されてはいない。私は「吟味よみ」で「吟味」のための具体的な方法を提示している。

とは言え、石山がこの指導過程を提案したのが一九三五年である。この時点で、これだけ体系的な国語科教育の指導過程が提案されていたことは驚きである。

教育科学研究会国語研究部会の宮崎典男は、次のような指導過程を提案した（注６）。

(1)　形象の知覚の段階（形象の情緒的知覚）

一次読み（範読）

二次読み（精読）──「絵と感情」におきかえる

(2) 形象の理解の段階（形象の本質的・一般的理解）
　作品のすじ、主題、理想の論理的な理解
(3) 表現読みの段階（味読）
　論理的な理解にささえられた情緒的な知覚

これも通読→精読→味読に近い指導過程である。ただし私が提案する「構造よみ」に該当する要素は(2)の「作品のすじ」として指導される。宮崎は「起承転結」で「作品の構造」をとらえている。同研究会の奥田靖雄は、「はじまり」「おこり」「つづき」「やま」「おおづめ」などの「すじ」を提示している(注7)。しかし、それらは一読目(1)での指導ではない。構成・構造をはじめに俯瞰しておくことで次の形象・技法の読みに立体的に生きるのだが、これらの提案にはその観点が欠落している。また、「はじまり」「おこり」「つづき」「やま」「おおづめ」などについても、それを把握するための具体的な指標や手立ては部分的にしか提案されていない。一読目(1)二読目(2)ともに、着目すべき語や文をだんだんと子ども自身が自力で見つけ出していくという観点も弱い。それは第一読で構成・構造に着目しないことと関わる。宮崎の授業案を見ても、子ども自身が指標・方法を生かしながら自力で重要な語や文に着目する過程は見当たらない(注8)。

味読にあたる部分の指導も「表現よみ」だけで具体的な方法は示されていない。子どもが批評文を書いたり交流したりという過程も位置づいていない。石山より具体的な手立てが示されているものの曖昧な点が残る。

大西忠治は、一九八六年に次の指導過程を提唱した(注9)。

(1) 構造読み
(2) 形象読み
(3) 主題読み

大西は、石山脩平、教育科学研究会国語部会等の指導過程を踏まえつつ右の指導過程を提案した。本書では、特に大西の指導過程を批判的に継承しつつ新たな指導過程を提案している。「(2)　形象読み」は、阿部の「形象よみ」と重なる部分はあるものの大きな違いもある。大西は作品の導入部と展開部の読みを「形象読み」とし、山場と終結部の読みを「主題読み」とした。山場以降に主題が顕在化してくるということでそのようにしたのである。一読目で構造を読み、二読目で導入部・展開部の形象を読み、三読目で山場・終結部の形象と主題を読む。二読目と三読目は一続きの過程である。したがって大西の指導過程は、実際には二読法とも言える。

しかし、大西の二読法には無理がある。導入部・展開部も山場・終結部も形象の読みという点では同一線上にある。主題は導入部でも展開部でも一部見えてくる。急に山場で主題が読めるわけではない。また構成・構造上は事件を成立させている展開部と山場の結びつきは大きい。差としては事件以前の導入部と、事件が動いていく展開部・山場との方が大きい。さらに私の指導過程との決定的な違いは、吟味・評価過程の有無である。大西の指導過程には作品を子どもが主体的に吟味・評価するという要素が薄い。どんな著名な作家が書いた作品であっても、子どもは「共感できない」と思うことはある。その共感できない根拠を探し検討していくことも創造的な読みの一つである。「ここは面白いが、ここはつまらない」「この人物には共感できるが、この人物には共感できない」という読みも重要である。吟味・評価の指導過程は、主体的な読者の育成に必須と言える。しかし、大西の指導過程には、それがきちんと位置づけられていない(注10)。

児童言語研究会は「一読総合法」を提唱している。その立場から見ると、三読法は実際の読みの在り方から乖離した極めて不自然な指導法ということになろう。なぜ三つの「読み」の要素を、同時にでなくあえて分けて指導するのか。第1節でも述べたが、その方が子どもにとってより物語・小説を「読む方法」を学びやすく、「読む力」をより有効に身につけることができるからである。たとえば水泳を初めて教える際に近代的な指導法では、まずはいくつかの要素に泳ぎの技能を分解し、それぞれを丁寧に訓練しつつそれらを総合していくという手順が一般的である。ある程度泳げるようになっても、さらにそれに磨きをかけたい場合にはもう一度要素に分解し、それを練習していく。それと同じように「読む方法」を身につける場合にも、いくつかの要素に「読み」を分解しつつそれぞれを丁寧に訓練し、やがてそれを総合していくという方法は有効である(注11)。

石山脩平は「解釋過程は、人々が日常に行ひつゝある讀書に於て殆んどその必要を感ぜず、従ってこの過程が意識的に辿られることは殆んど無いと言ってよからう。併しさうした場合でも、その解釋が結果に於て十分に行はれてゐるとすれば、當人は意識せずとも、實質上では解釋過程の各段階の要件が一擧にして容易に兼ね果たされてゐることゝなる。」と述べる(注12)。ロバート・スコールズは、学生たちに小説のテクストを読む力をつけるために「教育上の目標を、三つの互いに関連した技能のかたちでとらえるのがいい」と述べる。スコールズの三つは「読むこと」「解釈」「批評」と、私が提唱している三つと少し違うが、それらを区別しながら「ダンスやスポーツのある種の動きを、そこだけ取りだして練習できるようなものだ。」と述べる(注13)。

日常の読みでは構成・構造、形象・技法、吟味・評価の過程は同時に現象するが、授業ではそれを要素に分けることで多くの子どもがより豊かに確かに物語・小説を読む方法を学び、読む力を身につけることができる。それも、構成・構造という全体を俯瞰する過程から入ることに大きな意味がある。俯瞰から入ることで、その次の形象・技法の読みがより立体的に行える。特に子ども自身が、形象よみの際に作品の「鍵」となる部分に主体的に着目できるようになる。そして、それらを生かしながら吟味・評価の読みを行っていく。

国語の授業では「構造よみ→形象よみ→吟味よみ」という過程で作品を読み「読む方法」を学んでいても、子どもがずっとその順序で読書をしていく必要はない。日常の読書ではまた将来子どもが社会に出てからの読書では、それらを総合する形で多様に作品を読んでいけばよい。ただし、身につけた「読む力」は意識・無意識に関わらず必ず生きてくる。もちろんその際に必要に応じて授業で学んだ「読む方法」を思い返し読みを深めることもあるはずである。（実際の読書では、一回だけしか読まないこともあれば、初読→再読→再々読……と同じ作品を読み返すこともある。それも読みの楽しみの一つである。）

第5節　本書の構成―三つの指導過程と三つの教科内容を解き明かす

右に述べてきた構造よみ、形象よみ、吟味よみの三つの指導過程の順序で本書は構成されている。そして、それぞれの指導過程で学ばせ身につけさせるべき「読む方法」つまり教科内容の体系を具体的に示した。第1部の第二章で「構造よみ」、第三章・第四章で「形象よみ」、第五章で「吟味よみ」について述べた。第2部では「モチモチの木」「ごんぎつね」「走れメロス」で、それらの活用例を具体的に示した。

構造よみ、形象よみ、吟味よみのイメージを、「表層のよみ」とともに三八～四一頁に示した。

三つの過程を展開することで、確かに豊かに子どもたちに読む力がつく。ただし、常に「構造よみ」「形象よみ」「吟味よみ」を同じ比重で指導する必要はない。たとえば「この教材は構成・構造については、これまで学んだものと似ているので、ワークシートで三〇分で終わらせる。その分、展開部の形象よみを丁寧に指導する。」「この教材では構成・構造と導入部・展開部の形象よみは短く済ませ、その分、山場の形象よみ、特に主題の読みを丁寧に指導する。そしてそれを吟味よみにつなげていく。」など、子どもに力がついてくる中で様々な形の指導を行っていけばよいと考える。大切なのは、それによって子どもたちにどういう新たな「読む方法」を学ばせられるかである。さらに言えば「自分の授業に、構造よみのここを取り入れる。」「吟味よみのこの方法を今回は使ってみる。」などの形で多様に指導方法や教科内容を応用していただいてもよい。

なお、これら「読む方法」としての教科内容には「系統性」がある。構成・構造を読む方法、形象・技法を読む方法、吟味・評価する方法、それぞれについて小学校低→中→高→中1→中2→中3→高校という系統を設定する必要がある。しかし、それについては本書では詳述しない。一つだけ言及するとするとたとえば「比喩や反復などの表現」を二〇〇八年学習指導要領のように小5・小6と中1だけに位置づけるといった形ではなく、小学校低学年〜中学校・高校まで「形象・技法」について発展的な教科内容を位置づけていくことが是非必要である。「構成・構造」「吟味・評価」についても同様である。系統性についての提案は次の機会に行う。

〈注〉

(1) 「構造読み」「形象読み」「吟味読み」としないで「構造よみ」「形象よみ」「吟味よみ」と、ひらがな「よみ」にしたことには理由がある。「読み」には①声に出して唱える ②意味を理解する ③詩歌を作る ④外に現れたものから裏に隠れたものを推理する—などの意味がある。ここでの構成・構造の読み、形象・技法の読み、吟味・評価の読みは、②を含みつつ④の要素が大きな位置を占める。そのことを明確にするために、ひらがな「よみ」とした。また、指導過程としての固有性を明示する意味もある。

(2) 文部科学省『小学校学習指導要領』『中学校学習指導要領』『小学校学習指導要領解説・国語編』『中学校学習指導要領解説・国語編』二〇〇八年、文部科学省『高等学校学習指導要領』『高等学校学習指導要領解説・国語編』二〇〇九年、文部科学省『小学校学習指導要領』『中学校学習指導要領』『小学校学習指導要領解説・国語編』『中学校学習指導要領解説・国語編』二〇一七年、文部科学省『高等学校学習指導要領』『高等学校学習指導要領解説・国語編』二〇一八年による。

(3) 西郷信綱他『日本文学の古典』一九六六年、岩波書店、一九五頁

(4) ピエール・ブルデュー(石井洋二郎訳)『芸術の規則I』一九九五年、藤原書店、一〇〜一一頁【Pierre Bourdieu,

"Les règles de l'art. Genèse et structure du champ littéraire", 1992】

(5) 石山脩平『教育的解釋學』一九三五年、賢文館、第二章一七四〜二三六頁

(6) 宮崎典男「読み方指導における授業過程」『続国語教育の理論』一九六六年、麦書房、七二〜一一一頁

(7) 奥田靖雄「文学作品の構造について」『国語教育の理論』一九六四年、麦書房、一三六頁

(8) 宮崎典男『文学作品の読み方指導』一九八〇年、むぎ書房

(9) 大西忠治「文学作品の読み方指導としての構造読み」『国語教育評論1』一九八六年、明治図書、五頁。後に大西忠治『文学作品の読み方指導』一九八八年、明治図書にまとめられた。

(10) 大西の過程には「主題読み」はあるが「吟味・評価」過程はない。阿部も『力をつける「読み」の授業』一九九三年、学事出版では大西の理論・方法論を踏襲し「構造よみ・形象よみ・主題よみ」を提案した。その後「国語科新教材の傾向と攻略法」『国語授業の改革1』二〇〇一年、学文社で「構造よみ・形象よみ・吟味よみ」を提案した。

(11) 児童言語研究会編『一読総合法入門』一九六六年、明治図書、児童言語研究会・関可明編著『一読総合法 読みの授業と理論』二〇一五年、子どもの未来社等

(12) 前掲書(4)、一七四〜一七五頁

(13) ロバート・スコールズ（折島正司訳）『テクストの読み方と教え方』一九八七年、岩波書店、三六頁【Robert Scholes "Textual Power: Literary Theory and the Teaching of English" 1985】

＜表層のよみ＞

何より子どもたちと作品との幸せな出会いをつくる

A 子どもたちに「読んでみたい」と思わせる工夫

① 題名の面白さ
② 題材の面白さ
③ ユニークな表現の面白さ（さし絵も利用）
④ 作者のプロフィール

B 先生の範読（朗読）

① 先生の生（なま）の声による朗読が最高の出会い
② 先生の解釈が出すぎないように、でも魅力的に

C 子どもたちの音読

① 楽しくたくさんくり返す
② リレー読み、グループ読み、タケノコ読み…など
③ 暗唱するくらいまで音読を（家庭学習も利用）

D 語句の意味やだいたいの話の流れの確認

① 語句の意味の確認
② 場面の確認
③ だいたいの話の流れの確認

E 第一次感想

① 感想の発表
② 文章による感想

＜深層のよみ＞

構造よみ〔構成・構造を読む〕（通読）

構成・構造がわかると――――

物語・小説の面白さの仕掛けが見えてくる

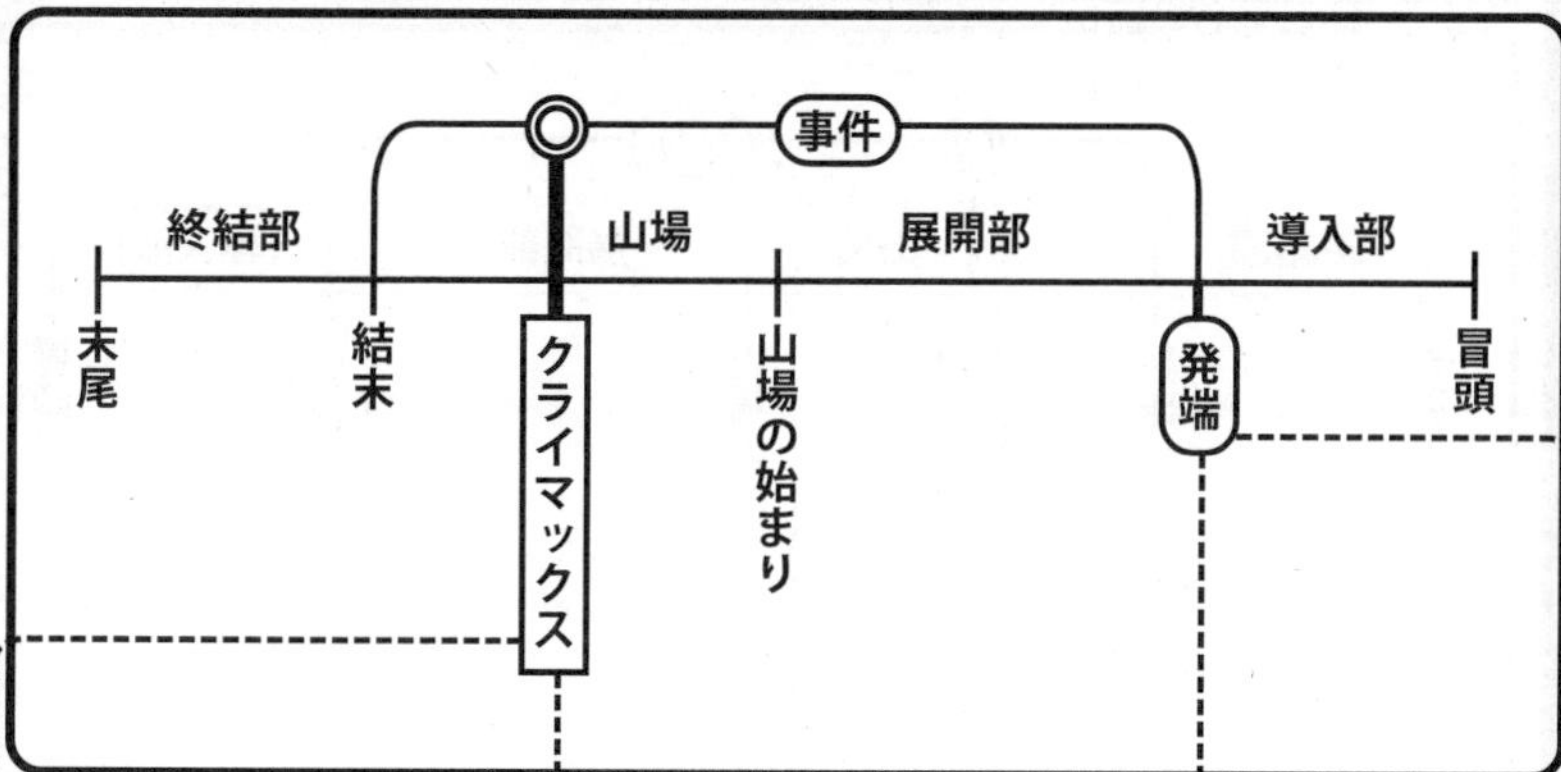

★クライマックスのへの着目の方法

①事件が決定的となる
②読者への強いアピール
　＜描写性濃い、緊迫感、技法・工夫＞
③主題に強く関わる

★発端への着目の方法

①主要な事件が始まる
②主要人物の出会い
③日常→非日常
④説明的な書かれ方→描写的な書かれ方

クライマックスに向かって
すべてが仕掛けられている

●事件の方向性やつながりがわかる
●クライマックスがわかると
次の「形象よみ」で
「鍵」の部分（伏線）が見えてくる

導入部の発見と
主要な事件のおおづかみ

●導入部の役割
●導入部の人物紹介、時や場所など
の仕掛け（伏線）の概観
●主要な事件を大きくつかむ

次の「形象よみ」での「構造よみ」が大きく生きてくる

＜深層のよみ＞

形象よみ〔形象・技法を読む〕（精読）

構成・構造の読みを生かしながら――――
子どもが自力で作品の「鍵」を取り出し形象・技法を読む

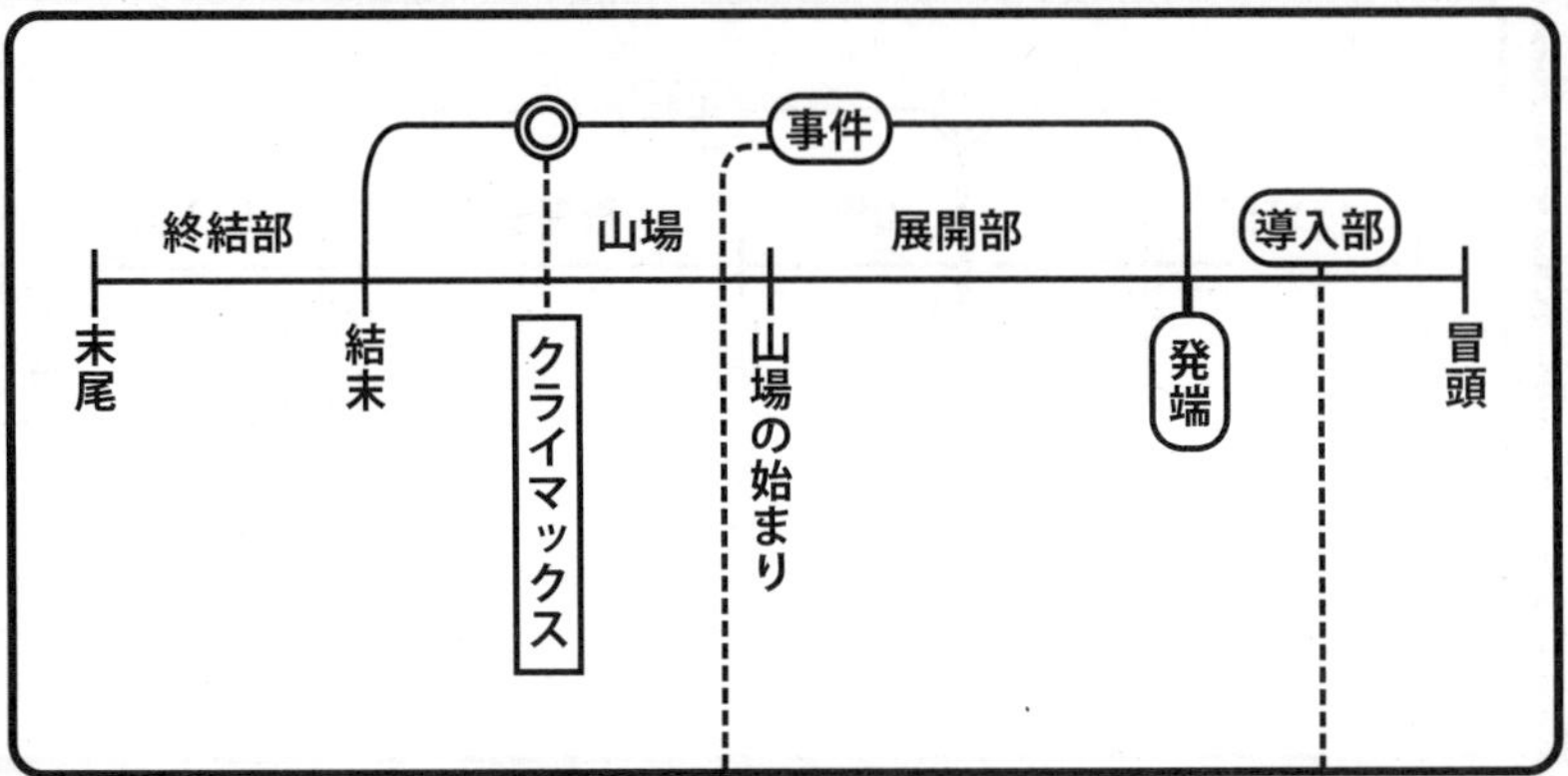

★事件〔展開部・山場〕で「鍵の部分」に着目する方法

①事件の発展
〔人物相互の関係性の発展〕
〔人物の内的・外的な発展〕
②新しい人物像

★導入部で「鍵の部分」に着目する方法

①人物
②時　③場
④先行事件
⑤語り手

技法・仕掛けにこだわる

ⓐ 比喩（直喩・隠喩・換喩・提喩・声喩）
ⓑ 反復 ⓒ 倒置 ⓓ 体言止め
ⓔ 聴覚的効果・視覚的効果
ⓕ 象徴

形象を読み深める方法

ⓐ 差異性・多様な立場
ⓑ 文化的・歴史的前提
先行文学を意識
ⓒ 語り手に着目

← 次の「吟味よみ」でこの「形象よみ」が大きく生きてくる

＜深層のよみ＞

吟味よみ〔吟味・評価をする〕（味読）

構成・構造の読み、形象・技法の読みを生かしながら――
作品が面白いか、共感できるか、どう評価するかを話し合い書く

「面白かった」
「楽しかった」
「感動した」

―

「つまらない」
「楽しくなかった」
「感動できなかった」

「共感できた」
「納得できた」
「大好きな作品」
「評価できる」

―

「共感できない」
「違和感がある」
「好きになれない」
「評価できない」

⇩

なぜ？

★構成・構造などに注目する

①構成・構造を替えてみる
②クライマックスを替えてみる
③題名を替えてみる

★人物と事件展開に注目する

①人物設定を替えてみる
②事件展開を替えてみる
③人物像の見直し

★語り手に注目する

①語り手を替えてみる
②語り手と人物の関係を
　替えてみる

⇩

★作品の総括的な吟味・評価

①構成・構造、事件、人物、語り手などをふり返り総括的に吟味・評価・批判する
②吟味文を書く＋③吟味文の交流・討論

第二章　「構成・構造」に着目したあたらしい「読み」―構造よみ

「深層のよみ」の指導過程の第一読「構造よみ」である。「構造よみ」には二つの要素が含まれる。

一つ目は「導入部―展開部―山場」などの組み立てに着目する「構成」の読みである。「構成」がつかめると、事件の大枠が見えてくる。人物などの紹介がある「導入部」も意識できる。「山場」もはっきりしてくる。

二つ目は事件の最大の節目である「クライマックス」に着目する「構造」の読みである。クライマックスがつかめると、事件の大きな方向性やつながり、伏線などの仕掛けが見えてくる。主題も仮説的に見えてくる。

そして、これらの過程が、第二読「形象よみ」と第三読「吟味よみ」で大きく生きる。

第1節　「構成・構造」に着目すれば物語・小説の面白さが浮き上がってくる

1　「構成・構造」を読むことの意味

「構成」や「構造」を特に気にしなくても作品を読むことはできる。読者は各部分を読み進めていきながら、それ以前の形象との関係づけを行いながら読んでいる。文脈や作品の流れも読んでいる。たとえば「さっきと気持ちが変わった」「少し雰囲気が変わってきた」「この後何か起こりそう」などといったようにである。

ただし、部分の形象に気を取られ、作品全体との関係づけを十分に行えずに、その作品の面白さに気づけないこともある。そのため「作品がつまらない」と思ってしまう場合もある。作品を「何となく」読むよりは、各部分部分を読みつつ同時にそこと作品全体とを意識して有機的に関係づけながら読む方が、より豊かにより面白く作品を読める。特に子どもが「読む力」を身につける際に、それを意識的に行うことの意味は大きい。

意識的に作品全体の流れや形象相互の関係を考えながら読むと、それまで気づかなかった作品の面白さや仕掛けがより明確に見えてくる。変化、発展、繰り返し、対応、伏線、設定、暗示、象徴等に関わる面白さや仕掛けである。それによって作品にあるものの見方・考え方、人間観、世界観もより見えやすくなる。そういう作品全体の文脈性、方向性、つながり、関係性を、構成的・構造的に読むという要素を指導過程として取り出し第一読目に「構造よみ」として位置づけた。それは作品全体を俯瞰的に読むということである[注1]。

構成・構造を読むためにはいくつかの方法がある。構成・構造の読みとりによって、作品の主要な事件とは何か、人物相互の大きな関係の変化がどこにあるか、事件の大きな節目はどこか、人物設定・状況設定が行われている部分はどこか、作品全体を貫く仕掛けは何かなどをとらえることができる。

そして構成・構造を意識することで、第二読「形象よみ」、第三読「吟味よみ」がより豊かに展開できる。

構成・構造を「意識的に」読む方が作品の「面白さや仕掛け、秘密などがより明確に見えてくる」と述べたが、だからと言って将来子どもが、読書で物語・小説を読む際に常に構成や構造を意識する必要はない。授業では意識的に構成・構造に関わる方法を学び読む力を身につけていくが、やがては意識しないでも読めるようになってくる。（様々な技能や技術もはじめは意識的に学びながらも、やがて意識しなくてもできるようになることに似ている。）とは言え、時には立ち止まって構成・構造的要素をより意識しながら読むこともある。

ＯＥＣＤのＰＩＳＡ「読解力」の物語・小説問題でも、構成的・構造的に読みとる力が問われている。二〇〇〇年出題の「贈り物」という問題中に、物語の前半の「彼女はほえ声で目をさました。あまり苦しそうな声だったので…」など三つの文を示し、「物語の後半で起こったことを考えると、著者はヒョウを登場させるにあたって、なぜこういう書き方をしたのでしょうか。あなたの考えを述べてください。」と問う設問がある。

これは、作品前半の設定が山場で生きることを指摘させる設問である(注2)。正答例として「物語の後半で女性がヒョウに思いやりを示すことへの伏線となっている。」がある。これは作品全体の形象の関係性つまり構成・構造を把握できていないと解けない。ＰＩＳＡではこういったタイプの設問が多い。国際的にも、作品を構成的構造的に読むことを重視していることが伺える。

2 物語・小説の「典型構成」がわかると作品が楽しく見通せる―「構成」の読み

「構成」と「構造」と二つの用語をここでは使う。「構成」は比較的見えやすい全体の組み立てのことである。物語・小説の読みにおける「導入部」「展開部」「山場」などの組み立てである。一方「構造」はちょっと見ただけでは把握できにくい内部の要素の関係性のことである。「クライマックス」への着目がこれにあたる。事件の最大の節目であるクライマックスに着目することで、また着目する過程で、事件の形象の方向性、関連性、関係性が見えてくる。そこには人物相互の関係性の発展や人物の内面の葛藤などが含まれる(注3)。

まず「構成」から考えていく。物語・小説は作品により構成は様々である。物語・小説は、もともと多様で自由な文学の形式・様式である。物語・小説の構成は、説明的文章の「はじめ・なか・おわり」「序論・本論・結び（結論）」のような堅固な典型構成とは少し違うと見た方がよい。入矢義高は「詩や劇文学と違って、形態、内容ともに極度に自由な文学様式で、正確な定義を下すことは不可能」と述べる。しかし、一方で入矢は「標準的な小説概念」として「小説とは散文による相当な長さの虚構物語（フィクション）で一定のまとまりと構造をもち、現実生活に即した人物と事件を扱うものをいう」とも述べている(注4)。説明的文章ほどでないにしても、物語・小説にも比較的に共通した構成つまり一定の典型的な構成があることもまた否定できない。

その一つがたとえば「導入部（prologue）―展開部（development）―山場（conflict）―終結部（epilogue）」

の四部構成である。ただし、「終結部」を含まない「導入部―展開部―山場」の三部構成の作品も多い。実際、教科書教材では、三部構成をよく目にする。筒井康隆は「小説のよき展開として『序破急』や『起承転結』以外の技法はないのだ、と考えておいた方がよい。」と述べている(注5)。「序破急」は、既に述べた三部構成の一つであり、「起承転結」は四部構成である。

小説の「典型構成」として次頁の四つを設定することが有効である(注7)。次頁いずれもが「典型構成」である。以下それらについて述べるが、この中でも特に「四部構成」と「三部構成A」が中心的な位置を占める。

なお、各部分の境目を次のように名付ける。導入部が終わり事件が始まる箇所を「発端」(beginning)、事件が終わり終結部に入る直前を「結末」(ending)、展開部が終わり山場に入る箇所を「山場の始まり」(beginning of conflict)、そして作品全体の始まりを「冒頭」(opening)、終わりを「末尾」(closing)。既に紹介した二〇〇八年小学校学習指導要領解説・国語編では、「発端」「結末」等の用語が明示されている(注6)。

3 「四部構成」の物語・小説

四つの典型構成の一つ目として、「四部構成」を挙げる。「導入部―展開部―山場―終結部」である。「導入部」は事件展開前に人物紹介などを行う。その後事件が展開するが、一進一退の展開がある前半を「展開部」、より緊迫感を増し人物相互の関係や人物の見方や行動がより大きく変化する後半を「山場」と呼ぶ。「展開部」「山場」で人物が行動し事件が発展する。「終結部」は後日譚や語り手の解説等が示される。

まず「導入部」である。「まえばなし」「プロローグ」「状況設定」などとも言う。物語・小説は、人物相互の関係性や人物のものの見方の発展・変化によって「事件」が展開していく。その生き生きとした事件の描写が物語・小説の醍醐味であり楽しみである。しかし、その事件展開の前に、たとえば登場人物の設定や、場の

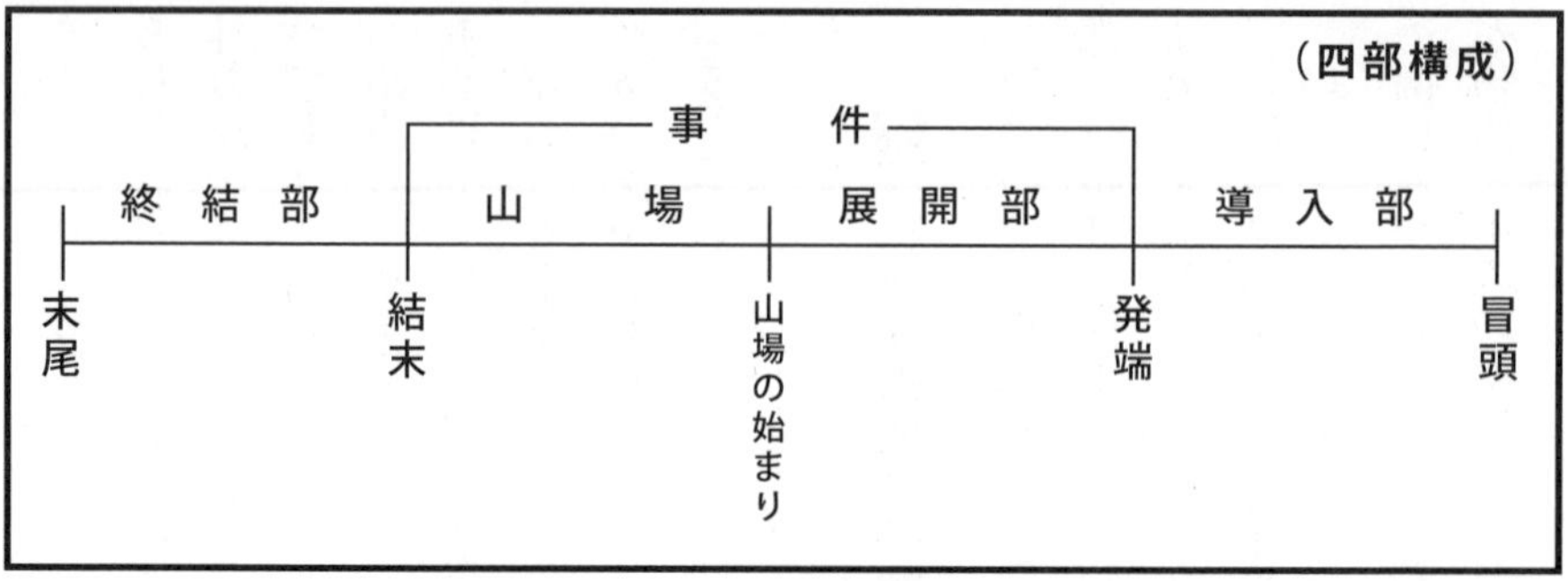
(四部構成)
事　件
終結部
山場
展開部
導入部
末尾
結末
山場の始まり
発端
冒頭

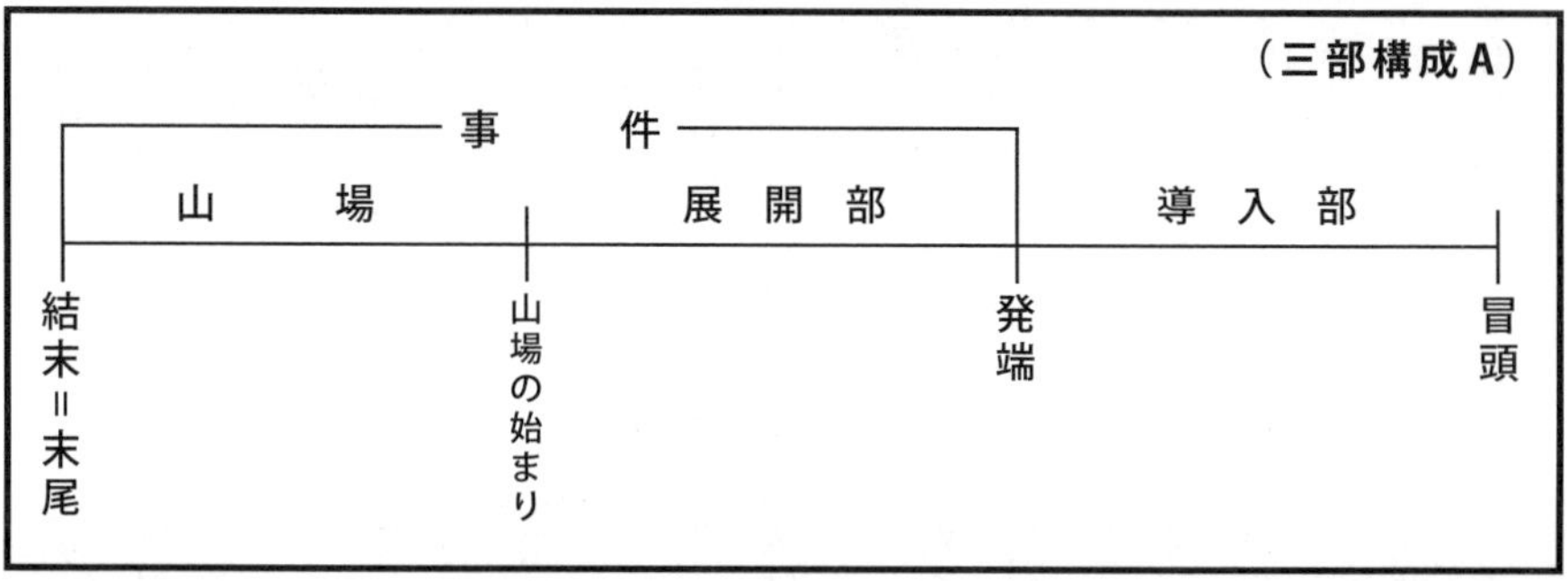
(三部構成A)
事　件
山場
展開部
導入部
結末＝末尾
山場の始まり
発端
冒頭

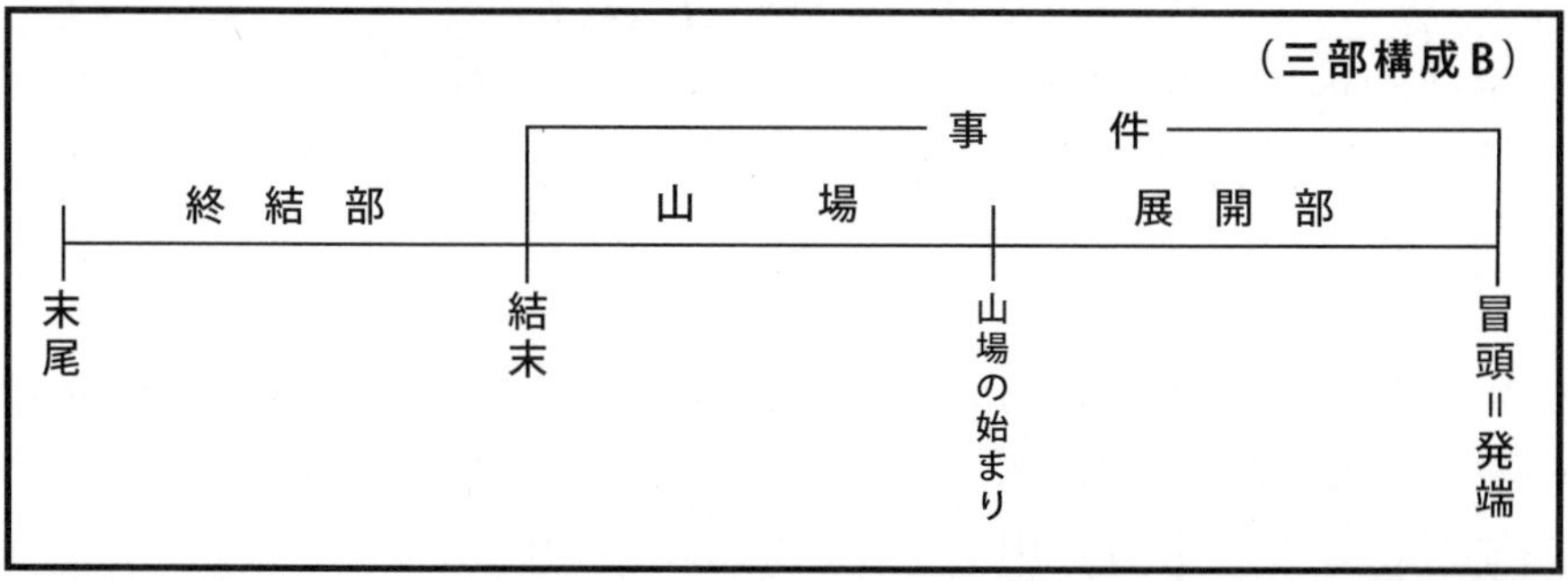
(三部構成B)
事　件
終結部
山場
展開部
末尾
結末
山場の始まり
冒頭＝発端

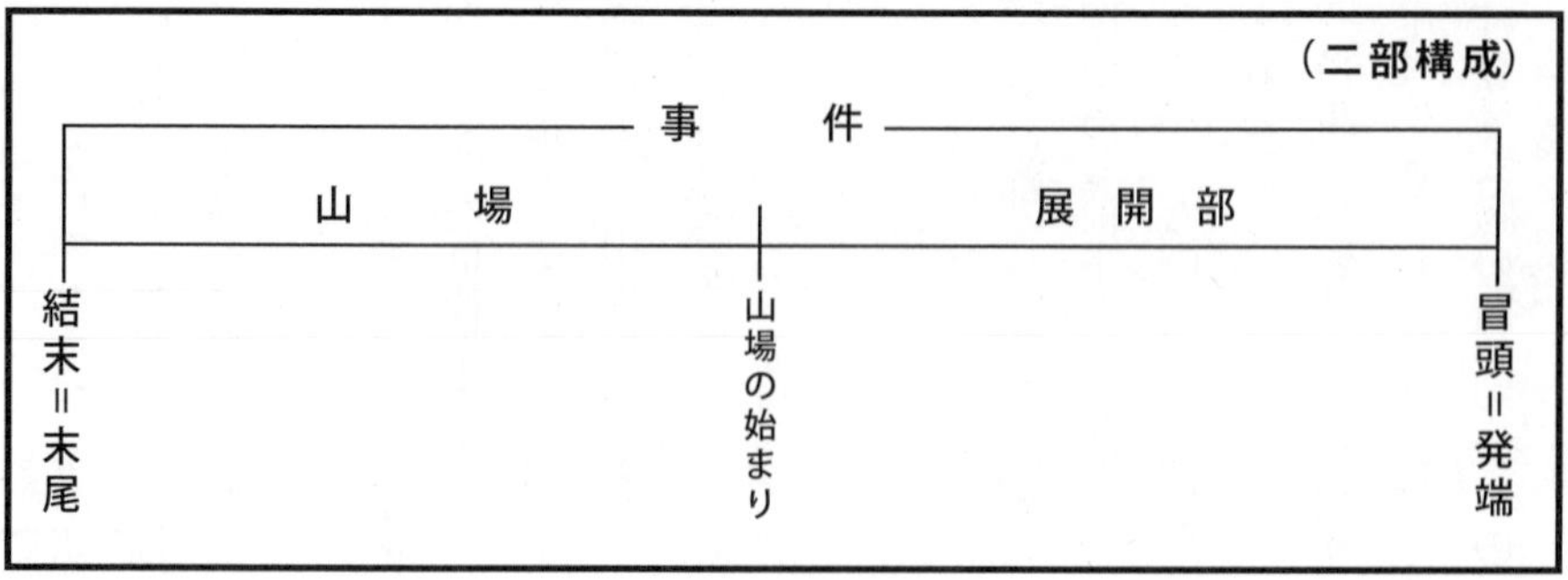
(二部構成)
事　件
山場
展開部
結末＝末尾
山場の始まり
冒頭＝発端

設定、時の設定、それまでどういう日常が繰り返されてきたかの紹介など、これから始まる事件の枠組み（語り手設定や話の経緯など）が、はじめに説明的に述べられることが多い。それが「導入部」である。

「ごんぎつね」では「『ごんぎつね』というきつねがいました。」「ひとりぼっちの小ぎつね」「いたずらばかりしました。」など、ごんの人物設定が示される。「一つの花」（今西祐行）（小４）では「ゆみ子のはっきりおぼえた最初の言葉」が「一つだけちょうだい。」であることが「導入部」冒頭で示され、「一つだけ」をめぐる両親の心配が繰り返し紹介される。これが作品後半の「山場」の「クライマックス」で意味を発揮する。「まだ戦争のはげしかったころ」などの「時」の設定も示される。「そんなとき、お父さんは、きまってゆみ子をめちゃくちゃに高い高いする」といった家族の日常の様子も紹介される。「スーホの白い馬」（大塚勇三）（小２）では「スーホという、まずしいひつじかいの少年」「スーホは、年とったおばあさんとふたりきり」「おとなにまけないくらい、よくはたらきました」などの人物紹介がされる。また「モンゴル」の「馬頭琴」について「いったい、どうして、こういうがっきができたのでしょう。／それには、こんな話があるのです。」と、これから始まる事件の意味づけがされる。この話はただの少年の話ではないという予告である。

この部分は、事件が展開し動き始める前置きの部分であるから、読者の興味を削いでしまうリスクもある。にもかかわらず、こうした部分があるにはそれなりの理由がある。展開部・山場では、生き生きとリアルタイムで人物が行動を起こしていく。主要人物が他の人物と関わりをもち、ものの見方を変化させたりする。しかし、もし導入部がなければ、読者にはその人物がどういう身の上か、どういう性格かなどは全く知らされない。また、時や場も不明のままである。事件展開に伴って見えてくる部分もあるが、それらが全く知らされていないままでは読者は戸惑うし、事件展開に入りにくい。そこで、導入部で人物を紹介し場や時を紹介しそれまでの日常などを紹介する。また、この導入部の人物設定などが、その後の事件展開の伏線となっていることも多い。「導入部」は、そういった仕掛けの部分でもある。

導入部は説明的な書かれ方をされることが多い。その人物の性格・履歴・日常、事件展開以前に行われている日常的な繰り返しの出来事などの経過をいちいち描写的に丁寧に語っていたのでは、なかなか肝心の事件に入っていけない。（それでは読者が離れていってしまう。）そこで、できる限りコンパクトにまとめて人物、時、場などを説明的に紹介する。（ここで言う「説明的」とは、長い間の出来事などを短くまとめて述べることである。詳細は第４節を参照願いたい。）ただし、導入部でも過去の出来事を描写的に描いた「エピソード（挿話）」が位置づけられる場合もある。これからの事件の伏線になる出来事を短く語る。たとえば「トロッコ」（芥川龍之介）（中１）の良平が「古い印ばんてん」の土工に怒鳴られるエピソードがそれである。

次に「展開部」と「山場」である。物語・小説では、生き生きと人物が行動し発展していく「事件」部分が中核となる。とすると「導入部」→「事件」→「終結部」でもいいはずである。しかし、「事件」は、人物が動き出し一進一退が繰り返される前半部分と、より緊迫感を増し事件展開のテンポが速くなる後半部分に分けることができる。多くの物語・小説がそういった構成になっており、それらを意識した方が「事件」の在り方をより立体的にとらえることができる。前半が「展開部」、後半が「山場」である。

山場では、人物相互の関係性や人物の内面の変化・葛藤がより高い密度で描写される。そして主人公がそれまでの葛藤を乗り超え解決を迎える、あるいは様々な経緯から破局を迎える決定的瞬間であるクライマックスを含む。「ごんぎつね」では、ごんが兵十に撃たれ、直後兵十の誤解が解消する最後の「６」の場面が山場である。「一つの花」では「ところが、いよいよ汽車が入ってくるというときになって、またゆみ子の『一つだけちょうだい。』が始まった」からが山場である。ここからお父さんとお母さん・ゆみ子との最後の別れの場面となる。「故郷」（魯迅・竹内好訳）（中３）だと「私」がルントウと再会する場面、ルントウが「私」を

「旦那様！……。」と呼ぶ場面が始まる部分―「ある寒い日の午後、私は食後の茶でくつろいでいた。（中略）思わずあっと声が出かかった。急いで立ち上がって迎えた。／来た客はルントウである。」から始まる部分が山場である。

そして「終結部」である。「あとばなし」「エピローグ」などとも言う。物語・小説の事件が終わった後の部分で、その後主人公たちがどうなったかという後日譚が紹介されたり、語り手の解説や意味づけが示されたりする部分が位置づけられることがある。「一つの花」であれば、「それから、十年の年月がすぎ」「ゆみ子のとんとんぶきの小さな家は、コスモスの花でいっぱいに包まれてい」ることが述べられる。ゆみ子がお手伝いをできるようにまで成長したこともわかる。「故郷」では、故郷を離れていく「私」が、旧友・ルントウとのこと、若いシュイションとホンルのこと、これからの「若い世代」のことを考える自己内対話の部分である。「トロッコ」には、大人になった良平が「塵労に疲れた彼の前には今でもやはりその時のように、薄暗いやぶや坂のある道が、細々と一筋断続している。……」という終結部がある。

これらは下手をすると物語・小説の味わいを弱くする危険もある。事件の驚き・喜び・感動・余韻を阻害する危険である。しかし、作品をより味わい深いものにしたり、主題をより発展させたりする可能性ももつ。

以上のように物語・小説の典型構成の一つとして「導入部―展開部―山場―終結部」の四部構成が挙げられるが、これについては既にいくつかの研究がある。ロラン・バルトは次のように述べる(注8)。

> テクスト（読み得る）の空間はあらゆる点で楽譜（古典的な）に比較できる。（中略）すなわち、両者とも主題を持ち、それが、提示部、展開部（ディスクールが謎を長引かせるために用いる引延しや曖昧さやおとりによって占められる）、ストレッタ（答主題の断片が次々に現われる緊張した部分）、終結部の順に従うのだ。

バルトの用語では「導入部」は"exposition"である。"exposition"は事件の中心に入る前の「説明」という意味である。「展開部」は"divertissement"である。"divertissement"は「おもしろいこと」「楽しみ」の意味である。「事件」が始まると同時に、読者はわくわくしながらそれを楽しむということであろう。「山場」にあたる"stretter"はそのとおり「ストレッタ」である。"stretter"は、音楽用語でだんだんとテンポが速くなり緊張と興奮を生ずる部分である。「終結部」は"conclusion"である。「結び」「終局」といった意味である。ほぼ私が提案している「導入部―展開部―山場―終結部」に対応する。

「一つの花」、「スーホの白い馬」、「モチモチの木」（斎藤隆介）（小3）、「茂吉のねこ」（松谷みよ子）（小4）、「海の命」（立松和平）（小6）、「トロッコ」「故郷」などがそれにあたる。なお、バルトはH・バルザックの「サラジーヌ」という短編小説を四部構成のモデルとして提示している。

三田誠広は「小説を書くための具体的な諸注意」の一つとして「小説も四コマ漫画も『起承転結』が大事」と述べる。そして「昔から四つというのは座りがいいんですね。（中略）導入部があって、繋ぎの部分があって、それからどんでん返しがあって、最後に結びがある、ということですね。／この『起承転結』という考え方は、三十枚の小説を書くときにも役に立ちます。」と説明する（注9）。百々由紀男も「構成（プロット）の方法」として「わかりやすい小説（中略）は作品の格を落とすものではない。／わかりやすさという点で4コマまんがにおける、／起（始まり）／承（行為）／転（展開）／結（結末）／は構成の原形である。これも古くからいわれる小説の常道である（後略）」と述べる（注10）。四部構成という点では共通している。

ただし「起承転結」を「導入部―展開部―山場―終結部」とそのまま対応させることには問題がある。起承転結に合致するような物語・小説もある。しかし、起承転結は中国の漢詩の典型構成である。物語・小説のそれではない。重なる要素はあるものの相違もある。「起」は文字どおり「起こり」であるが、これは導入部と

化けくらべ

むかし、ある村にお花という狐と権兵衛という狸が住んでいました。二人ともたいそうな化け上手で、化け方のうまさを自慢にしておりました。

ある日、権兵衛狸がお花に向かって、「お花さんは化けるのが上手なようだが、ひとつ私と化けくらべしようじゃないか。」と言いました。前々から化け方を特に自慢にしていたお花狐は、これを聞くと内心たいへん喜んで、たちまち賛成をしました。「そうと決まれば早い方がいいから、二日後の晩明神様の境内で会おう。」という約束をして別れました。

お互いに相手をあっと驚かせてやろうと、二日の間、一生懸命工夫をこらして化けくらべの晩を待ちました。

いよいよ化けくらべの晩になりました。お花は「いくら権兵衛さんが化け上手な狸だからといっても、とてもわたしにはかなうはずはない。」と得意の美しい花嫁姿になって、明神様の鳥居をくぐりました。すると、そこにふかしたてのお饅頭（まんじゅう）が落ちています。いかにもおいしそうに湯気がほかほか立っています。

お花は花嫁姿できどっていたのも忘れ、手を伸ばしてお饅頭を拾い上げました。

お花が口に入れようとしたその瞬間、「お花さん、勝ったぞ勝ったぞ！」と饅頭が突然うれしそうにしゃべり出しました。

権兵衛狸が饅頭に化けて、日ごろ食いしん坊のお花狐をだましたのでした。

さすがの狐も、時にはこのように狸に負けることもあったということです。誰でも食欲には勝てないものなのですね。

いうより物語・小説の「発端」に近い。「承」も「序」を「受ける」という意味である。導入部と展開部の関係とはズレがある。そのため起承転結を典型として物語・小説を読むと、構成が見えにくくなる場合がある。四部構成の導入モデルとして有効に使える「化けくらべ」を前頁に示した。これは私が全国の先生方と共同で検討しながら完成させたものである(注11)。実際に、全国の物語・小説の構成・構造の指導の入門期に使われている。1～2行目が導入部、3～8行目が展開部、9～16行目が山場、17～18行目が終結部である。

4 「三部構成」と「二部構成」の物語・小説

四部構成は典型構成として主要なものであるが、それ以外の典型構成もある。その一つが「三部構成」である。物語・小説には「終結部」がないものも多くある。「導入部―展開部―山場」の三部構成である。既に述べたように「終結部」は、下手をすると物語・小説の味わいを弱くする危険がある。事件の驚き・喜び・感動・余韻を阻害する危険である。山場で作品を終わらせ、その後の人物たちの人生や状況は読者に推測させる。たとえば「ごんぎつね」は、兵十がごんを撃ち、直後に兵十とごんのすれ違いが解決する「山場」で終わる。その事件の後の兵十の様子などは一切書かれていない。それが四六頁の「三部構成A」である。

舞踊や能の演劇では「序破急」の構成論がある。「導入部―展開部―山場」にほぼ対応する。「序」は「導入部」に、「破」はその日常を破る点で「展開部」に、「急」はテンポが早くなる点で「山場」に対応する。

教科書には、この三部構成が多い。「たぬきの糸車」(岸なみ)(小1)、「スイミー」(レオ＝レオニ・谷川俊太郎訳)(小2)、「わたしはおねえさん」(石井睦美)(小2)、「きつつきの商売」(林原玉枝)(小3)、「ごんぎつね」、「三つのお願い」(ルシール＝クリフトン・金原瑞人訳)(小4)、「星の花が降るころに」(安東みきえ)(中1)、「少年の日の思い出」(ヘルマン＝ヘッセ・高橋健二訳)(中1)、「アイスプラネット」(椎名誠)

（中2）、「形」（菊池寛）（中2）、「羅生門」（芥川龍之介）（高校）などがそれにあたる。「最後の一葉」（O＝ヘンリー・大久保康雄訳）も同様である。

二〇〇八年小学校学習指導要領解説・国語編の中には、物語の典型構成として「状況設定―発端―事件展開―山場―結末」が例示されている。「発端」と「結末」は、それぞれ事件のはじまり、事件の終わりという「点」にあたるから、これは事実上「状況設定―事件展開―山場」の三部構成と見ることができる。

同じ三部構成でも「導入部」がなく「展開部―山場―終結部」の構成もある。四六頁の「三部構成B」である。この「三部構成」は「導入部」を置かずにすぐ事件に入る。「導入部」なしで、すぐに読者を事件の中に引き込む。そのかわり「導入部」で紹介するような諸設定は事件展開の過程に挿み込んでいく場合が多い。「お手紙」（アーノルド＝ローベル・三木卓訳）（小2）、「ちいちゃんのかげおくり」（あまんきみこ）（小3）、「初雪のふる日」（安房直子）（小4）、「握手」（井上ひさし）（中3）などがそれにあたる。「賢者の贈り物」（O＝ヘンリー・大久保康雄訳）もこれにあたる。

さらに、「導入部」も「終結部」もなく、「事件」だけで作品を構成する場合もある。「展開部―山場」の「二部構成」（四六頁）である。物語・小説の面白さはリアルタイムの事件の描写にある。描写による事件展開を前面に出し、諸設定は事件展開の間に様々なかたちで挿み込む。後日譚や解説もあえて示さない。作品の意味づけや後日譚は、「終結部」なしの三部構成と同じく読者に想像・創造させるという場合が多い。「カレーライス」（重松清）（小6）、「盆土産」（三浦哲郎）（中2）、「蝉の声」（浅田次郎）（中3）が該当する。

第2節 「発端」への着目と「導入部」の発見―「構成」の読みで見えてくるもの

1 「導入部」の発見

「導入部」は、生き生きとリアルタイムで事件が動き出す前の「前置き」である。しかし、軽視することはできない。作品の導入部は、様々な設定によりこれから展開する事件をより意味深く劇的にする。導入部中にその後の事件展開を暗示する重要な鍵が隠れていることがある。主題を暗示している場合もある。「導入部」の設定上の仕掛けに気づくこと自体に大切な意味がある。導入部の様々な設定の意味、仕掛けの面白さなどをいくつかの方法によって読み解き読み広げていく。そのことにより、導入部を豊かに読むことができる。

「構造よみ」で作品の構成を把握していく中で、「導入部」をより意識することができるようになる。特に後述する「発端」への着目が大きな意味をもつ。「発端」に着目することで、事件の大きな枠組みが見えると同時に、その前に位置づいている「導入部」の存在がよりよく見えてくる。

この後の「形象よみ」では、「導入部」の中の特に「人物」の設定、「場」の設定、「時」の設定、それ以前の日常や先行する出来事などを説明する「先行事件」、「語り手」の設定などに着目することになる。「展開部」や「山場」とは着目する観点が違う。「導入部」を発見し意識することで、そういった鍵となる部分への着目がより的確に行えるようになる。（これについては第三章・第2節で詳述する。）

2 「発端」に着目し作品の組み立てを大きくつかむ

「構成」を把握していく授業では、導入部から展開部へ移る「発端」への着目が指導の中心の一つとなる。

「発端」に着目することで、作品の「主要な事件」の大枠を把握することができてくる。「化けくらべ」の発端は「ある日、権兵衛狸が―」であるが、この作品では権兵衛狸とお花狐の化けくらべが主要な事件であることがわかる。「スイミー」の発端は「ある日、おそろしいまぐろが、―」である。スイミーたち小さな魚とまぐろとのせめぎ合いが主要な事件である。人間の内面的な迷いや葛藤、変容自体が主要な事件を形成することもある。「走れメロス」（太宰治）（中2）だと、メロスと王の関わりだけでなく、メロスの内面の葛藤や変容も事件を形成する重要な要素である。「スイミー」の場合も、スイミーの成長という要素も事件の重要な要素である。発端の着目でそれらが見えてくる。また「発端」との対応で「結末」も自然と見えてくる。

発端への着目の際の指標の一つが、二人以上の主要な人物の関わり合いである。これは「主要な事件」の始まりと照応する。「スイミー」の導入部では「小さな魚のきょうだいたちが、たのしくくらしていた。」など日常が説明される。そして発端では「ある日、おそろしいまぐろが、おなかをすかせて、すごいはやさでミサイルみたいにつっこんできた。」となる。ここでは「小さな魚」たちを「おそろしいまぐろ」が襲うというかたちで関わりが始まる。そして「一口で、まぐろは、小さな赤い魚たちを、一ぴきのこらずのみこんだ。」とある。それが事件の発端となる。「化けくらべ」も権兵衛狸とお花狐の出会いであるし、「ごんぎつね」もごんと兵十の出会いが発端である。この出会いは初めての出会いである必要はない。それまで何度も会っていても、その「事件」に関わる出会いが始まる部分が発端である。「お手紙」の主要人物かえるくんとがまくんは毎日会っているが、ここでの「お手紙」をめぐる二人の関わり合いのきっかけが発端である。

発端には、人物（たち）がそれまでに出会ったことのない状況と出会うという要素、つまり「非日常性」の発生という要素もある。「一つの花」はお父さんが戦争に行くことで事件が動き出す。お父さんが戦争に行かなければならないという状況の変化である。「モチモチの木」も、特定の人物との出会いではなく、じさまの病気によって豆太が医者を呼びに行かねばならないという危機が生まれる「霜月二十日のばん」が発端である。「スイミー」の発端は、まぐろとスイミーたち小さな魚との出会いであるが、同時にスイミーたちにとって不幸な非日常の発生でもある。「化けくらべ」も、日常から非日常になっている。物語・小説の事件を語り手が語り始めるのは、それが非日常だからである。「事件」という用語自体が既にその意味を内包している。

そして、もう一つ重要なのは、書かれ方の変化である。発端では「説明的な書かれ方から描写的な書かれ方への変化」が見られる。既に述べたが導入部は説明的な書かれ方になっている場合が多い。説明的とは、ここでは人物の性格や長い間続いている日常的な習慣などを、短くまとめて述べることである。丁寧に人物像・性格を示すとなれば、その人のこれまでの履歴や経験、日頃の様子を生き生きと描写した方がいいかもしれない。また、その場の様子や時についての詳しい描写があってもいいかもしれない。しかし、それらを丁寧に述べていたら、なかなか肝心の事件に入っていけない。そのため導入部では説明的な紹介が中心となる。それに対し事件が進行する展開部・山場は、ある日ある時の様子を丁寧にリアルタイムに描写する。読者は自分がまるでその場にいるような臨場感を覚え、わくわく・どきどきする。物語・小説の面白さは、その描写にこそある。

描写とは、その字のとおり「描き」「写す」ことである。その場に人物がいて本当に動いたり話をしたりしているかのような生き生きとした描写である。「写す」と言うと、平面の映像のイメージだが、むしろ立体映像で、そこに本当にその人物がいて、話したり笑ったり泣いたりしているような描き方ということである。

「化けくらべ」の導入部は「住んでいました。」「自慢にしておりました。」と、長い間続いている日常的な習慣などを短くまとめて書く説明になっている。それに対し発端からは「ある日、権兵衛狸がお花に向かって、『お花さんは化けるのが上手なようだが、一つ私と化けくらべをしようじゃないか。』と言いました。」と、ある日ある時の様子をリアルタイムに描写している。「スイミー」の導入部では、「たのしくくらしていた。」「およぐのは、だれよりもはやかった。」など、長い間繰り返されている日常や人物の性格を説明的に書いている。それに対し発端から「ある日、おそろしいまぐろが、おなかをすかせて、すごいはやさでミサイルみたいにつっこんできた。」と、ある日ある時の出来事を丁寧に描き出す。「一つの花」の導入部は、一部描写的な要素も含むが、基本的には長い間の出来事を説明している。「毎日、てきの飛行機が飛んできて、ばくだんを落としていきました。」「お母さんの口ぐせになってしまいました。」「そんなとき、お父さんは、きまってゆみ子をめちゃくちゃに高い高いするのでした。」など繰り返されていることをまとめる書き方と言える。それが発端では、「それからまもなく、あまりじょうぶでないゆみ子のお父さんも、戦争に行かなければならない日がやって来ました。／お父さんが戦争に行く日、ゆみ子は、お母さんにおぶわれて、遠い汽車の駅まで送っていきました。」と、ある日ある時のことに絞られている。

「発端」のもつ性質をまとめると、次のようになる。常にこれら四つがあてはまるわけではないが、これらは「発端」に着目する際の有効な方法である。

※「発端」の指標（これらのいくつかが、複合的に重なっている。）

1　主要な事件がそこから始まる

2　主要な人物がそこで出会う

3　日常とは違ったことがそこから起きる（日常→非日常）

4　説明的な書かれ方から、描写的な書かれ方に変わる
（長い間の出来事を短くした「まとめ書き」から
→ある日ある時のリアルタイムの様子の「あるがまま書き」へ）

第3節 「クライマックス」への着目と事件の関係性の発見―「構造」の読み

1 「クライマックス」という最も刺激的な文学装置

ここから「構造」についての読みである。物語・小説は、人物相互が様々に関わり合いながら展開していく。また主要人物の内面の葛藤や変容を軸に展開していくこともある。それらが「事件」である。人物と戦争・事故などという状況と関わり合いながら展開することもある。これらは一つの作品に同時に存在する場合がある。人物相互の関係の変化に関係して主要な人物の内面が大きく変化するという場合もある。あるいは人物相互の関係にたとえば戦争といった大きな状況が深く関わるなどということもある。それらの展開・変化は、多くは作品の後半でより激しくなる。そこが「山場」である。そして意外な結果をもたらす場合もあれば、ある程度予想された結果がもたらされる場合もある。意外な結果と予想どおりの結果が同時にもたらされる場合もある。

山場の中で、特に事件の関係性が決定的となったり関係性に意外な逆転がもたらされたりする部分を「クライマックス」と言う。(「ハイライト」「ピナクル」「カタルシス」「最高潮」などの言い方もある。) クライマックスを意識することで、人物相互の関係性、人物の内面の葛藤、ものの見方・考え方の変化、導入部の設定の意味、伏線等の仕掛けなどの事件の構造が見えてくる。主題も仮説的に見えてくる。

また、そのこととも関わってはじめにクライマックスに注目することで、この後の形象よみがより有効に展開できる。展開部・山場で「鍵」となる文(重要箇所)がよりとらえやすくなる。物語・小説はクライマックスに向かって、様々な形象や技法が様々に仕掛けられているからである。導入部の設定も鍵となる語がとらえやすくなる。教師が指摘しなくても、子どもはかなりの程度自力で作品の鍵の部分を発見できるようになる。

注目すべき作品の仕掛けにも気づいていく。（これについては第三章で詳述する。）

「クライマックス」への着目の指標を次頁に整理した。常にこれらすべてがあてはまるわけではないが、「クライマックス」に着目する際の有効な方法となる(注12)。物語・小説の事件は、人物相互の関係性、人物と状況との関係性、人物の内面の葛藤などの関係により成立している。スイミー・魚たちとおおきなまぐろとの関係、メロスと王の関係、「信実」をどうとらえるかのメロスの葛藤などである。その関係性が決定的となる部分が「クライマックス」である。それは事件が急に転化し決定的な状況となる「逆転型」と、一定の予測ができる事件展開でそれが決定的となるという「クレッシェンド型」とがある。

そういう部分は、読者により強くアピールする（訴えかける）書かれ方になっている。そのアピールを強くするために描写の密度を濃くする。描写はある日ある時のことをリアルタイムで生き生きと述べるものだが、同じ描写でもその濃さ（密度）には差がある。比較的軽く流す部分では描写を薄くする。逆に読者に是非立ち止まらせたい部分では、描写の密度を濃くする。作品はそれらを使い分け書かれている。「化けくらべ」も、クライマックス「お花が口に入れようとしたその瞬間、『お花さん、勝ったぞ勝ったぞ！』と饅頭が突然うれしそうにしゃべり出しました。」で化けくらべの勝敗が決まる。事件の決定的な部分である。また会話が入っているため描写の密度は高い。饅頭が話し出すという意外性がある。主題とも深く関わる。

「ごんぎつね」のクライマックスは「『ごん、おまいだったのか、いつも、くりをくれたのは。』／ごんは、ぐったりと目をつぶったまま、うなずきました。」である。「その明くる日も」兵十のところに行ったごんは、兵十に銃で撃たれる。その直後、兵十は栗が固めて置いてあることに気づく。ここで、兵十のごんに対する見方が決定的に変化する。それまで「ぬすっとぎつね」と思い、ごんを殺そうとさえした兵十がここで初めてごんのこれまでの行動を知り、ごんへの見方が大きく転換する。人物相互の関係性（事件）の決定的変化である。

※「クライマックス」の指標（これらのいくつかが、複合的に重なる）

1　事件がそこで決定的となる

大別して「破局→解決」と「解決→破局」とがある。その際、a少しずつ兆候が見え始めクライマックスを迎える、bクライマックスで予想外に大きく転化する（驚きを伴う）などがある。

「事件」には①人物相互の関係性

②人物の内面（見方、心理、身の上など）の葛藤

③人物と状況との関係性―などがある。

2　読者により強くアピールする書かれ方になっている

(1)　そのため、描写の密度が特に濃い

①時間的な描写の密度の濃さ（一瞬、時が止まる、単位時間に対する描写が濃い）

②空間的な描写の密度の濃さ（クローズアップ、換喩などによっても描写を濃くする）

(2)　緊迫感・緊張感が高い（ことが多い）（出来事としては一見静かな場合もある）

(3)　技法（レトリック）や表現上の工夫がされている（ことが多い）

3　作品の主題に強く関わる

(1)　導入、展開・山場の「事件の発展」「伏線」「暗示」等がクライマックスに収斂される

(2)　主題に関わり象徴性を強くもつ場合がある

※クライマックスに向かって、すべてのプロットが仕掛けられていると見ることができる。

ここではごんが間もなく死ぬわけだから緊迫感もある。会話には倒置法が使われ、特に描写が濃い。会話は話したことをほぼそのまま描くのだから描写の密度は特に濃い。そしてこの部分は強くこの作品の主題に関わる。

「スイミー」のクライマックスは「みんなが、一ぴきの大きな魚みたいにおよげるようになったとき、スイミーは言った。／『ぼくが、目になろう。』」である。ここから複数の事件上の変化が読める。まずスイミーが目になることで「大きな魚」が完成する。これによりまぐろを追い出すことができる。また、それまで「大きな魚」の外で指示をしていたスイミーが一員として加わる。それも「目」としてである。「目」には「リーダー」という象徴的意味が含まれる。これらはいずれも主題に関わる。このクライマックスは、導入部の「みんな赤いのに、一ぴきだけは、からす貝よりもまっくろ。」と深く関わる。この否定的ニュアンスの「くろ」がクライマックスの決め手となる。もちろんここは会話文であり描写性は極めて高い。

「形」のクライマックスは「手軽にかぶとや猩猩緋を貸したことを、後悔するような感じが頭の中をかすめたときであった。敵の突き出した槍が、縅の裏をかいて彼の脾腹を貫いていた。」である。ここで敵から恐れられ味方から信頼されていた新兵衛が死ぬ。それだけでも決定的な事件としての破局である。その上それまで自分の強さに強い自信をもっていた新兵衛が初めて「後悔するような感じ」をもつ。心理的変化である。そしてこの瞬間に「形」がもつ意味の大きさが前面に出る。主題に深く関わる。緊迫感・緊張感も強い。

そして描写性である。この直前は、「彼はともすれば突き負けそうになった。」となっている。「ともすれば」は瞬間のことではなく描写性は薄い。それに対し「かすめたとき」「槍が～脾腹を貫いていた。」は描写性が濃い。描写は実時間に対しどれくらい活字を費やすかで、ある程度計ることができる。この出来事は「かすめたとき」「貫いていた」とあるのだから秒以下の出来事である。「貫いた」でなく「貫いていた」と表現することで、槍が自分の脾腹を貫く瞬間に気づかないほど一瞬の出来事であったことが読める。その一瞬にこれだけの文章を費やしているのだから描写性は極めて高い。また、このクライマックスは時間的描写の濃さと同時に空間的にも描写の密度が濃い。換喩と擬人法を使ったクローズアップのクライマックスである。「槍が〜脾腹を貫いていた。」という換喩により読者の目はその貫かれている脾腹に引きつけられる。

「少年の日の思い出」のクライマックス「だが、その前に、僕は、（中略）厚紙の箱を取ってき、それを寝台の上にのせ、やみの中で開いた。そして。ちょうを一つ一つ取り出し、指で粉々に押しつぶしてしまった。」は主題を象徴的に示す。「ちょうを」「一つ一つ取り出し」「押しつぶす」から中心的主題の一つが見えてくる。

「モチモチの木」のクライマックスは「人物の内面の葛藤」「描写の密度」に加え、「象徴性」が深く関わる。「おくびょう豆太」は、じさまの急病を見て夜道を一人で医者を呼びに行く。それによりじさまは助かる。「おくびょう豆太」が「おくびょう」を克服する物語である。ただしクライマックスは豆太が医者を呼びに行く部分ではない。クライマックスは少し後の「モチモチの木に、灯がついている。」である。この作品は導入部・展開部・山場・終結部いずれでも「モチモチの木」が象徴的な意味で位置づいている。導入部では「そっちを見ただけで、もう、しょんべんなんか出なくなっちまう」ほど豆太はモチモチの木を怖がっている。展開部では「勇気のある子どもだけ」が「霜月の二十日のうしみつ」に「山の神様のお祭り」としての「モチモチの木」の灯を見ることができると、じさまが豆太に話す。死んだおとうもじさまもそれを見ている。そして山場で豆太は「モチモチの木に、灯がついている」姿を見る。さらに終結部でじさまは豆太にその体験を「おまえは、山の神様の祭りを見た」と意味づける。この作品の事件は、豆太とじさまの関わり以上に豆太とモチモチの木の関わりが重要な要素として位置づいている。モチモチの木が豆太の成長を象徴する。だからクライマックスは「モチモチの木に、灯がついている。」なのである。題名も「モチモチの木」である。

「クライマックス」追究の授業では、どこがクライマックスかという結果以上に追究過程に意味がある。追究過程で事件や描写などの質が見えてくることに意味がある。なお、作品により構造よみ段階でクライマックスを一つに決めにくい場合がある。その場合は保留にしておき、形象よみで決定するという方法もある。

構造よみでは「発端」と「クライマックス」がポイントとなる。発端に着目することで「構成」が把握できる。「導入部」や「主要な事件」が見えてくる。「結末」も見えてくる。そしてクライマックスに着目することで「構造」が把握できる。「事件」がどこに向かいどう仕掛けられているかの大枠がわかる。主題もほの見えてくる。「山場の始まり」はそこに向かい変化する場の始まりである。

2 物語・小説の四つの「典型構造」

四六頁の典型構成それぞれにクライマックスを位置づけ、四つの「典型構造」として次頁のように整理した。「四部構造」「三部構造Ａ」「三部構造Ｂ」「二部構造」である[注13]。「三部構造Ａ」の中には、クライマックスで作品が終わる場合がある。「カレーライス」「形」「少年の日の思い出」「最後の一葉」などである。その場合は、構造表として「クライマックス＝結末＝末尾」というかたちとなる。「二部構造」にも、そういう場合がある。

二〇一二年にフィンランドのヴィフティ市の小中学校を訪問した際に四部構造をジェットコースターコースに見立て構造の指導を行っていた。「母国語と文学」の教科書に掲載されているものである。「冒頭」「導入」「深化」「葛藤」「決定」「結末」等の用語が使われていた。「導入」「深化」「葛藤」がそれぞれ「導入部」「展開部」「山場」に、「決定」が「クライマックス」と対応する[注14]。

五一頁で紹介した「化けくらべ」の構造表は六五頁に示した。

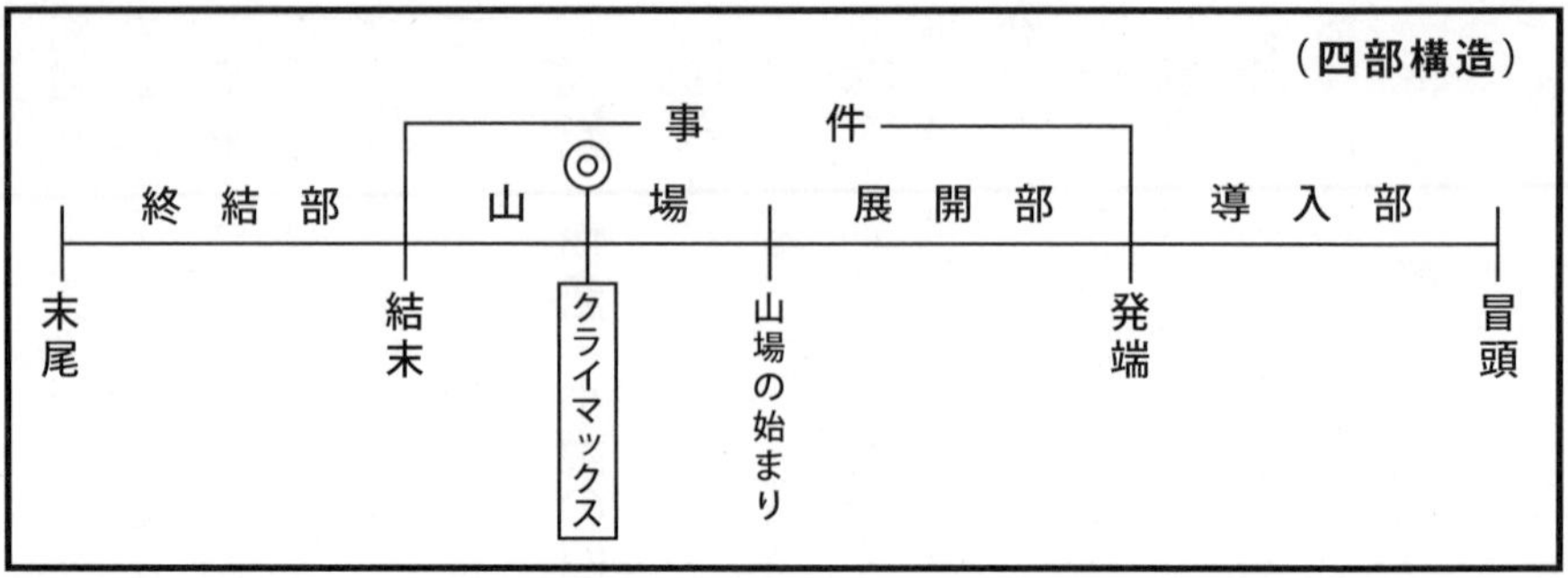

（四部構造）

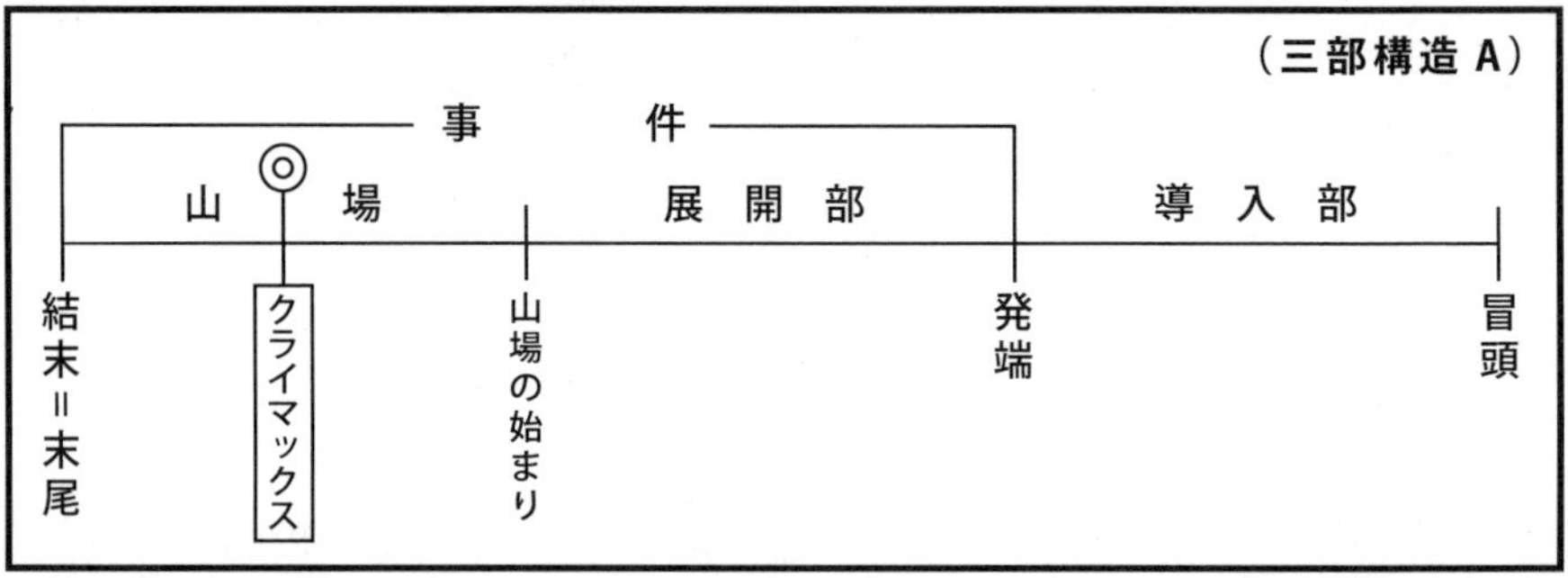

（三部構造 A）

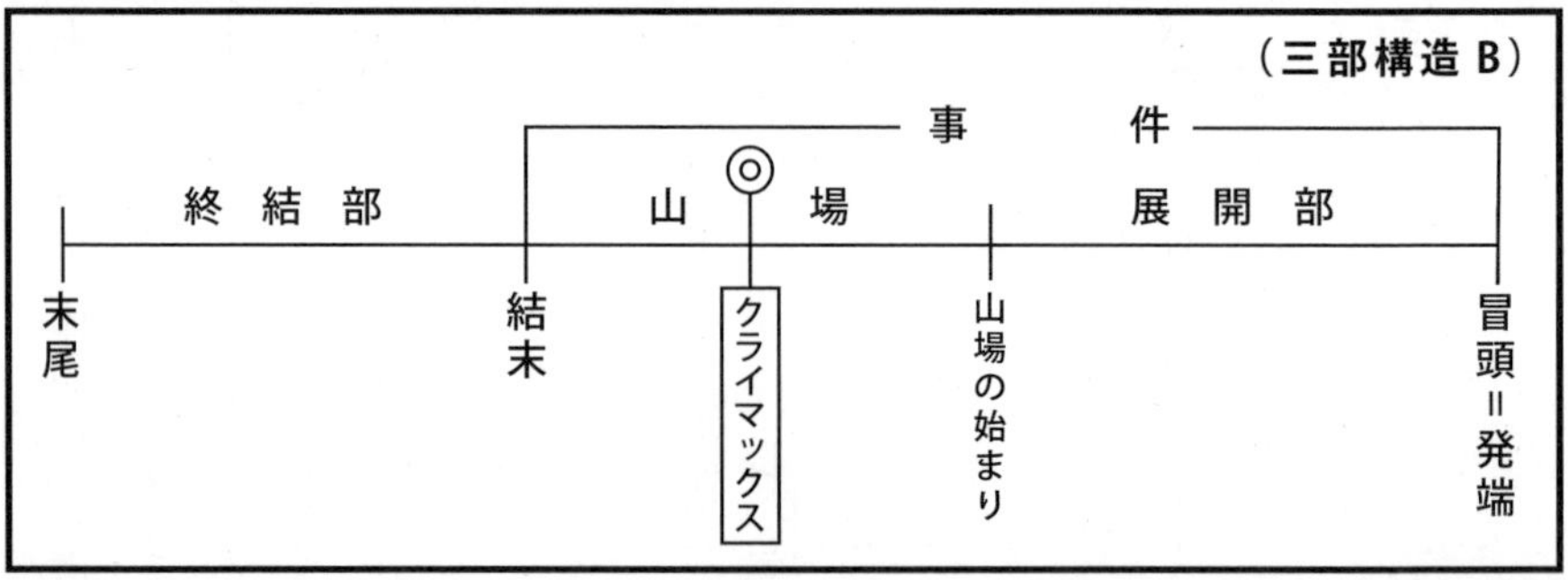

（三部構造 B）

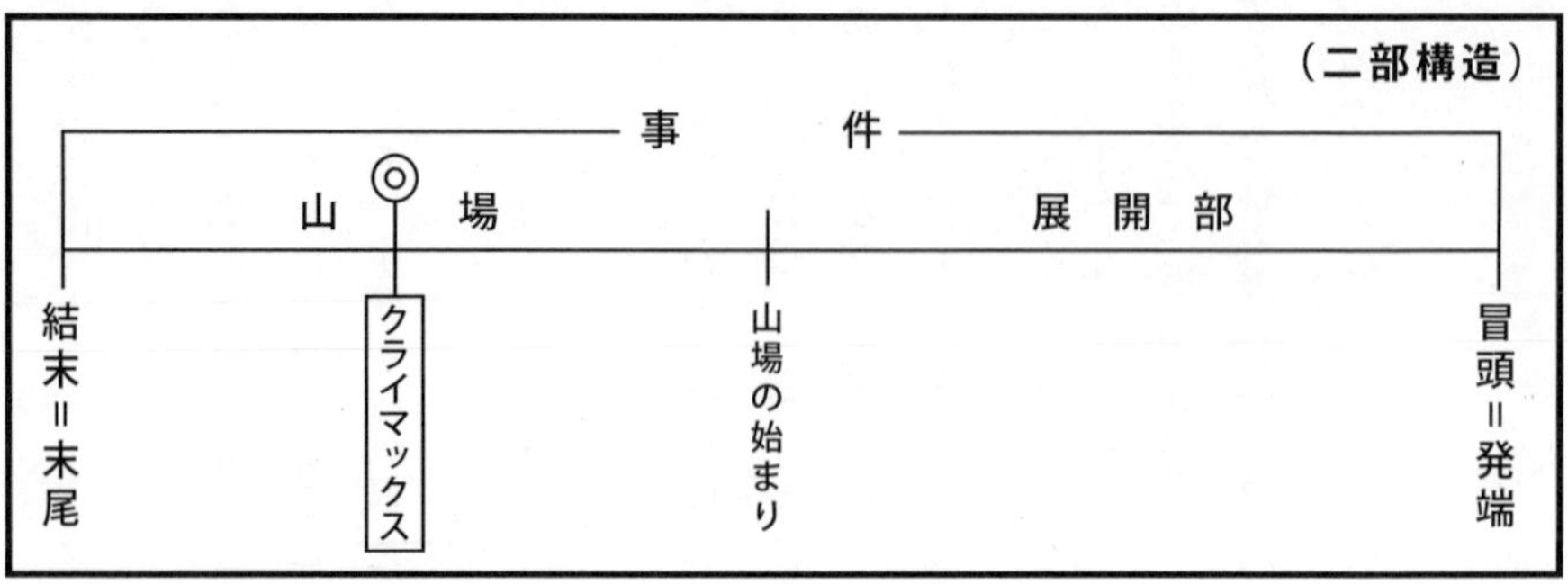

（二部構造）

「化けくらべ」の構造表

導入部　展開部　山場　終結部

事件

◎

冒頭　L1　むかし、ある村に――

発端　L3　ある日、権兵衛狸がお花に向かって、――

山場の始まり　L9　いよいよ化けくらべの晩に――

クライマックス　L14～15　お花が口に～饅頭が突然うれしそうにしゃべり出しました。

結末　L16　――お花狐をだましたのでした。

末尾　L18　――勝てないものなのですね。

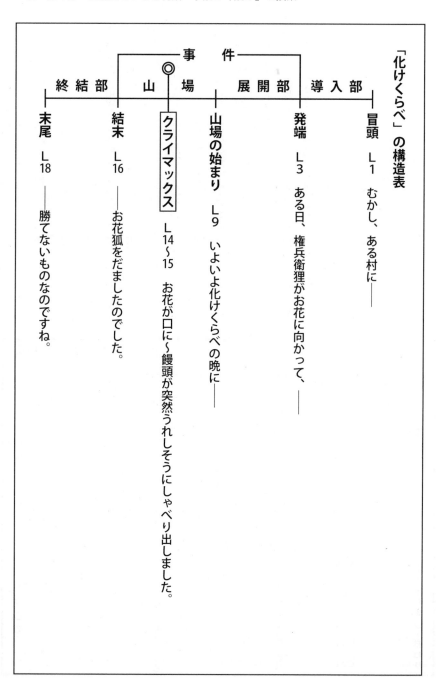

教科書教材には「四部構造」と「三部構造Ａ」が多い。多くの授業ではまずは「四部構造」と「三部構造Ａ」を指導することになる。

なお、小学校下学年の場合、六四頁のような典型構造だと用語が難し過ぎるという問題が起きることがある。そこで、小学校下学年用の構造表案を下記に示す(注15)。ここでは、「四部構造」と「三部構造Ａ」だけの紹介だが、「三部構造Ｂ」「二部構造」もこれらに準じて作成することができる。ただし、できるだけ早い時期に六四頁の構造表に移行していく方がよい。

構造よみにおける四部構造、三部構造、二部構造、また発端やクライマックスの指標などは、いずれも「言葉による見方・考え方」にあたるものであり、国語科の高次の教科内容と言える。

（小学校下学年用：四部構造）

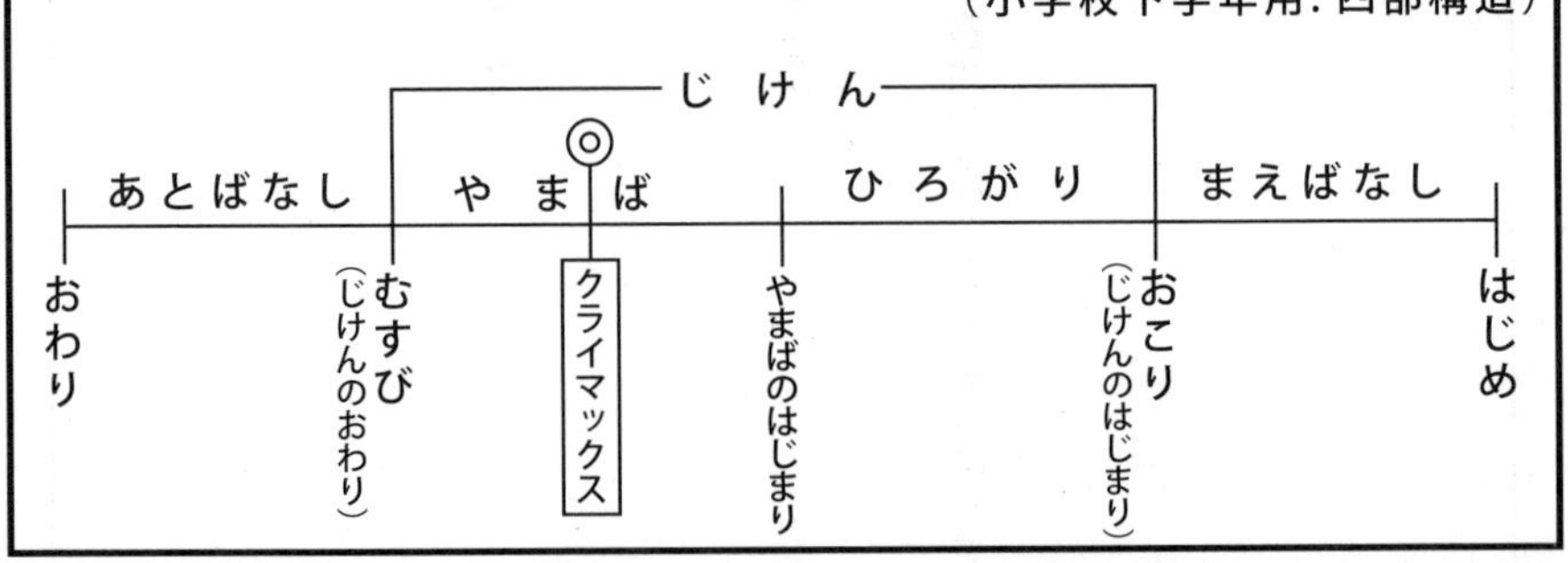

（小学校下学年用：三部構造Ａ）

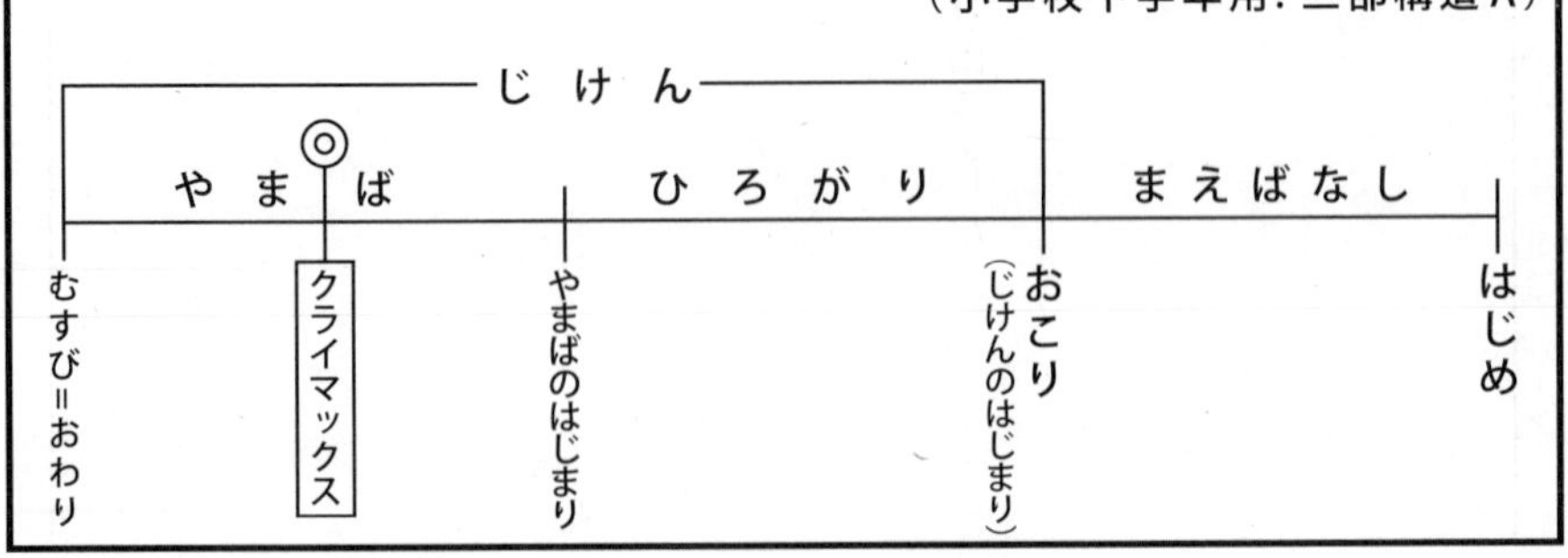

第４節　「説明」と「描写」、「ストーリー」と「プロット」が区別できると物語・小説は面白い

1　「説明」と「描写」、「描写」の密度ということ

(1)「説明」と「描写」

「説明」と「描写」について改めてここで述べる。これは構成・構造の読みだけでなく、形象・技法の読みでも吟味・評価の読みでも生かせる物語・小説にとって重要な要素である。

物語・小説の面白さ・楽しさ、読む喜びの中心は、何と言ってもその「描写」にある。物語・小説の「描写」とは、人物の姿や行動・会話、物の形や様子、情景、考え・感情などを、生き生きと具体的に表現することである。「描写」の「描」は「えがく」こと。手偏だから、もともとは手で物などの形を絵などでえがくことである。「写」はもとは「寫」で対象となるものを紙などの下に敷いてそのまま書きうつすという意である。その様子や状態、情景、心の動きなどを、できるだけ具体的に生き生きと絵を描くように写すように言語で表現することである。

だから、描写は映像のように対象がその場に存在する、動いているように書かれている（語られている）ことが重要である。正確に言えば三次元の（３Ｄ）映像である。読者はその描写を読み頭に映像を創り出し、共感したり喜んだり悲しんだり怖がったりする。それこそが物語・小説を読む喜びである。「はちまきをした顔の横っちょうに、円いはぎの葉が一まい、大きなほくろみたいにへばり付いていました。」とあると、読者はその様子を頭でイメージする。「いわし売りは、いわしのかごを積んだ車を道ばたに置いて、ぴかぴか光るい

わしを両手でつかんで、弥助のうちの中へ持って入りました。」（以上「ごんぎつね」）特に「ぴかぴか」という擬態語がその様子を強くイメージさせる。擬態語だけでなく、擬声語、隠喩、直喩、換喩なども描写の質を高める。「にじ色のゼリーのようなくらげ。」（「スイミー」）は直喩である。描写という点では、会話も重要である。「そうだ。みんないっしょにおよぐんだ。海でいちばん大きな魚のふりをして。」（「スイミー」）「ごん、おまいだったのか、いつも、くりをくれたのは。」（「ごんぎつね」）はそのとおりの声を読者はイメージできる。

描写は静止画である場合もある。しかし、事件展開によって成立している物語・小説では、静止画より時間の流れを描写することの方が中心となる。描写は、実際の時間進行つまり「リアルタイム」の記述、ある日ある時の様子や動きに絞った記述という形をとることが多い。たとえば会話はそこで登場人物が実際に話している速度に近い（かのような）かたちで表現される。（実際には読者が読む物理的行為時間とはズレがある。）

それに対して、「説明」は、事柄についてわかるように述べること、解説することである。物語・小説における「説明」は、その意味で「描写」の対極にある。その場の生き生きとした様子やその時の人物の様子や動き、心理の動きを具体的に描くというものではなく、概括的・解説的にまとめて述べている部分である。物語・小説は時間によって成立しているが、時間進行としては長い間のことを短くまとめて述べる場合である。「夜でも昼でも、辺りの村へ出てきて、いたずらばかりしました。」「小さな魚のきょうだいたちが、たのしくくらしていた。」は、おそらくは何年間あるいは何ヶ月間という長い間の行為・出来事・状態を概括的に短くまとめて述べている。「『ごんぎつね』というきつねがいました。」も、ある日ある時の出来事ではなく「ごんぎつね」といういきつねがいたという継続的状況を概括的に述べている。「みんな赤いのに、一ぴきだけは、からすよりもまっくろ。」も「名前はスイミー。」も、ある日ある時の出来事ではなく、継続的な状態（人物像）をまとめて述べている（以上「ごんぎつね」「スイミー」）（注16）。

物語・小説は右のような「描写」と「説明」を使い分けながら書かれている。既に述べたとおり物語・小説を読む面白さ、楽しさ、喜びは、「描写」にある。「ごんぎつね」のプロットをまとめて概括的に説明されても面白くない。だから「説明」はできるだけ避けたいはずである。にもかかわらず存在するのは、「描写」だけだと物語・小説がうまく成立しにくいからである。既に述べた導入部は人物設定や時、場の設定などを説明する。それがないままに急に事件の描写に入っても読者は戸惑ってしまうことがある。また、そこでの様々な設定が伏線として展開部や山場で生きるという効果もある。

作品によっては、導入部を設定しない場合もある。（それが三部構造Bや二部構造である。）ただし、その場合そこで登場して事件を展開させている人物がどういう者なのか、その時代がいつで、場所はどこなのか、などは不明のままである。人物の会話や様子や周囲の状況から推測できることもあるが、それでもわかりにくい場合がある。そういう場合は、展開部の中に一部、人物紹介や時や場の紹介、あるいはそれまで行われてきた習慣や先行する出来事の説明を挿み込むことがある。

「盆土産」は二部構造で導入部がなく展開部から始まっている。しかし、それだけだと出稼ぎから帰ってくる父親の人物像やなぜ主要人物（自分）が魚つりをしているかの事情が見えてこないので、「父親はいつも、干した雑魚をだしにした生そばを食わないことには自分の村へ帰ってきたような気がしない、と言っている。」という説明を展開部の描写の間に挿み込んでいる。「カレーライス」も二部構造で導入部がなく展開部から始まるが、ぼくとお母さんの会話に出てくる「お父さんウィーク」の意味が読者にはわからない。そこで展開部の途中で「毎月半ばの一週間ほど、お母さんは仕事がいそがしくて、帰りがうんとおそくなる。その代わり、お父さんが夕食に合わせて早めに帰ってくる。それが『お父さんウィーク』だ。」というこれまで行われてきた「ぼく」の家の習慣（先行する出来事）が説明されている。

村上春樹の「ねじまき鳥と火曜日の女たち」は「その女から電話がかかってきたとき、台所に立ってスパゲッティをゆでていた。」という描写から始まる。導入部はない。だから、この人物がどういう人物か、どこにいるのかは、しばらくは不明である。電話の会話などから、今失業中であること、法律事務所につとめたいと思っていること、妻がいることなどはわかる。しかし、失業前はどうしていたのかなどは不明のままである。少し経過してやっと「二月のはじめに僕はずっとつとめていた法律事務所を辞めた」「その法律事務所における僕の役割はひとくちでいえば専門的使い走りだった。」と失業前の仕事の状況の説明が入る。そして「どうしてやめてしまったのか、その理由はじぶんでもよくわからない」などの説明も入る。そしてまた描写が続く。

終結部は、説明によることもあれば描写によることもある。二つが混在することもある。「一つの花」の終結部は「それから、十年の年月がすぎました。」などの説明の後にゆみ子とお母さんの描写が入る。「母さん、お肉とお魚とどっちがいいの。」などである。（ただしここは描写でも事件展開というよりエピソード的描写である。たとえばこんな幸せな生活をコスモスの花の中で二人が毎日送っているということを示唆する描写である。）「故郷」も説明と描写とが混在する終結部である。「賢者の贈り物」は「どこにいようとも、彼らこそは『賢者』なのだ。彼らこそ東方の賢者なのだ。」など説明が中心となる。説明で作品の主題を比喩を使って提示する。

（2）「描写」の密度

次に「描写」の密度である。「描写」は「姿や行動・会話、物の形や様子、情景、考え・感情などを、生き生きと具体的に表現すること」であり「ある日ある時の様子や動きに絞った」表現であると述べた。ただし、その具体の度合い、生き生きの度合いには、描写によって差がある。つまり、描写には密度に差がある。

たとえば「ごんぎつね」の「こんなことを考えながらやって来ますと、いつのまにか、表に赤いいどのある兵十のうちの前へ来ました。」は描写でも密度が薄い。ある日ある時の出来事で描写には違いないが、一瞬の出来事ではない。「考えながらやって来ますと」「いつのまにか〜来ました」と一定の時間の出来事を述べている。それに対し「ごんは、ぐったりと目をつぶったまま、うなずきました。」などの描写は濃い。ある時の一瞬の出来事である。

描写の濃い薄いを使い分けながら物語・小説は展開されている。そして、より重要な部分（事件展開や人物像）では濃いめの描写、よりそうでない部分では薄めの描写という傾向がある。だから、クライマックスやそれにつながる場面では、通常描写が特に濃くなる。会話文は特に濃い描写であるが、クライマックスに会話文がしばしば使われるのは、そのためである。

一つの指標として（虚構の）出来事の物理的な時間に対しどれくらいの字数（行数）を使って描写しているかで、その濃さ・薄さを見分けることができる。同じ一〇秒の出来事を二〇字で描写するよりも一〇〇字で描写する方が描写性は濃い。同じ二〇字の描写でも、一〇秒の出来事を描写するよりも一秒の出来事を描写する方が描写性は濃い。前後の文脈等が関わるので常に機械的に計ることはできないが、一つの有力な見分け方である。

「形」の山場後半は次のようになっている。

どの雑兵もどの雑兵も十二分の力を新兵衛に対し発揮した。二、三人突き伏せることさえ容易ではなかった。敵の槍の矛先が、ともすれば身をかすった。（中略）が、彼はともすれば突き負けそうになった。手軽にかぶとや猩猩緋を貸したことを、後悔するような感じが頭の中をかすめたときであった。敵の突き出した槍が、縅の裏をかいて彼の脾腹を貫いていた。

クライマックスは、最後の二文「手軽にかぶとや猩猩緋を貸したことを、後悔するような感じが頭の中をかすめたときであった。敵の突き出した槍が、縅の裏をかいて彼の脾腹を貫いていた。」である。山場後半はどこも描写性が濃いようにも見えるが、クライマックスの二文と直前とでは大きくその濃さに違いがある。直前は描写とは言っても薄い。「二、三人突き伏せることさえ」は、ある時の一瞬のことではない。二〜三人を突くには一定の時間がかかる。「ともすれば」も二回出てくる。「ともすれば」は「どうかすると」「場合によっては」という意味である。一定の時間の経過を描いており描写性は薄い。それに対しクライマックスの「後悔するような感じが頭の中をかすめたとき」は一瞬である。その上、その瞬間敵の槍が「彼の脾腹を貫いていた。」とある。「彼の脾腹を貫いた。」ではない。気がついたら既に貫かれていた。自分自身気がつかないくらいあっという間の出来事であったことが読める。とすると、この二文は時間にして一秒足らずである。それをこれだけの字数を使って描いている。極めて濃い描写である。その上「槍が〜貫いていた。」という換喩を使い、映像的にクローズアップをして空間的な描写性も濃くしている。描写には空間的な濃淡もある。「説明」と「描写」の区別、「描写」の密度の測定をすることで、物語・小説の読みは鋭く豊かになる。

2 「ストーリー」と「プロット」を区別すると物語・小説の仕掛けが見える

「ストーリー」(story)も「プロット」(plot)も同じく「筋」と訳されることがある。しかし、物語・小説ではその意味は大きく違う。それらを区別をすることで物語・小説がこれまで以上に面白く楽しく深く読めるようになる。「ストーリー」と「プロット」という用語を使って二つを峻別することの意義を説いたのはエドワード・M・フォスターである。フォスターは「われわれはストーリーを、時間的順序に配列された諸事件の叙述であると定義してきました。プロットもまた諸事件の叙述でありますが、重点は因果関係におかれます。

（中略）それは時間的順序を中断し、その諸制限の許しうるかぎり、ストーリーからはなれています。」と述べた[注17]。ロシア・フォルマリズムのグループでは、「ストーリー」にあたるものを「ファーブラ」（fabula)、「プロット」にあたるものを「シュジェート」（sjuzet）と呼んだ。大石雅彦は「ファーブラは出来事の日常的集積であり、それを配列しなおしたものがシュジェートと呼ばれる。」と述べる[注18]。

ジェラール・ジュネットは、「ストーリー」にあたるものを「物語内容」（histoire）、「プロット」にあたるものを「物語言説」（récit）と呼ぶ。「意味されるもの［シニフィエ］、すなわち物語の内容を、物語内容 histoire（この場合、たとえその内容が劇的緊張を欠き、出来事性に乏しいとしても差し支えはない）と命名し、次に意味するもの［シニフィアン］・言表・物語の言説すなわち物語のテクストそれ自体を、固有の意味で物語言説 récit と名付け」ると述べる。そして後者「物語言説 récit」は「現実の出来事または虚構の出来事の継起と、それらの出来事を結び付ける連鎖・対立・反復等の多様な関係」であるとも述べる[注19]。

私はストーリーを「（虚構としての）自然の時間の順序に従って動いていく出来事のつながり」、プロットを「ストーリーにもとづいて（素材として）取捨選択され連関させられ仕組まれ構造化された形象のつながり（作品そのもの）」と定義する。あるストーリーから様々な作品（プロット）が生まれる可能性がある。その結果仕上がった作品そのもののそれぞれの在り様がプロットである。「冷静と情熱のあいだ」は、同じストーリーを江國香織と辻仁成が違うプロットで作品化している。金閣寺の放火というストーリーを、三島由紀夫と水上勉がそれぞれ独自にプロット化し別の作品として仕上げている。赤穂浪士の討ち入りというストーリーも、様々な作品としてプロット化されている。

だから、作品は基本的にはプロットを読むものである。ただしプロットを支えているストーリーを読者は再構成しながらプロットを読んではいる。プロットの時間が過去に逆戻りしたり、急に十年後に飛んだりという場合、混乱しないためにストーリーを自分の頭の中で構成している。子どもが読者である場合は時間や空間の移動などが激しくプロットの構造が入り組んでいる場合などは、授業で補助的にストーリーとして作品を再構成させることが必要なこともある。問題なのは、ストーリー把握がプロットの読みに取って代わってしまう場合である。そうなると読者は作品をストーリーとしてだけ読んで、作品のプロットとしての形象性を捨象してしまう危険がある。事件や人物や自然などの書かれ方・描かれ方こそが作品では重要なのだが、ストーリー的な読みの場合にはそれらを見落としてしまうことになる。

クライマックスは、その作品では何が決定的な転化・確定として描かれているかによって把握する必要がある。ストーリーではなく描かれ方としてのプロットから構造上のクライマックスを把握していく。「ストーリー」と「プロット」を整理すると次のようになる。

ストーリー（story）―（虚構としての）自然の時間の順序に従って動いていく出来事のつながり（作品のプロットから想定・類推していく）

プロット（plot）―ストーリーにもとづいて（素材として）取捨選択され連関させられ仕組まれ構造化された形象のつながり（これが作品そのものである）

（虚構としての）出来事のつながりのどこを切り取り事件とするかでプロットが決まる。どこまでを先行事件とし、どこからを主要な事件とし、どこを結末とするか。どこを山場にし、どこをクライマックスにするかで作品の在り方が変わる。①で説明と描写、描写の密度について述べたが、これらをストーリーとプロットの関係から説明することもできる。（素材としての）ストーリー中の、どこを説明にしどこを描写にするか、どこの描写を特に濃くするかなど様々な選択可能性がある。その間に省略の選択肢もある。その可能性の中から選択され形象化されたものがプロットとしての作品である。

オリジナルの「スイミー」は「ぼくが、目になろう。」とスイミーが宣言する部分が濃い描写になっている。クライマックスと読める書かれ方である。しかし、同じストーリーでも、たとえばそこを「スイミーも目になり大きな魚は完成した。」と説明的な書き方にして、「その直後だった。スイミーたち大きな魚が、とうとうまぐろとであった。／まぐろは、ザブンと大きなあわをたてながら、あわててにげていった。／『ぼくたちはかったんだ。』／小さな魚たちは大きなこえでよろこびあった。」などというプロットとして描くこともできる。

「わらぐつの中の神様」（杉みき子）（小5）は、現在→過去→現在という順序で作品が成立している。これも、ストーリーとプロットという観点で見るとわかりやすい。自然の時間のストーリーであれば、おみつと若い大工の昔の出来事が一番はじめに位置づく。次にはじめのマサエと母親とおばあちゃんの現在、最後におわりの三人の現在という順番である。それを、この作品ではあえて昔を二番目にもってくる。それによって、マサエのおばあちゃん発見、おじいちゃん発見の形象・主題が切れ味よく描かれる。クライマックスの「『うん。おばあちゃんの名前は、山田ミツ。――あっ。』／マサエは、パチンと手をたたいて、目をかがやかせました。」が強いインパクトをもつのもそのためである。このように時間の順序を入れ替える方法を「錯時法」と言うが、これもプロットの力である。

これまで「通読」の指導が「あらすじ」を確認する程度で終わることがあった。その場合、ストーリーをたどるだけになってしまう危険がある。通読では構成・構造としてのプロットをとらえさせることが重要である。

ストーリーがプロット化される過程で、主要な事件をどこにするかが選択され、説明的な導入部と描写的な展開部・山場が形成される。その中で描写の濃密、時間の入れ替え、省略等が行われる。様々な技法もプロット形成過程で使われる。実際の創作過程では、それらが意識的に行われる場合もあれば無意識に行われる場合もある。意識した場合でも、そのねらいどおりの効果が出るとは限らない。作家のねらいどおりでないからこそ、物語・小説は面白いという側面もある。読者としては、ストーリーという素材としての自然の時間の出来事を見通しつつ、作品のプロットとしての仕掛けを読み解くことが大切である。（それは作者のねらい・意図を読むことではない。作品の構成・構造や形象・技法、仕掛けなどを読むということである。）（注20）

第5節　第一読で「構成・構造」を読むことの意味

第一章で物語・小説を読む際の三つの指導過程について述べた。その三つの中でなぜその第一の過程に、構成・構造を読む要素を位置づけたかについて最後にまとめて述べたい。整理すると次の六つになる。

1　構成・構造を読むことによって、その作品の「主要な事件」とは何かを把握できる。
2　構成・構造を読むことによって、その作品の導入部と事件部分との区別をつけることができる。また、事件部分でも前半の展開部と後半の山場との区別を意識することができる。
3　構成・構造を読むことの中でも特にクライマックスに着目することによって、「形象よみ」で行うその作品の鍵となる部分の「取り出し」が容易になる。
4　「形象よみ」の際に、構成・構造を意識した文脈性の高い読みができる。
5　作品の構成・構造上の仕掛け（錯時法、反復される象徴表現、伏線など）が把握しやすくなる。
6　作品の主題が仮説的に把握できる。

これらは第二読「形象よみ」、第三読「吟味よみ」で生きる。「取り出し」は第三章第1節以降に詳述する。

〈注〉

(1)　大西忠治は「文学作品の読み方指導としての構造読み」(『国語教育評論1』一九八六年、明治図書、五～三〇頁)中で「構造読み」を提唱した。しかし、大西は「構成」という用語は使わず「構造」で通した。阿部は「構成」と「構造」の差異を明確にし、二つの読みを含む指導過程として「構造よみ」を位置づけた。

(2)　国立教育政策研究所『生きるための知識と技能―OECD生徒の学習到達度調査(PISA)二〇〇〇年報告書』二〇〇二年、二二九頁

(3)　「絵画の構成」「オーケストラの構成」「乗組員の構成」などと「構成」は、特に内部に分け入らなくても把握できるものを指し示す場合が多い。それに対し「政治の構造」「経済の構造」「汚職の構造」などとは言うが、「政治の構成」「経済の構成」「汚職の構成」などとは言わない。これらの場合、「構造」は概観しただけでは見えにくい内部の複雑な関係性等を含んだものという意味合いで使われている。「絵画の構造」という場合も、一見しただけではわかりにくい深く入り込むことで見えてくるものを意味する。モチーフ相互の形象関連や様々な技法、あるいは文化文脈にまで立ち入り理解できるような形象相互の関係性などである。辞典類を見ても「構造」は「全体を構成する諸要素の、互いの対立や矛盾、また依存の関係などの総称」(『広辞苑・第六版』二〇〇七年)、「部分と全体との関係」「相互連関」(廣松渉他編『岩波哲学・思想事典』一九九八年)などと定義される。一方「構成」は「幾つかの要素を組み立てて一つのものにこしらえること。また、その組立て」(前出『広辞苑・第六版』)「組み合わせ」「結合」(前出『岩波哲学・思想事典』)などとなっている。「構造」は諸要素の関係性までを含んだ全体像という意味合いが強く、「構成」はより把握しやすい組み立としての全体像という意味合いが強い。

物語・小説の読みに関してここでは「構成」「構造」を次のように整理する。（ただし実践的には、状況に応じてこの二つの用語を特に区別しないでたとえば「構造」として指導することがあってもよいと考える。）

構成―物語・小説で比較的見えやすい「導入部」「展開部」「山場」などの作品全体の組み立て
構造―物語・小説で「クライマックス」に着目することで見えてくる事件の形象の関係性・方向性
（人物相互の関係や内面の葛藤などの関係性など）

(4) 入矢義高「小説」『世界大百科事典』一九九八年、平凡社
(5) 筒井康隆『創作の極意と掟』二〇一四年、講談社、七四頁
(6) 文部科学省『小学校学習指導要領解説・国語編』二〇〇八年、八二頁
(7) 大西忠治は小説の典型構造として「導入部」「展開部」「山場の部」「終結部」だけを設定していた。（前掲書(1)、一三頁）
(8) ロラン・バルト（沢崎浩平訳）『S／Z』一九七三年、みすず書房、三四頁【Roland Barthes "S/Z" 1970】
音楽の楽曲も、その構成・構造を把握しつつ細部を聞くことで、その理解・鑑賞は確実に深くなる。その意味でバルトが「strette」という音楽用語をここで使っていることは示唆的とも言える。絵画の作品についても同様のことが言える。
(9) 三田誠広『天気の好い日は小説を書こう―W大学文芸科創作教室』一九九四年、朝日ソノラマ、一七九頁
(10) 百々由紀男『芥川・直木賞のとり方』一九九三年、出版館ブック・クラブ、一七八〜一八〇頁
(11) 「化けくらべ」は薄井道正が草案を書きその後小中高の先生方とリライトを繰り返し完成したものである。

(12)　大西忠治はクライマックスについて「『筋の最も緊張を高めた点』であると同時に、『解決から破局へ、あるいは破局から解決へと転化する点』」（前掲書(1)、二六頁）と述べる。しかし、それだけでは指標としては不十分である。

(13)　教育科学研究会国語研究部会の伊藤信夫は「発端（おこり）・展開（つづき）・クライマックス（やまば）・結末（おおづめ）」を示している。「おこり」を「起」、「つづき」を「承」、「やまば」を「転」、「おおづめ」を「結」としている。ここでは「山場」と「クライマックス」が未分化である。「導入部」と「発端」も未分化である。「起承転結」という構成・構造の把握にも問題がある。（伊藤信夫「文学作品の構造分析について」奥田靖雄他編『続国語教育の理論』一九六六年、麦書房）

(14)　ジェットコースターの絵があり、コースターがちょうど頂上を勢いよく越える様子が描かれている。コースの各所に「冒頭」にあたる「aloitus」、「導入」にあたる「esittely」、「深化」にあたる「syventäminen」、「葛藤」にあたる「ristiriitojen」、「決定」「解決」にあたる「ratkaisu」、「結末」にあたる「lopetus」等の言葉が記されている。確かにドラマ仕立てで乗客を楽しませるという点でジェットコースターは物語・小説と共通する点がある。

(15)　臺野芳孝が作成した草案に阿部が手を入れたものである。

(16)　ウェイン・C・ブースは、「描写」を「語ること showing」、「説明」を「示すこと telling」と名付け、二つを区別している。（ウェイン・C・ブース（米本弘一他訳）『フィクションの修辞学』一九九一年、書肆風の薔薇、二七頁【Wayne C. Booth “The Rhetoric of Fiction” 1961】）

(17)　エドワード・M・フォスター（米田一彦訳）『小説とは何か』一九六九年、ダヴィッド社、一〇八頁【Edwaed Morgan Forster “Aspects of the Novel” 1927】

(18)　大石雅彦「あるいは『バック・トゥ・ザ・フューチャー』、あるいは『接木された詩学』、あるいは『まず、そしてつねに言語革命を』」『フォルマリズム：詩的言語論』（ロシア・アヴァンギャルド6）「解説・解題」一九八八年、国

書刊行会、四三二頁
西郷竹彦は、一九六八年に「事件（できごと）の筋」を「ファーブラ」、「形象相関展開の筋」を「シュジェート」として区別することの重要性を述べている。（西郷竹彦『教師のための文芸学入門』一九六八年、明治図書、一七五～一七六頁）

⒆ ジェラール・ジュネット（花輪光・和泉涼一訳）『物語のディスクール』一九八五年、水声社、一五～一七頁【Gérard Genette "Discours du récit, essai de méthode" in Figures III, 1972】

⒇ 大西忠治は「プロット」と「ストーリー」を区別していない。そのため大西の指導過程にはいくつかの破綻がある。一九七九年に大西忠治と前澤泰との論争があった（全国生活指導研究協議会編『生活指導』二五四～二五六号）。そこで前澤はフォスターの「プロット」論を引用しつつ「ストーリー」と区別すべきことを述べた。大西はそれを認めなかった。詳細は阿部昇「プロットの転化としてクライマックスを捉え直す」科学的「読み」の授業研究会編『研究紀要Ⅲ』二〇〇一年を参照願いたい。

第三章　「形象・技法」に着目したあたらしい「読み」―形象よみ

「深層のよみ」の指導過程の第二読「形象よみ」である。「形象よみ」には二つの要素が含まれる。

一つ目は第一読の構成・構造の読み（構造よみ）を生かしながら、物語・小説の「鍵」となる語や文（重要箇所）に着目し「取り出し」をしていくことである。導入部では人物紹介など「設定」部分に着目し、展開部・山場では「事件の発展」「新しい人物像」が読める部分に着目する。実際には「鍵」となる部分に傍線を引き「取り出し」をしていく。その際に構造よみで検討した「クライマックス」が重要な手がかりとなる。

二つ目は取り出した語や文を、文脈と関わらせながら読み深めていくことである。その際に技法や様々な仕掛けに注目する。そして、形象の読みを総合しながら構造よみで仮説的に予測した主題を確かめていく。

これらの過程が第三読「吟味よみ」につながる。「形象よみ」については第三章と第四章を使って述べる。

第1節　作品の「鍵」となるところに着目し形象を読む

1　形象を読むとは、作品に隠された意味や仕掛けを発見すること

物語・小説を読む時、私たちはそこに書かれている語や文の意味を理解し、人物の姿・行動、考え・感情、それらの意味を想像する（「創造」とも言える）。それらにより見えてくるものが「形象」である。

ただし、形象には語句の一般的意味がわかれば比較的すぐ把握できるものと、立ち止まり考える中でだんだんと把握できてくるものとがある。前者を「表層の形象」、後者を「深層の形象」と呼ぶ。深層の形象は作品

に分け入ることで見えてくるものである。比喩的意味、反復や倒置など様々な技法や仕掛けから生まれる意味、象徴的意味、文化的背景と合わせて見える意味、語や文相互が関わり見える意味、構成・構造と関わらせることで見える意味などである。（「コノテーション（connotarion）」＝「共示義」もその一つである。）

「スイミー」の導入部に「みんな赤いのに、一ぴきだけは、からす貝よりもまっくろ。」がある。スイミー紹介の文である。表層の意味としては、魚たちはみんな赤くスイミーは黒いということである。しかし、それだけなら「魚たちはみな赤く、スイミーはくろい。」と書けばいい。この一文には七つの工夫・技法が使われている。①「まっくろ」という体言止め。②「まっ」＝「真」という強調の接頭語。③黒いことで有名な「からす貝」を比喩として示しくらべる比況。（「からす貝」自体も「烏の羽のように黒い色の貝」という比喩を含む。）④「一ぴきだけは」の「だけ」による限定。⑤「みんな」と「一ぴき」の対比。⑥「赤」と「くろ」という色の対比。⑦「みんな赤いのに」の「のに」の逆接。それも「のに」には、「行きたかったのに」など期待と違う、残念という否定的ニュアンスが伴う。否定的異質性としての黒である。これらによりスイミーの黒さが重層的に強調される。この設定は山場のクライマックス「ぼくが、目になろう。」で大きな意味を発揮する。

クライマックスは「みんなが、一ぴきの大きな魚みたいにおよげるようになったとき、スイミーは言った。／『ぼくが、目になろう。』」である。ここでスイミーは自ら目になると宣言する。目には、先を見通す役目、物事を見分ける役目がある。つまりここでは目はリーダーの象徴である。かつて逃げるだけだったスイミーが目になり仲間と行動する。そしてスイミーが目になることで「大きな魚」が完成する。導入部でのスイミーの黒さの強調がここで生きてくる。それにより「否定的異質性をもつもの（こそ）が集団を救う」という主題の一つが見えてくる。「みんな赤いのに〜まっくろ。」の人物紹介（設定）は「伏線」と言える。

たとえば、これらが深層の形象である。

導入部の「名前はスイミー。」からも深層の形象が読める。名前がもつ形象である。物語・小説の場合、その名前の中に人物の特徴や出自などが含まれる場合がある。「桃太郎」は桃から生まれた子どもであり「一寸法師」は一寸＝約三センチの男である。C・M・シュルツの「ピーナッツ」に出てくる犬のスヌーピー（Snoopy）も、「snoop」（詮索好きでうろうろする）という動詞を含んでいる。スヌーピーはそのとおりの性格の犬である。「スイミー」は「Swimmy」であり「swim」という動詞が含まれる。泳ぎが得意という形象が内包されている。事実、直前に「およぐのは、だれよりもはやかった。」とある。

「走れメロス」では、王が次のような人物として描かれる。「暴君ディオニスは静かに、けれども威厳をもって問い詰めた。その王の顔は蒼白で、眉間のしわは刻み込まれたように深かった。」「『疑うのが正当の心構えなのだと、わしに教えてくれたのは、おまえたちだ。人の心は、あてにならない。人間は、もともと私欲の塊さ。信じては、ならぬ。』暴君は落ち着いてつぶやき、ほっとため息をついた。」「蒼白」「眉間のしわ」「ため息」などを総合していくと、肉体的にも精神的にも疲れ病んでいる人物像が見えてくる。それは、一般的な「暴君」のイメージとはかなりかけ離れた人物像である。相反あるいは矛盾する人物形象である。そのことが、この後の事件展開にとってもつ意味は大きい。

また「その王の顔は青白く」とはなっていない。辞書的意味は「青白く」も「蒼白」も同じだが、「蒼白」という漢語表現を使うことで、一層重く冷たい感じが生まれてくる。「ため息」も違和感がある。自分を殺しに来た若造の前でため息をついてしまう「暴君」である。その上、王が発する言葉は「信じては、ならぬ。」である。読点が入っている。おそらくここで一呼吸置かれる。「ため息」とあるのだから、かなり弱々しく発している可能性が高い。これらの形象は事件が展開し発展していくにしたがってさらに大きな意味をもつ。「ディオニス」という名前からもいくつかの形象が読める。これらも深層の形象である。

2 「鍵」の語や文に自力で着目できること――「取り出し」の過程

右のような形象は、作品の冒頭の一語一文から末尾の一語一文まですべての語や文に含まれる。読むということはすべての語や文を読むことである。作品のすべての語や文がそれなりの意味をもちそこに位置づいている。すべてが総体として一つの作品を作り上げている。だからなくてもいい語や文があるわけではない。ただし、同時に物語・小説には、より強く作品の事件の展開や人物の在り方を担っている部分と、相対的にそうでない部分がある。私たちが物語・小説を読む際には、意識・無意識は別としてそれらの軽重を見分けながら(立ち止まりながら)読み進めているはずである。より強く作品の事件設定や事件展開に関わる部分に着目して(右の1のように)丁寧に読んでいくと、より豊かに楽しく隠れた意味や仕掛けが見えてくる。より重い役割を担う部分を「鍵」と名付ける。鍵の部分に着目できること自体が読みの力として重要である。鍵の部分に着目させる指導過程を「取り出し」と呼ぶ(注1)。この過程を形象よみの始めに位置づける。

導入部・展開部・山場などそれぞれにより重い役割を担う鍵の部分がある。授業では構造よみを生かしながら「取り出し」を行うが、それ自体が重要な学習である。「取り出し」のための様々な方法・指標がある。

「スイミー」の「みんな赤いのに、一ぴきだけはからす貝よりもまっくろ。」はその鍵の部分である。クライマックスの「ぼくが、目になろう。」は鍵の中でも最も重要なものの一つと言える。山場の「スイミーはかんがえた。いろいろかんがえた。うんとかんがえた。」「それから、とつぜん、スイミーはさけんだ。／『そうだ。みんないっしょにおよぐんだ。海でいちばん大きな魚のふりをして。』」なども鍵の部分である。

取り出しをした上でその部分の形象を読み深めていく。導入部、展開部、山場、終結部と鍵の部分を中心に読み進めるが、それらの一語一文を読みつつ、同時に常に作品全体の形象の流れとの関係性(文脈性)を意識することが重要である。また必要に応じて鍵の前後の語や文を参照し関連づけることも大切である。そして山場あたりから形象の流れにこれまでにない新しい要素が生まれてくる。それが主題につながっていく。

これまで物語・小説の「読むこと」について、様々な教師が様々な方法・過程により指導してきた。方法・過程は違っても多くの授業に共通するのは、教材の鍵となる部分を取り上げ、そこを中心に読みとりをさせている点である。どこを取り上げたか、取り上げなかったかという問題は残るが、教材のすべてを同じように取り上げることは時間的に不可能であるし、指導上の意味も薄い。鍵となる部分に立ち止まり取り上げる指導自体は妥当なものである。

ただし、これらの授業には共通の問題点があった。それは常に作品の鍵の部分を教師が指し示すという点である。はじめから多くの子どもが鍵の部分を的確に発見できるわけではない。だから、教師が鍵の部分を指し示すことは必要なことである。しかし、いつまでも教師が鍵の部分を指し示し続けていてはいけない。始めは鍵の部分を教師が指し示すにしても、少しずつそれを子ども自身が自力で発見できるようにしていくという指導構想をもつことが大切である。残念ながらこれまでの国語の授業では、その構想はほとんどの場合、欠落しているか、極めて弱いかであった。結果として「教師待ち」「発問待ち」の子どもを育てていた。

子ども自身が作品の鍵の部分を自力で発見する学習を、(「取り出し」という形で)指導過程の柱の一つとして明確に位置づけることの意味は大きい。その過程で子どもに鍵の部分を自力で発見するための方法・指標を学ばせ身につけさせていく。それにより子どもは少しずつ自力で作品を読めるようになる。鍵の部分に着目するための方法・指標を、学び身につけることで子どもは自立した読者として育っていく。はじめは教師の発問を待っていた子どもが、教師の発問なしであるいはわずかな助言だけで、鍵の部分を発見できるようになる。

その際に第一読の構造よみが生きてくる。特にクライマックスへの着目が生きる。作品のプロットはクライマックスに向かって仕掛けられていることが多い。導入部の設定も展開部・山場の事件展開も、クライマックスにつながるように仕掛けられている場合が多い。だから、クライマックスを意識することで、導入部の鍵の部分、展開部・山場の鍵の部分が自然と見つけやすくなる。(本章・第3節[2]でこのことついて詳述する。)

読者によりその立ち止まり方、鍵の発見の在り方には違いがある。同じ読者でも一回目の読み、二回目の読み、三回目の読み……によって立ち止まり方は違ってくる。とは言え、ある程度までは共通して是非立ち止まるべき部分もある。ここに着目できないと、作品の面白さ・企みにアクセスできないという部分である。

共通して鍵と言える部分と、読み手により違いが出る部分とを視野に入れつつ授業を展開していくことになる。初期段階では共通して鍵と言える部分を重視し、子どもに力がついてきた段階では、共通する部分と同時にあえて違いを顕在化させ、それを論議させながらより豊かな読みを促していく指導の在り方が想定できる。

本書では様々な取り出しの例を示すが、取り出しの箇所は絶対的なものではない。第2部の二作品の取り出しも同様である。また授業構想によって取り出し部分を絞り込む場合もある。逆に多めに取り出す場合もある。とは言え「どれも大切」と安易に「鍵」を広げていく指導は適切でない。一定の基準により取り出しの優先順位を設定すべきであるし、優先順位を意識させることで子どもに「読む力」がついていく。

第2節　導入部で「鍵」にどう着目しどう読み深めるか

第2節からは、「取り出し」の方法と、取り出した部分をどう読み深めるかについて述べていく。「鍵」として取り出す部分は作品の構成部分により違う。「導入部」は事件前の枠組みを述べる箇所だから「設定」が鍵となる。(「展開部」「山場」は「事件展開」に関わる部分が鍵となる。) その設定が、後の展開部・山場で大きな意味をもつ。そこには「人物」の設定、「時」や「場」の設定がある。事件より以前に起こった「先行事件」

が示されることもある。さらに「語り手」がどのように設定されているかも見える。「語り手」による予告・解説が示されることもある。

次が導入部における「鍵」の「取り出し」の指標（方法）である（注2）。

※導入部の鍵の取り出しの指標

1　人物
2　時
3　場
4　先行事件
5　語り手（語り手設定、語り手による予告・解説）

これらは、この後の事件展開やクライマックスにつながっていく。だから、クライマックスを意識することで取り出しがより効果的に行える。またこれらの部分には、技法や表現上の工夫がされていることが多い。それも取り出しの際の指標の一つとなる。実践的には教師が「この導入部から特に重要な『人物』の紹介を三箇所見つけよう。」「重要な場の設定を二箇所見つけよう。」などと指示を出していくことが有効である。

1　導入部で「鍵」となるのは「人物」の設定

右の五つの設定は、どの作品の導入部にも含まれるわけではない。仮に五つが読める場合でも、授業で常に五つを取り上げなければいけないわけではない。「人物」は必須としても、それ以外は作品の質、授業のねらい、子どもの到達度により選択していけばよい。「5　語り手」については小学校上学年からの着目でよい。

導入部で特に重要なのは、「人物」設定である。主要人物の性格や癖、外見、得意なこと、職業や家族や友人などを説明する。導入部の人物の設定が、展開や山場で大きな意味をもつ。展開部や山場でも人物像が新たに見えてくる場合もあるが、導入部の「人物」は事件が展開し始める前の大切な仕掛けである。第1節で見た「スイミー」の導入部の人物設定はそれにあたる。

「ごんぎつね」の導入部では、「ひとりぼっちの小ぎつね」という人物設定が重要である。「ひとり」と「ひとりぼっち」は違う。「ぼっち」が加わることによって、否定的意味合いが強くなる。一人であることの寂しさ、孤独感を強める。これは展開部で兵十がおっかあに死なれて一人になった後のごんの見方につながる。「3」の「おれと同じ、ひとりぼっちの兵十か。」である。この強い共感が、その後のごんの兵十への過剰とも思えるつぐないの動機になる。その直前の「2」の終わりの部分でごんは兵十が獲っていた魚にいたずらをしてしまう。そして、うなぎを自分の巣穴までもってきてしまう。しかし、兵十の母親が死んだことを知ったごんは、「ちょっ、あんないたずらをしなけりゃよかった。」と強く後悔する。そして、この「おれと同じ、ひとりぼっちの兵十か。」につながる。

「いわし」→「くり」→「くり」→「くり」→「くり＋松たけ」→「くり」と、ごんの兵十へのつぐないが繰り返される。「4」で兵十はごんの行為を「神様」によるものと誤解するが、そのことをごんは「へえ、こいつはつまらないな。」と思う。それでもごんはつぐないをやめない。ここまでくると、つぐないを超え、ごんの兵十への熱い思いが見えてくる。「ひとりぼっちの小ぎつね」は、その伏線となる人物設定である。

「ごんぎつね」では、もう一つ重要な人物設定が読める。「夜でも、昼でも、辺りの村へ出てきて、いたずらばかりしました。」である。ごんは「いたずら」のつもりかもしれない。しかし、その行動の内実は農民たちにとって「いたずら」で済まされるものではない。「畑へ入っていもをほり散らしたり、菜種がらのほしてあるのへ火をつけたり、百姓家のうら手につるしてあるとんがらしをむしり取っていったり」とある。大切な収穫物である芋を掘り散らしたり、唐辛子をむしり取っていく。農民にとってとんでもないことである。菜種がらは油分を含んでいる。それが乾燥したものだから、特に火がつきやすい。ほしてある場所によっては、大きな火事になる危険がある。ごんは村人から「悪ぎつね」と見られていた可能性が高い。札付きのきつねなのである。兵十も、そのことを知っていたであろうし、村の一員として同様の評価をしていた可能性が高い。だから、展開部の「1」の部分で、ごんの魚にかかわる「いたずら」を見て「ぬすっとぎつねめ。」とどなり立てる。この時ごんは、魚を盗むつもりはなかった。その証拠に「1」の終わりに「ごんはほっとして、うなぎの頭をかみくだき、やっと外して、あなの外の草の葉の上にのせておきました。」とある。

　その評価が、展開部でも山場でも一貫して続く。兵十が「6」の山場で、なんの躊躇もなくごんを撃ち殺そうとするのもその延長線上にある。ごんは、クライマックス直前まで兵十にとって撃ち殺して当然の対象である。ごんを撃ち殺そうとした兵十を、私たち読者が非情な人物と見ないのも、この設定があるからとも言える。

「走れメロス」では「メロスには政治がわからぬ。」という一文から人物紹介が始まる。人物紹介は通常職業とか年齢とか家族とか性格などから始まる。しかし、この導入部は「政治がわからぬ。」から始まる。異例の始まり方である。「〜ぬ。」という文語調の文体もより強い印象を与える。「政治がわからぬ」ということは、一つには教養がなく無知ということである。世の中の動きに疎い世間知らずである。メロスの身分を考えれば当然のこととも言えるが、それがこの後の単身王城に乗り込むという無謀な行為につながる。ただし否定的な読みと同時にもう一つ肯定的な方向の読みもできる。「政治」は「かけひき」「根回し」などの意味で使われることがある。そう考えると、「政治がわからぬ」からは「かけひき」「根回し」を知らない純粋さをもった人物という可能性も読める。それは「邪悪に対しては、人一倍に敏感」にもつながるし後の事件展開と符合する。

家族については「父も、母もない。女房もない。十六の、内気な妹と二人暮らし」とある。両親がいないということは支えてくれる者がいないということでもある。妻子がいないことも含め、寂しい境遇と言えるかもしれない。「も」の反復がそれを印象づける。それだけまだ若いという可能性も読める。また、「女房もない」と言っている以上、結婚していてもおかしくない年齢とも読める。ただし、一方でそれだけ自由な身の上とも読める。「父も母もいる。女房がいて三人の幼い子供がいる。」となれば、そう簡単に命を懸けられない。

そして「十六の、内気な妹と二人暮らし」である。この作品には主要人物のメロスの年齢が書かれていないのに、副次的人物である妹の年齢が明示されている。「十六」は他の年齢設定との差異を考えるとわかりやすい。もし「二十八」であれば、逆に「十歳」であればなどと想定する。まず「十六」という年齢は、一人にするには心配な年齢である。「内気」であればなおさらである。しかし、結婚可能な年齢ではある。結婚して家族をもてば親がわりのメロスも安心である。この後の事件展開の仕掛けとして巧妙な設定と言える。

「邪悪に対しては、人一倍に敏感」「老爺の体を揺すぶって」「激怒」「あきれた王だ。生かしておけぬ」からは、メロスの正義感とともに激情的で短気な性格も読める。ただし一面「のんき」さもある。これらが「政治がわからぬ」などとも関わりながら、メロスのこの後の無謀とも言える行動―事件展開につながっていく。

ただし、この後の展開部での王との会話を見ると、正義感は強く一本気だが、逆に極めて単純で一面的な見方しかできないメロスの人物像も見えてくる。むしろ「暴君ディオニス」の方が、ずっと複雑で知的に見える。そのメロスが、展開部、山場を通して変容していく。その変容がこの作品の大きな魅力の一つと言える。

2 導入部の「人物」の設定を読み深める方法

導入部の「人物」の設定には、外的な要素、内的な要素、社会的な要素、名前などが含まれる。それを整理すると次のようになる。鍵となる部分を取り出す場合も、取り出した後の読み深めでもこれらは生かせる。

①　人物の外的な要素――容姿・背の高さ・体つき・性別・年齢、着ているもの・持ち物・外面的な特徴、肉体的な力、外的な強さや弱さ・技能など
②　人物の内的な要素――性格・癖・言葉遣い・教養・思想・知識・精神状態など
③　人物の社会的な要素――職業・地位・知名度・学歴、家族・友人関係、国籍、出身地域など
④　名前のもつ形象性

①～④は相互に関わり合う。ある要素が他の要素に影響したり、二つ以上の要素が響き合うこともある。「①　人物の外的な要素」の例としては、第1節で見てきたスイミーの黒が挙げられる。「みんな赤いのに、一ぴきだけはからす貝よりもまっくろ。」、また「およぐのは、だれよりもはやかった。」も①にあたる。

「わたしはおねえさん」の導入部ですみれは、「一年生の子のおねえさん」という歌を歌い「二年生になってしあわせ。」と言う。それまで自分は一年生で学校では一番小さかったが、いよいよ上級生になるという設定である。その設定が前提となり展開部以降で「えらいおねえさん」になることをめざす。しかしそう簡単には「えらいおねえさん」になれない。そのすみれが少しずつ本当の「おねえさん」なっていく物語である。

「形」も外的な要素が導入部で重要な意味をもつ。この作品は題名のとおり中村新兵衛の「形」つまり装束

をめぐり事件が展開される。導入部では武将としての強さと装束の鮮やかさが繰り返し強調される。「火のような猩々緋の羽織を着て、唐冠纓金のかぶとをかぶった彼の姿は、敵味方の間に、輝くばかりの鮮やかさを持っていた。」「槍中村の猩々緋と唐冠のかぶとは、戦場の華であり敵に対する脅威であり味方にとっては信頼の的」などである。「猩猩緋」は濃い赤、「唐冠纓金」は金のひもがついた中国風の兜だが、「猩猩緋」「唐冠纓金」という表現には非日常的な漢語のもつ鮮やかな形象性が含まれる。この繰り返し・強調が、この後の事件の展開部や山場のクライマックスで大きな意味をもつ。さらに「新兵衛はそのしごき出す三間柄の大身の槍の矛先で、先駆けしんがりの功名を重ねていた。」という紹介もある。「先駆け」「しんがり」という極めて危険で重要な役割を成功させ続けている。それを「矛先で~重ねていた」と換喩で表現している。

「② 人物の内的な要素」の例として「モチモチの木」がある。導入部では「おくびょう豆太」が章全体で強調される。五歳になっても「夜中には、じさまについていってもらわないと、一人じゃしょうべんもできない」。父親も祖父も勇気のある「きもすけ」なのに「どうして豆太だけが、こんなにおくびょうなんだろうか――。」で章は終わる。その後も豆太の「おくびょう」はモチモチの木との関係から強調される。「おくびょう」の設定が強調されるからこそ山場の豆太の行動の意味が際立つ。「――」にも注目する必要がある。

「故郷」の導入部には、「私」の故郷への揺れる思いが示されている。「覚えず寂寥の感が胸に込み上げた。/ああ、これが二十年来、片時も忘れることのなかった故郷であろうか。」から始まり、「私の覚えている故郷は、まるでこんなふうではなかった。私の故郷はもっとずっとよかった。」と続く。そして「やはりこんなふうだったかもしれないという気がしてくる。」に変わり、最後に「もともと故郷はこんなふうなのだ――進歩もないかわりに、私が感じるような寂寥もありはしない。そう感じるのは、自分の心境が変わっただけだ。なぜなら、今度の帰郷は決して楽しいものではないのだから。」と自分に「言い聞かせ」る。

この作品は「私」と「故郷」との関わりにより事件が成立する。「私」の「故郷」との関わり、「私」の「故郷」への見方そのものが事件である。したがって「寂寥の感」「もともと故郷はこんなふうなのだ」といった心境自体が、これから始まる「私」と「故郷」との事件の重要な設定になっている。もう一つ重要なのは「私」のこの思考パターンである。「私」の見方は、ここで三度変化する。a「寂寥の感」↓b「私の故郷はもっとずっとよかった。」↓c「やはりこんなふうだったかもしれない」↓d「もともと故郷はこんなふうなのだ」まず自らの見方・感じ方を自身で一度否定する。しかし、すぐにその否定を再度否定する。そして、最後にそれらのいずれをも否定する自己内対話が成立している。また、この自己内対話の仕方は「よいものではない」⇕「よいものである」という二つの見方・感じ方の往復だけで終わらない。肯定⇕否定を繰り返しつつ最後にはそのいずれでもない第三の結論を導き出す。[正—反—合]の弁証法の思考過程になっている。この思考過程は、終結部で「私」自身が思いを直接語る部分でも再び出てくる。それが導入部で先行して出ている。「私」という人物のものの見方・考え方の重要な要素である。

「③　人物の社会的な要素」の例には「ごんぎつね」がある。既に述べたが導入部で「畑へ入っていもをほり散らしたり、菜種がらのほしてあるのへ火をつけたり、百姓家のうら手につるしてあるとんがらしをむしり取っていったり」といった「いたずら」をするという状況が示される。村人たちから目の敵にされているであろうごんの位置が見える。それがクライマックスでの躊躇のない射撃につながる。「スーホの白い馬」の導入部には「まずしいひつじかいの少年」「年とったおばあさんとふたりきりで、くらしていました。」という紹介がある。「まずしさ」、その上頼るべき父母も兄弟もなく「年とったおばあさんとふたりきり」という寂しい、何の後ろ盾もない厳しい境遇である。この境遇と、この後の白い馬とスーホとの運命は深く関わる。

「④　名前のもつ形象性」の例としては「スイミー」がそれにあたる。「モチモチの木」の「豆太」もその臆病さ・弱さと響き合う。「大造じいさんとガン」（椋鳩十）（小5）の「残雪」もこれにあたる。「残雪」は「左右のつばさに一か所ずつ、真っ白な交じり毛をもっていたので、かりゅうどたちからそうよばれていました。」とある。しかし「真っ白な交じり毛」があったとしても鳥には普通「残雪」などの名前はつけない。かりゅうどたちにその名前をつけられるだけの特別な能力・経歴をもった鳥であることが予想される。「残雪」という二字の漢語、それも「雪」という語を含む。格調の高い名前である。俳句の季語にもなる。「残雪の山暮れの白雲界に立つ」（若木一朗）や「残雪やごうごうと吹く松の風」（村上鬼城）等の句がある。漢詩でも王維の詩に「残雪帯㆓春風㆒」の一節がある。そういう名前がついているということは、残雪がかりゅうどから評価されている可能性が読める。「ザンセツ」という音にも注目したい。前半は「ザン」という短い音、それも濁音でありながら、「ドン」や「ボン」などとは違い重苦しさはない。後半もS音とT音の子音が印象深く歯切れのよい音感をもつ。全体として短めで歯切れのよい音感、スマートな音感と言える。そしてこの音の響きは、その意味内容とあいまって「残雪」という名前の格調高さ、詩的情緒を強めている。「大造」も悪い名前ではないが、特別なものではない。それに比べて鳥である「残雪」は特別な格調の高さをもっている。

江川卓は「罪と罰」（F・ドストエフスキー）のラスコーリニコフについて「この主人公を『割崎英雄』という日本名で呼べる可能性が見えてくる」と述べる。「ラスコーリニコフという姓が、（中略）ロシア語の『ラスコローチ』（割裂く）から派生したことを示している。その名のとおり割崎青年は、金貸しの老婆アリョーナ・イワーノヴィチの脳天を斧で割り裂く」と続ける（注3）。ロラン・バルトは「固有名詞は、つねに注意深く検討しなければならない。というのも、固有名詞は、もしこう言ってよければ、記号表現の王様だからである。」と述べ、固有名詞は「社会＝民族的なコード」、「象徴的コード」など様々な要素を含むと述べる（注4）。

村上春樹の「色彩を持たない多崎つくると、彼の巡礼の年」では、友達の名前に主要人物・多崎つくるがこだわること自体が事件展開の重要な要素となっている。「五人組」の友達で自分だけが名前に色彩をもたないことに彼はこだわり続ける。自分以外は、赤松慶（あかまつけい）、青海悦夫（おうみよしお）、白根柚木（しらねゆずき）、黒埜恵里（くろのえり）と、「赤」「青」「白」「黒」の色彩が含まれた名前をもつ。そのことが、題名にもなっているし、事件展開に大きな位置を占める。

3　導入部の「時」の設定への着目と読み深める方法

次に導入部で着目すべきは「時」である。次の三つの要素があるが、鍵の取り出しでも読み深めでも生きる。

①　時代・年代・年
②　季節
③　一日のうちの時刻

まず、「①　時代・年代・年」などが導入部の設定として意味をもっている場合である。

「一つの花」の導入部を見ると、この物語の時がアジア・太平洋戦争時のものであることがわかる。それも「毎日、てきの飛行機が飛んできて、ばくだんを落としていきました。」「町は、次々にやかれて、はいになっていきました。」とあることから、その戦争でも時期がかなり限定される。日本の本土に「毎日」「飛行機」つまり爆撃機が飛んできて爆弾を落とし、「町」が「次々にやかれて、はいにな」るという状況は戦争末期である。さらに検討すると一九四四年（昭和一九年）にサイパン島・グアム島などが米軍に占領され、同年一一月以降そこからB二九が直接日本本土を爆撃するようになってからということになる。戦況は日本に不利で末期的な状態になってきている時期である。そのことはこの後展開される事件にとって大きな意味をもつ。

事件は「それからまもなく、あまりじょうぶでないゆみ子のお父さんも、戦争に行かなければならない日がやって来ました。」から始まる。「あまりじょうぶでない～お父さん」が徴兵されることからも戦争末期という時が読める。戦争開始時点では徴兵率は兵役範囲の男子の約三割程度だったが、一九四四年～四五年では八割～九割になる。末期にはほとんどの兵役範囲男子が徴兵される。戦況が悪化し追い詰められていたのである。

これらを総合していくと、この時点で徴兵され戦争に行くということは、このお父さんが生きて帰ってこれない可能性が極めて高いことが読めてくる。そして、そのことは読者が読めるだけでなく、お父さん・お母さんもそのことに気がついていた可能性も読める。戦況悪化に伴ってこの時期に戦死者が増え続けていることは、多くの国民にはわかっていたはずである。その上、「じょうぶでない」お父さんである。厳しい軍隊生活そのものに耐えられるかどうかさえ危ぶまれる。二重の意味でこのお父さんの出征は死を強く予感させる。

「② 季節」が導入部の設定として意味をもっている場合である。「故郷」の導入部は次のとおりである。

厳しい寒さの中を、二千里の果てから、別れて二十年にもなる故郷へ、私は帰った。
もう真冬の候であった。そのうえ、故郷へ近づくにつれて、空模様は怪しくなり、冷たい風がヒューヒュー音を立てて、船の中まで吹き込んできた。苫のすき間から外をうかがうと、鉛色の空の下、わびしい村々が、いささかの活気もなく、あちこちに横たわっていた。覚えず寂寥の感が胸に込み上げた。

「真冬の候」「厳しい寒さ」とあるから一月～二月の頃であろう。「真冬」は一年で最もつらい季節である。その時期に「私」はあえて旅をしてきた。それも「二千里」（現在の約千キロ）の旅である。そのことから「私」の旅がかなり切羽詰まった旅であることが予想できる。また、「真冬」であることで、「村々」の「わびしさ」が一層強く感じられるとも読める。これが緑の夏や収穫の秋であれば、ここまでの「寂寥」は「私」は感じなかったかもしれない。いずれにしても「私」の境遇や心境の否定性を、この季節設定は一層強めている。

「③　時刻」の例には「羅生門」が挙げられる。この作品は、「暮れ方」から始まる。「ある日の暮れ方のことである。一人の下人が、羅生門の下で雨やみを待っていた。」という冒頭である。「暮れ方」は、ちょうど昼から夜へと移行する時刻である。今と違って昔の夜は魑魅魍魎（ちみもうりょう）が出没する危険な時間である。そこに向かいつつある時刻に事件は始まる。それも家屋の中でなく野外にある門が舞台である。そのこと自体がこの作品の事件のもっている特異性を作り出す。この後起こる下人と老婆との事件はこの時刻に大きく支えられながら展開するのである。下人の行動も心理も、すべてこの夜という設定に規定されている可能性がある。

また、昼から夜へという時間は、一日のうちの境界領域にあたる時刻である。この作品は三つの境界領域により成立している。「羅生門」という外と内の境界（場としての境界）、下人が子供から大人へ移っていく年齢としての境界（人物としての境界）、昼から夜への境界（時としての境界）である。「暮れ方」という表現にも着目する必要がある。「夕方」「夕刻」でも「夕暮れ」「日暮れ」でもない。「暮れ方」という表現である。

4　導入部の「場」の設定への着目と読み深める方法

「場」が導入部で鍵となることがある。次の三つの要素があるが、鍵の取り出しでも読み深めでも生きる。

① 国・地域
② 建物・間取り
③ 位置関係・相互の距離

「① 国・地域」は「形」にその例がある。中村新兵衛は「摂津半国の主であった松山新介の侍大将」である。摂津は現在の大阪府西部から兵庫県南東部である。事件の中心である戦はその周辺で行われる。摂津は京都まで数十キロの距離にある。この作品の「時」である戦国時代では、天下取りに重要な地域である。当然激しい戦が数多く繰り返される可能性の高い土地である。戦が繰り返されるからこそ、主人公新兵衛は「三間柄の大身の槍の矛先で、先駆けしんがりの功名を重ね」ることができ、「『槍中村』を知らぬ者は、おそらく一人もなかった」と言われるまでになりえたと言える。それだけ手柄を立てるチャンスが多かったとも読める。ただし、それだけ危険が多かったとも読める。これが九州や東北の武士であれば、事情は大きく違っている。近畿、それも京都まで数十キロに位置する小名の侍大将であったということの意味は大きい。

「② 建物・間取り」の例としては「羅生門」中にそれがある。「羅生門」という平安京の門がこの作品の「場」である。「羅生門」は都の外と内を分ける正門である。ということは京都の者はここから外へ出ていかねばならない。現に下人は「主人からは、四、五日前に暇を出され」ている。おそらくは行き所がなくて仕方なしにこの「羅生門」まで来て、これから都を出ようかどうしようかと思っていた。そこへ折あしく雨が降ってきたので、「雨やみを待っていた。」のである。つまり、下人はこれから住み慣れた京都を出るか出ないか迷っていたという可能性も読める。さきほどの「時」でも読んだ境界領域が、この「場」についても言える。当然この「境界」性は下人が〈盗人になるかならないか〉という善と悪の境界性の問題へとつながっていく。

「場」という点では、平安京の正門である羅生門が著しく荒れているということも読む必要がある。「ところどころ丹塗りの剥げた、大きな円柱」「羅生門の修理などは、もとより誰も捨てて顧みる者がなかった。」「狐狸が棲む。盗人が棲む。とうとうしまいには、引き取り手のない死人を、この門へ持ってきて、捨てていくという習慣さえできた。そこで、日の目が見えなくなると、誰でも気味を悪がって、この門の近所へは足ぶみをしないことになってしまった」明らかに異様な場である。都の正門がそこまで荒れていたということから時代の荒廃が推測できる。道徳・倫理の荒廃も起こっている可能性も高い。それを証明するように「仏像や仏具を打ち砕いて、その丹がついたり、金銀の箔がついたりした木を、道端に積み重ねて、薪の料に売っていた」とある。またそういった異様な場となった空間「羅生門」が作品の「場」であることが、この後の事件の特異性を大きく支えている。さきほど読んだ夜という「時」の特異性も、その要素をより強めている。

「間取り」ということでは、羅生門には梯子で登るべき「楼の上」がある。それも重要な設定の一つである。

「③　位置関係・相互の距離」では、「走れメロス」にその例がある。この事件は、題名のとおり走ることが重要な位置を占める。メロスの住む村と王城のあるシラクスとの間を走る。その際重要なのは、その距離である。作品の導入部には「メロスは村を出発し、野を越え山越え、十里離れたこのシラクスの町にやって来た。」とある。つまり約四〇キロの距離を山越えすることになる。普通に歩くと一時間に四〜五キロ程度の速度である。ただし「野を越え山越え」とあるから平坦な道ではない。四〇キロを歩くとすれば十数時間となる。夏ならば朝早く出発してぎりぎり日没にたどりつけるかどうかという距離である。とすると「三日めの日暮れ」までにシラクスから自分の村へ行き、妹の結婚式を挙げ、またそこから帰ってくる場合、歩いたのではぎりぎりの距離ということになる。走る場合はどうであろうか。マラソンランナーならば四二・一九五キロを二時間程度で走る。が、普通の人はそうはいかない。まずは四〇キロを走り続けること自体が難しい。仮に走ることができたとしても「野を越え山越え」を考えると一〇時間前後はかかるであろう。メロスが走ることを得意としていたにしても、そう簡単に走って行き着く距離ではない。ただし、事故などがなければ、走ることが得意な者が走って行って、結婚式を挙げさせ、また走って帰ってくるには、なんとか間に合う距離であるとも言える。だからこそ、メロスもこの後「三日間だけ許してください。」と王に依頼したのである。

5 導入部の「先行事件」への着目と読み深める方法

「先行事件」は、本筋の事件が始まる前に起こった出来事のことである。

「海の命」の導入部では太一の父親のことが先行事件として述べられる。「二メートルもある大物」のクエをしとめる父親であったがクエ漁で命を落とす。「ある日、父は、夕方になっても帰らなかった。(中略) 仲間の漁師が引き潮を待ってもぐってみると、父はロープを体に巻いたまま、水中でこときれていた。ロープのもう一方の先には、光る緑色の目をしたクエがいたという。」この先行事件がこの後の太一を強く支配していく。

「大造じいさんとガン」でも先行する出来事が示される。「大造じいさんは、このぬま地をかり場にしていたが、いつごろからか、この残雪が来るようになってから、一羽のガンも手に入れることができなくなったので、いまいましく思っていました。」とある。この「いまいまし」さが、これから始まる大造と残雪の戦いの前提になっている。この「いまいまし」さゆえに、大造は今までにない新しい方法を仕掛けていく、しかし残雪にそれを破られるとさらに新しい方法を仕掛けていくという展開に必然性が見えてくる。

「トロッコ」では導入部に描写によるエピソード（挿話）がある。「ある夕方、──それは二月の初旬だった。良平は二つ下の弟や、弟と同じ年の隣の子どもと、トロッコの置いてある村外れへ行った。」から始まる。良平たちは土工のいない間に子供だけでトロッコに乗る。ところが「古い印ばんてんに、季節外れの麦わら帽をかぶった、背の高い土工」に「このやろう！　誰に断ってトロに触った?」とどなられる。そして「それぎり良平は（中略）トロッコを見ても、二度と乗ってみようと思ったことはない。」となる。その経験が十日後に起こる主要な事件─二人の若い土工との出会いに影響を与える。良平は二人の土工に対し「なんだか親しみやすいような気」をもち「この人たちならば叱られない。」と感じ、彼らと一緒にどこまでもついて行ってしまう。エピソードで土工から怒られた反動で、かえって二人の若い土工を強く信用してしまうのである。

また「オツベルと象」（宮沢賢治）（中1）の導入部でも日常の出来事が示される。「十六人の百姓ども」は、「顔をまるっきり真っ赤にして足で踏んで機械を回し」ている。それも「そこらは、もみやわらから立った細かなちりで、変にぼうっと黄色にな」る。劣悪な労働条件である。ところが、主人のオツベルは「大きな琥珀のパイプをくわえ、（中略）両手を背中に組み合わせて、ぶらぶら行ったり来たり」しているだけである。この日常の状態はオツベルの人物像も示しているが、後に象たちにオツベルの屋敷が攻撃された時に百姓たちが「こんな主人に巻き添えなんぞ食いたくないから」と考える伏線にもなっている。

6　導入部で見える「語り手」の設定と「語り手」の予告・解説

（1）「語り手」の設定

「語り手」を読むことは物語・小説では大きな意味をもつ。「語り手」を読むことで作品の大きな仕掛けに迫ることができる。導入部で語り手の設定が見える場合が多いが、展開部以降で語り手が入れ替わる作品もある。

まずは、話者が作品世界の中にいるか外にいるかを判断することが大切である。一人称の物語・小説は作品世界の中、三人称の物語・小説は作品世界の外である。それによって語りの在り方が大きく違ってくる。特に主要人物が一人称の語り手となっている場合は、その内面が読者にかなりの程度開示される。ただし、その人物の目を通した物語世界という制約がある。また、一人称であっても、今そこで語っている「私」と、作品世界に描かれている「私」との間には差異がある。その差異を意識することも大切である。

三人称の物語・小説には「限定視点」「全知視点」「客観視点」がある。限定視点と全知視点は語り手が登場人物の内面に入り込む。人物の内面が語り手により語られる。ただし登場人物が直接語るわけではないので、登場人物の観点だけでなく語り手の観点もそこに入り込む。全知視点は主要人物のいずれの内面にも入り込む場合、限定視点は特定の主要人物に入り込む場合である。客観視点は語り手は人物の内面に入ることはない。すべて語り手の外からの目だけを通して語られる。ただし語り手は登場人物に心情的思想的に共感したり突き放したりする。(「客観視点」という名称には問題がある。)

「走れメロス」の場合、語り手は作品世界の外にいて事件には登場しない。まず冒頭の一文「メロスは激怒した。必ず、かの邪知暴虐の王を除かなければならぬと決意した。」はメロスの心の中に入り込んでの語りである。特に「かの」から、語り手がメロスの立場から王を見ていることがわかる。次に「メロスには政治がわからぬ。メロスは、村の牧人である。」となる。ここでは語り手はメロスを説明している。内面ではなく外からメロスを紹介する。そして、再び語り手はメロスの心の中に入り込む。「歩いているうちにメロスは、町の様子を怪しく思った。」「のんきなメロスも、だんだん不安になってきた。」などメロスの内面に入り込みメロスの心を代弁する。それも極めて共感的な入り込み方・代弁の仕方である。語り手とメロスとの心理的距離は近い。この後、語り手は王ディオニスの心の中にも入り込む。この作品は三人称全知視点である。

「羅生門」は、三人称限定視点で書かれている。語り手は、主要人物の下人の内面に入る。その心を代弁もする。しかし、「下人」という呼称（名前でない）に暗示されているように、語り手は下人と一定の心理的距離を常に取っている。「この平安朝の下人の Sentimentalisme に影響した。」など内面に入りつつも、突き放した語り方をしている。それは展開部以降も続く。またこの語り手は、強盗や盗みを行うことを「勇気」と語っている。通常の道徳・倫理意識から離れた（超越した）語り手の可能性が既に導入部で示されている。

三人称客観視点には「一つの花」がある。一度も語り手が人物の内面に入っていかない。とは言え、語り方は登場人物たちに共感的である。「まるで、戦争になんか行く人ではないかのように。」という語りもある。

「故郷」は、一人称の「私」が語り手である。だから、「私」の内面が多く描かれる。「私」から見た人物像、社会像が描かれる。ただし、既に述べたように語り手「私」と、物語世界の「私」との間に距離がある。実況中継のようにその場で臨場感をもって語っている語り手としての「私」と、もう一人この物語が終了した後からそれを振り返って語っている（かのような）「私」と、二つの「私」の可能性が見える。とは言え「私」の内面が丁寧に描かれていることに変わりはない。

「オツベルと象」の語り手は少し違う。この作品の冒頭は、「……ある牛飼いが物語る。」となっている。次いで、一行空きで「オツベルときたらたいしたもんだ。」と続く。いずれも三人称だが、この作品には語り手が二重に存在することがわかる。一人目は「オツベルときたらたいしたもんだ。」以降、この作品の事件を語っていく語り手「牛飼い」である。二人目は「……ある牛飼いが物語る。」という一文を語る語り手である。

語り手に対応する形で聞き手が想定されている。とするとこの作品には（a）白象とオツベルの世界（b）牛飼いとその聞き手の世界（c）冒頭の一文の話者とその聞き手の世界―という三重の世界が存在することになる。この仕掛けにより作品の事件に奥行き・立体感が生まれる。劇中劇の手法に似る。

（2）「語り手」の予告・解説

語り手が直接、これから始まる「事件」についての予告・解説をしている物語・小説がある。これは、導入部の設定としての「人物」「時」「場」「先行事件」とも違う独特のものである。「スーホの白い馬」では、馬頭琴を取り上げ「いったい、どうして、こういうがっきができたのでしょう。／それには、こんな話があるのです。」と、これから始まる事件の解説がされる。〈モンゴルでは有名な馬頭琴が出来る由来をこれからお話しします〉という予告とも言える。普通の少年の話ではないということでもある。

「ごんぎつね」では「これは、わたしが小さいときに、村の茂平というおじいさんから聞いたお話です。」と、話の由来を解説する。この一文がなくてもこの作品は成立する。しかし、「わたし」が小さいころ「おじいさんから聞いた」ということは、この話は昔話となって長く多くの人により伝えられてきたものということになる。長く多くの人により伝えられているということは、おそらくは多くの人たちが時代を超え共感し受け入れてきた話ということになる。話に普遍性をもたせるという意味をもつ。

「三つのお願い」の導入部では、「一月一日に、自分が生まれた年にできた一セント玉を拾うと、三つのお願いがかなうっていうの。まさかと思うかもしれないけど、これは、わたしに起こったほんとの話なんだ。」という予告がある。読者は、ここでどんなことが起きるのかと物語の世界に誘われる。

これらは、導入部の読みで完結するわけではない。「なぜそういう解説や予告を入れたのか」「この予告はどういう意味をもつのか」という問いをそこでもつことが大切である。その上で展開部・山場を読んでいく。

第3節　展開部・山場で「鍵」にどう着目しどう読み深めるか

1　展開部・山場で「鍵」となるのは「事件の発展」と「新しい人物像」

「展開部」から事件が動き始める。そして「山場」で事件が急展開を見せ、「クライマックス」で決定的な局面を迎える。（第二章・第3節の構造を参照。）展開部・山場で鍵となる部分は、事件がより大きく動く部分、つまり「事件の発展」の部分である。そこに着目し「取り出し」を行い、形象を読み深めていく。

展開部・山場における「鍵」の「取り出し」の第一の指標（方法）は「事件の発展」である。

1　事件の発展

物語・小説を成り立たせている二大要素として「事件」と「人物」が挙げられることがある。確かに物語・小説では人物が様々に関係し合いながら事件が展開していく。事件が展開する中で人物が変容したり、新しい側面（性格）を見せてくる。とすると、「事件」と「人物」が物語・小説の「取り出し」の指標ということになる。しかし、「事件」「人物」という二つの指標で鍵となる文に着目し取り出そうとすると、同一の文が選択される場合が多い。実際に同じ文から「事件」も「人物」も読めてくることがたいへん多い。右に述べたとおり人物相互が関係し合いながら事件が展開している以上、それは当然とも言える。ただし、そうなると「取り出し」の指標として「事件」と「人物」の二つを設定することでかえって学習が混乱する危険がある。

そこで、事件が大きく展開し変化する部分つまり「事件の発展」部分に着目することを、第一の「取り出し」の指標とする[注5]。物語・小説の醍醐味は何と言っても事件展開の面白さにある。ただし「事件の発展」をただ「出来事が進展した」というレベルだけでとらえるのではなく、「人物相互の関係性の変化」や「主要人物の内面的な葛藤」などとしてとらえる必要がある。（そうしないと、どの文も「事件の発展」になってしまう。）そのようにして取り出した鍵の部分（文）を読み深めていく際には、関係性の変化のもつ意味や葛藤の意味を読むと同時に、そこから主要人物が新たに見せる性格・側面（新しい人物像）なども読むことになる。

「ごんぎつね」では、ごんが「ちょっ、あんないたずらをしなけりゃよかった。」と悔やむ箇所が「事件の発展」部分である。そこでごんの兵十への見方が大きく変わる。「走れメロス」でメロスが「ああ、なにもかもばかばかしい。（中略）どうとも勝手にするがよい。やんぬるかな。」と眠り込む部分も同様である。人物相互の関係性が変わるし、人物の内面の葛藤が発展する。それまで見せなかった人物像も新しく見えてくる。

こう見てくると構造よみで検討するクライマックスは、「事件の発展」として作品中で最大のものと言える。ここで事件は決定的な局面を迎える。人物の大きな変容が見られることも多い。クライマックスに向かって様々な仕掛けがされ事件が展開し発展していると見てよい。その仕掛け・発展の在り方に気づくことが、物語・小説を読む面白さの一つである。だからクライマックスを意識しながら展開部・山場を読み直すと、作品の鍵の部分、「取り出し」の部分が浮き上がってくる。作品の仕掛けも鮮明に見えてくる。導入部の「設定」もクライマックスと関わる場合が多い。また、鍵の部分には、技法や表現上の工夫がされていることが多い。

物語・小説の「事件の発展」には、次の三つがある。より具体的な「取り出し」の指標（方法）である。導入部では語句単位で取り出しをしたが、展開部・山場では文単位または複数の文のかたまりで取り出しをする。

> **1　事件の発展**
> **(1)　人物相互の関係性の発展**
> **(2)　人物の内的・外的な発展**
> **(3)　事件の発展とひびきあう情景描写**

作品の事件は人物と人物の関わり合いによって展開している場合が多いのだから、「(1)　人物相互の関係性の発展」は最も典型的な「事件の発展」ということになる。「(2)　人物の内的・外的な発展」は、主要な人物が様々に思い悩み、喜び、発見し、怒るなどすること自体が作品の「事件」を形成している場合がよくあるからである。そこには人物の変容や性格の顕在化もある。(1)(2)は同時に生起することがある。「(1)→(2)」という場合、「(2)→(1)」という場合もある。「(3)　事件の発展とひびきあう情景描写」は、直接に事件の発展を描いていなくとも、情景描写が「事件の発展」のもつ意味を象徴していたり暗示していたりという場合がある。これは「事件の発展」を補完する役割である。これらは、いずれも描写がより濃くなっている場合が多い。

＊

展開部・山場では「事件の発展」が第一の鍵の「取り出し」の指標であるが、それに加え「新たな人物像」にも着目する必要がある。多くの場合「事件の発展」で取り出した部分（文）の中で新たな人物像は読めてくる。しかし、作品によっては「事件の発展」とは相対的に独立したかたちで人物像が示される場合がある。展開部から登場する人物紹介（説明）が事件展開の描写の間に挿まれることもある。描写の中で見えてくる人物像もある。そこで「取り出し」の第二の指標として「新しい人物像」を置く。「海の命」で展開部から登場する「与吉じいさ」の人物紹介の部分や、「ごんぎつね」の展開部での兵十についての説明や描写、「走れメロス」の展開部でメロスと対面する際に描写される暴君ディオニスの人物像などがその例である。

2　新しい人物像

「人物」は、a導入部の設定として読めるもの、b展開部・山場の「事件の発展」の中で読めるもの、c展開部・山場で「事件の発展」とは相対的に独立して読めるものがある。それらは互いに関わり合う。

2　「クライマックス」から主要な事件の「鍵」が見えてくる

「鍵」となる部分に着目するためには、その作品の「主要な事件」がどういうものであるかを把握しておく必要がある。どういう要素が「事件の発展」をかたちづくっているかをおおづかみにするのである。それは構造よみで行ったクライマックスの把握過程を思い返すことでより鮮明に見えてくる。クライマックスは、最も大きな「事件の発展」である。事件の関係性がそこで決定的に転化したり確定したりする。それに伴って人物像の発展・変容も起こる。多くの事件展開は、クライマックスに向かって構築され仕掛けられていると言ってもよい。だから、クライマックスを強く意識し振り返ることで、それに向かって事件が大きく展開していく節目つまり「事件の発展」としての鍵の部分がよりはっきりと見えてくる。「新たな人物像」もそれに連なる。

1で述べた次の指標（方法）を、クライマックスと関連づけることで鍵の取り出しが容易となる。

1　事件の発展
(1)　人物相互の関係性の発展
(2)　人物の内的・外的な発展
(3)　事件の発展とひびきあう情景描写
2　新しい人物像

「ごんぎつね」のクライマックスは「6」の場面の「『ごん、おまいだったのか、いつも、くりをくれたのは。』／ごんは、ぐったりと目をつぶったまま、うなずきました。」であるが、それらへの着目を通してこの作品の「主要な事件」が〈ごんが兵十をどう見ているか〉〈兵十がごんをどう見ているか〉によって成立していることが見えてくる。（決して兵十がごんを退治する事件などではない。）それが転化し決定する部分がクライマックスである。それが構造よみで検討されていれば「取り出し」は比較的容易に行える。

事件は、ごんが「ちょいといたずら」しようとするところから始まる。ごんは軽い気持ちだが、それを兵十は「ぬすっとぎつねめ」と解釈する。既に「いたずらばかりして」いる札付きのごんの行為を軽いものと理解できるはずがない。この不幸な誤解からこの事件は動き出す。（「ぬすっとぎつね」でないことは、「1」の最後の「ごんはほっとして、うなぎの頭をかみくだき、やっと外して、あなの外の葉の上にのせておきました。」からわかる。）「ぬすっとぎつね」のごんというイメージは、この後ずっと兵十の中に残り続ける。

しかし、兵十のおっかあが亡くなったことを知ったごんは、「あんないたずらをしなけりゃよかった。」と強く後悔する（ア）。そして兵十に対して「おれと同じ、ひとりぼっちの兵十か。」と共感をし始める（イ）。大きく兵十への見方を変えていくのである。そこから、ごんの「つぐない」が始まる（ウ）。

①「（前略）ちょっ、あんないたずらをしなけりゃよかった。」（ア）
②「おれと同じ、ひとりぼっちの兵十か。」（イ）
③ごんは、うなぎのつぐないに、まず一つ、いいことをしたと思いました。
次の日も、その次の日も、ごんは、くりを拾っては兵十のうちへ持ってきてやりました。

その次の日には、くりばかりでなく、松たけも二、三本、持っていきました。（ウ）
④ごんは、「へえ、こいつはつまらないな。」と思いました。／「おれがくりや松たけを持っていってやるのに、そのおれにはお礼を言わないで、神様にお礼を言うんじゃあ、おれは引き合わないなあ。」（エ）
⑤その明くる日も、ごんは、くりを持って、兵十のうちへ出かけました。（オ）

ところが、「きつねがうちの中へ入った」ことを発見した兵十は、当然のこととしてごんを撃つ。しかし、その次の瞬間兵十は、ごんが毎日くりなどをくれていたことに気づく。そここそがクライマックスである。

クライマックス及びそこに収斂されていく「事件」の性格を把握していれば、場面「２」～「５」では少なくとも右の（ア）～（エ）を「鍵」として取り出すことができる。「6」では多くの文が鍵と言えるが、特に「ごんが兵十をどう見ているか」「兵十がごんをどう見ているか」に着目することができる。

もちろんこの「主要な事件」の把握は、取り出しの後の「読み深め」でも生きる。なお、クライマックスを意識した取り出しの際には、技法や表現の工夫への着目も重要な要素となる。

3 「事件の発展」を読み深める方法

ここからは、「1　事件の発展」の(1)～(3)（一〇六頁）を読み深めていく方法を、下位の指標を提示しつつ具体的に述べていく。「クライマックス」を意識しつつ「事件の発展」に着目して「鍵」を取り出すのだが、「1」の(1)～(3)や、これから述べる下位の指標（方法）が生きてくる。

（1）人物相互の関係性の発展

「事件の発展」中の「(1)　人物相互の関係性の発展」には、さらに次のような下位の要素がある。

(1)　人物相互の関係性の発展の三要素

① 人物の相手に対する見方が変わる（人物相互の見方の変化を含む）
② 人物相互の力関係や社会的関係が変わる
③ 人物相互の結びつき方・絆が変わる

まずは「ごんぎつね」を例に考えていく。「ごんぎつね」は、「①人物の相手に対する見方」「人物相互の見方」の変化を大きな軸とする。既に述べたように「2」の次の部分は、「事件の発展」として重要な位置をもつ。

そのばん、ごんは、あなの中で考えました。「兵十のおっかあは、とこについていて、うなぎが食べたいと言ったにちがいない。それで、兵十が、はりきりあみを持ち出したんだ。ところが、わしがいたずらをして、うなぎを取ってきてしまった。だから、兵十は、おっかあにうなぎを食べさせることができなかった。そのまま、おっかあは、死んじゃったにちがいない。ああ、うなぎが食べたい、うなぎが食べたいと思いながら死んだんだろう。ちょっ、あんないたずらをしなけりゃよかった。」

この作品の事件は〈ごんが兵十をどう見ているか〉〈兵十がごんをどう見ているか〉によって成立している。クライマックスなどの読みとりでそれが把握できていれば、この部分の大切さは自然と見えてくる。

ごんは「おっかあは、～うなぎが食べたいと言ったにちがいない。」「そのまま、～死んじゃったにちがいない。」と思い「ちょっ、あんないたずらをしなけりゃよかった。」と後悔する。ごんが兵十の気持ちに寄り添い始めていることがわかる。それにより二人の関係が急速に緊密になってくる。ただし、ここでは〈ごんの兵十に対する見方〉のみの変化である。兵十にとっては、ごんは「ぬすっとぎつね」でしかない。一方が大きく変化しているからこそ、変化していない一方とのズレは一層大きくなる。このズレこそが事件全体を貫く重要な要素となっていく。

読者としては、この後ごんが兵十に関わりを作っていく可能性を予測する。その予測どおり、ごんは兵十につぐないとして栗や松茸を贈る。それも「まず一つ」→「どっさり」→「次の日も、その次の日も」→「くりばかりでなく、松たけも」と、少しずつ程度を増す。やがては「兵十のかげぼうしをふみふみ」という形で、ごんは強く兵十に寄り添うようになる。そして「おれは引き合わないなあ」と思いつつも「その明くる日も、ごんは、くりを持って、兵十のうちへ出かけ」る。ごんの兵十への寄り添い方はエスカレートしていく。ただのつぐないを超えてくる。そして、そうなるほど結果としてごんと兵十の見方のズレは大きくなっていく。

ここからは同時に新しい人物像が読める。ごんは、それまで導入部での「いたずらばかり」、展開部での「ちょいといたずら」など否定的な側面しか見せていない。ここで初めて「できなかった」「ちがいない」と強く自分を責める。ごんの熱さ、優しさが見えてくる。「ちょっ、あんないたずらをしなけりゃよかった」からは思慮分別も読める。さらには兵十など弱い立場の人物に共感する。新しいごんの性格が顕在化してくる。これは「(2) 人物の内的・外的な発展」に関わる。しかし、それを知るのは読者だけで兵十は全く知らない。

「大造じいさんとガン」では、大造が残雪に対する見方を変える部分が「事件の発展」となる。「① 人物の相手に対する見方」の変化である。大造は残雪とガンの群れを捕まえるため様々に仕掛けを考え実行する。しかし、いずれも残雪のために失敗する。その度に大造は残雪に対する見方を変化させる。それが「事件の発展」である。「『ううむ。』／大造じいさんは、思わず感嘆の声をもらしてしまいました。」「大造じいさんは、広いぬま地の向こうをじっと見つめたまま、／『ううん。』／と、うなってしまいました。」などである。それがクライマックスの「大造じいさんは、強く心を打たれて、ただの鳥に対しているような気がしませんでした。」で決定的となる。同時に「② 人物相互の力関係や社会的関係が変わる」。大造は残雪のためにガンも手に入れることができなくなっ」ている。力関係として残雪が優位に立っている。それが山場で残雪がハヤブサと戦い傷つき大造に捕らえられるところで逆転する。ただし大造は翌春に捕らえた残雪を解放する。

「走れメロス」でメロスが王との約束を守れるかどうかも「② 人物相互の力関係や社会的関係」に関わる。権力としては王が圧倒的に強いが、約束を守ることでその力関係に変化が生まれる可能性がある。また山場で王がメロスへの見方を変容させる部分など「① 人物の相手に対する見方」の発展も大きな位置を占める。

「スイミー」の「それから、とつぜん、スイミーはさけんだ。／『そうだ。みんないっしょにおよぐんだ。海でいちばん大きな魚のふりをして。』」で事件は発展する。スイミーと小さな魚たち、魚たち相互の関係が密接になり「③　人物相互の結びつき・絆」が強くなる。倒置も効果的である。これがクライマックスにつながる。

「スイミー」では「みんなが、一ぴきの大きな魚みたいになったとき、スイミーは言った。／『ぼくが、目になろう。』」が、最大の事件の発展（クライマックス）である。ここで（事実上）小さな魚たちとまぐろとの「人物相互の力関係」が逆転する。「②　人物相互の力関係や社会的関係」の決定的変化である。スイミーと小さな魚たちとの関係も発展する。それまで外からリードしていたスイミーが、ここで「大きな魚」の一員として参加する。「③　人物相互の結びつき・絆」が変わる。「(2)　人物の内的・外的な発展」も読める。

なお、「発端」の一文も、「事件の発展」として取り出す必要がある。導入部が終わり主要な人物が出会う「発端」は、それ自体「人物相互の関係性の発展」と言える。「スイミー」の「ある日、おそろしいまぐろが、おなかをすかせて、すごいはやさでミサイルみたいにつっこんできた。」からは重要な事件性が読める。平和な日常を破る非日常的な事件の始まりである。また、スイミーをはじめとする「小さな魚」たちと「まぐろ」という二つの力の大きな差がここで前面に出てくる。ここでは、まぐろが「ミサイルみたい」という重要な直喩で表現されている。そして、「一口で」「一ぴきのこらずのみこんだ。」という一文が次に続く。恐ろしい出会いである。

（2）人物の内的・外的な発展

「事件の発展」中の「(2)　人物の内的・外的な発展」には、さらに次のような下位の要素がある。

(2) **人物の内的・外的な発展の三要素**

① 人物の葛藤・迷い、発見、自己認識・他者認識の発展（変化や強化が含まれる）
② 性格をはじめとする人物像の顕在化
③ 人物の肉体的・物理的な発展（変化や強化が含まれる）

「(2) 人物の内的・外的な発展」は「(1) 人物相互の関係性の発展」と連動することが多い。「スイミー」で「それから、とつぜん、スイミーはさけんだ。／『そうだ。みんないっしょにおよぐんだ。海でいちばん大きな魚のふりをして。』」は、「スイミーは、かんがえた。いろいろかんがえた。うんとかんがえた。」と悩み抜いた末の提案である。ここでは「(1) 人物相互の関係性の発展」と同時にスイミー自身の「内的」な成長が読める。その後のクライマックス「みんなが、一ぴきの大きな魚みたいになったとき、スイミーは言った。／『ぼくが、目になろう。』」も、スイミーの成長という「内的」発展と読める。ここは倒置法、反復が使われている。

「カレーライス」は「① 人物の葛藤・迷い、発見、自己認識・他者認識の発展」が事件を創る。お母さんの「お父さん、（中略）『ひろしはまだすねてるのか。』って、落ちこんでたのよ。」に「ぼく」は次のように思う。

ほら、そういうところがいやなんだ。ぼくはすねてるんじゃない。お父さんと口をききたくないのは、そんな子どもっぽいことじゃなくて、もっと、こう、なんていうか、もっと――。

「こう、なんていうか、もっと――。」で終わる。「――」のもつ意味は大きい。自分で自分の気持ちをどう表現していいかわからない。葛藤もある。少し後には、お父さんの「学校、最近おもしろいか。」の問いかけに「ああ、もう、そんなのどうだっていいじゃん。言葉がもやもやとしたけむりみたいになって、胸の中にたまる。」と思う部分がある。変化している自分をどう表現（言語化・外言化）していいか戸惑っている。さらに後には「自分でもこまってる。なんでだろう、と思ってる。今までなら、あっさり『ごめんなさい。』が言えたのに。」がある。ここでも自分で自分が見えなくなっている「ぼく」が読める。

これらからは、「ぼく」であるひろしの中に、もう一人の新しい自分が生まれていることがうかがえる。その新しい自分に戸惑い迷っているひろしである。それが、翌日次のように変化する。

「だいじょうぶ、作れるもん。」
お父さんは、きょとんとしていた。でも、いちばんおどろいているのは、ぼく自身だ。

自分の言葉に自身が驚くのだから、戸惑いは継続している。しかし、それまで反抗的だったり無口だったりした「ぼく」が、ここでは父のためにカレーを作ることを承諾する。その中での戸惑いである。「① 人物の葛藤・迷い、発見、自己認識・他者認識の発展」上の大きな変化である。「(1) 人物相互の関係性の発展」でもある。

「少年の日の思い出」の山場のクライマックスを含む部分からも「① 人物の葛藤・迷い、発見、自己認識・他者認識の発展」が読める。クジャクヤママユをだいなしにした「僕」は、エーミールに謝罪に行くが、許してもらえないために自分の「おもちゃをみんなやる」「ちょうの収集を全部やる」と言い出す。それも拒否された「僕」は、エーミールの「のどぶえに飛びかかるところ」にまで至る。その直後次の記述がある。

そのとき、初めて僕は、一度起きたことは、もう償いのできないものだということを悟った。

「初めて」「悟った」ということは、それまでは相手に迷惑をかけたとしても強い悪意や邪念をもってしたことでなければ許される。強い熱情によってしたことであれば許される。—といった見方をしていたことが逆写しに見えてくる。だから、今回も謝罪に行き許されなければ、自分のおもちゃや蝶の収集の全部でそれが償えるかもしれないと考える。（エーミールでなくても）そんなことで許されるはずがないことは自明のことであるが、そのことにそれまで「僕」は気づいていない。その自己認識の甘さあるいは誤りを「僕」は「初めて」ここで「悟」る。だから、この直後のクライマックスで「僕」は闇の中で「ちょうを一つ一つ取り出し、指で粉々に押しつぶし」ていく。自分自身を罰するという意味もあるだろうが、少年時代の象徴である蝶集めを二度としないことを決心するのである。この「人物の自己認識の発展」がこの作品の主題を大きく支えている。

「走れメロス」でも「①　人物の葛藤・迷い、発見、自己認識・他者認識の発展」が重要な位置をもつ。一度眠り込んだメロスが、再び立ち上がり駆けだした後の部分である。フィロストラトスが出現し「ああ、あなたは遅かった。」「走るのはやめてください。」とメロスに告げた直後である。「信じられているから走るのだ。間に合う、間に合わぬは問題でないのだ。人の命も問題でないのだ。私は、なんだか、もっと恐ろしく大きいもののために走っているのだ。」と話す。そして「わけのわからぬ大きな力に引きずられて走」る。ここではメロスの「自己認識の発展」が読める。ここでメロスにとって走り続けることの意味に大きな変化が生まれている。仮に間に合わなくても走ると言うのだから、王に勝つ・負けるという人物相互の関係を超えている。

「ごんぎつね」でごんが「ちょっ、あんないたずらをしなけりゃよかった。」と考える部分で、ごんの「②

性格をはじめとする人物像」が顕在化する。「わしがいたずらをして、うなぎを取ってきてしまった。だから、兵十は、おっかあにうなぎを食べさせることができなかった。」と確かめたわけでもないことを真剣に後悔する。思い込みの強さも読めるが、そこまで想像をして自分を責め後悔するという繊細さ、責任感の強さ、やさしさなどの性格も読める。読者が初めて知るごんの性格である。「(1)　人物相互の関係性の発展」でもあるが、同時に「(2)　人物の内的・外的な発展」の「②　性格をはじめとする人物像の顕在化」でもある。

「モチモチの木」は、豆太が「おくびょう」とたたかう物語である。それが、モチモチの木と豆太の関係性の中で展開される。導入部・展開部・山場・終結部それぞれで「モチモチの木」が象徴的な意味で位置づく。導入部・展開部ではモチモチの木は豆太にとって強い恐怖の対象である。それが山場で勇気を出した後モチモチの木に「灯がついている」姿を見る。終結部でも「モチモチの木」が語られる。「人物の内的発展」の「①　人物の葛藤・迷い、発見、自己認識・他者認識の発展」であり、ある部分「②　人物像の顕在化」でもある。

「形」では、新兵衛が自らの実力と「形」とをどうとらえているか自体が「事件の発展」となる。「①　人物の葛藤・迷い、発見、自己認識・他者認識の発展」である。出来事としては新兵衛と敵との戦いなのだが、新兵衛の自らの「形」に対する認識の在り方とその変化こそが主要な事件をかたちづくる。「自分の形だけすらこれほどの力を持っているということに、かなり大きい誇りを感じていた。」など自らの形への自信を強めていくことも「発展」の一つと言える。ここでは「だけ」「すら」「かなり」「大きい」など強調表現が重層的に反復される。その強まりがクライマックスの一文目「手軽にかぶとや猩猩緋を貸したことを、後悔するような感じが頭の中をかすめたときであった。」で大きく覆される。同時にクライマックスの二文目「敵の突き出した槍が、縅の裏をかいて彼の脾腹を貫いていた。」での「③　人物の肉体的・物理的な発展」が読める。

「③　人物の肉体的・物理的な発展」には、生死、怪我、体調、疲労等が含まれるが、人物が新たに技術・

能力を身につけた、失ったという要素も含まれる。着るもの、身につけるもの、持ち物等が関わる場合もある。

（3）事件の発展とひびきあう情景描写

その場の風景や様子自体は通常、直接には「事件」の展開・発展に直接には関わらない。しかし、物語・小説では「情景描写」が事件の展開・発展や人物の見方・認識を暗示または象徴していることが多い。

「大造じいさんとガン」では、事件の節目節目で情景描写が出てくる。この作品では大造と残雪の「戦い」が重要な位置を占めるが、大造が期待をもってガンを捕らえようとする際に必ず肯定的な情景描写が出てくる。「タニシを付けたウナギつりばり」で一羽のガンを捕らえた大造だが、その成功を広げていこうと「たくさんのウナギつりばり」をまいて翌日を待つ。その翌日に大造が期待をもってぬま地に出かけていく場面に次がある。

その翌日、昨日と同じ時刻に、大造じいさんは出かけていきました。
秋の日が、美しくかがやいていました。

情景描写そのものは、直接の事件展開ではない。ただし「美しくかがやいていました。」は、語り手の見方であるが、大造の見方を代弁している。「日が照っている」でもいいところを、「美しくかがやいて」いるとしている。たいへん肯定的な描写である。この時の大造の期待の象徴と読める。

大造の仕掛けは失敗に終わる。そこで大造は「タニシを五俵ばかり集め」捲き、ガンを銃で仕留めようとする。ガンたちは大造のねらいどおり四、五日食べに来る。大造は「会心のえみをもら」し、いよいよガンの群れに銃を撃ち込む日が来る。そこでも「あかつきの光が、小屋の中にすがすがしく流れこんできました。」という情景描写がある。ここでも「あかつきの光」「すがすがしく流れこ」むという肯定的情景描写が、大造の強い期待を象徴している。さらにそれも残雪のために失敗に終わるが、次の年、生け捕りにしたガンをおとりとして、ガンをつかまえようと計画を立てガンを捕らえようとする。そこにもまた「東の空が真っ赤に燃えて、朝が来ました。」という極めて肯定的な情景描写がある。これにも大造の強い期待が象徴されている。

「走れメロス」でメロスが王と約束をした後、村に戻る直前に「初夏、満天の星である。」が出てくる。これも象徴性をもった「情景描写」である。王との約束を守る強い意思と自信をこの描写が象徴している

4 「新しい人物像」を読み深める方法

ここでは「事件の発展」以外の部分で読める「2　新しい人物像」（一〇七頁）について述べる。

「走れメロス」の展開部前半に次がある。この部分自体は「事件の発展」ではないが、極めて重要な人物像が読める。

その王の顔は蒼白で、眉間のしわは刻み込まれたように深かった。（中略）／「疑うのが正当の心構えなのだと、わしに教えてくれたのは、おまえたちだ。人の心は、あてにならない、人間は、もともと私欲の塊さ。信じては、ならぬ。」暴君は落ち着いてつぶやき、ほっとため息をついた。

展開部前半で暴君ディオニスは、自分の世継ぎ・皇后・妹・妹の子ども・賢臣などを、次々と処刑している残虐な人物として描かれている。しかし、ここでは暴君のイメージとは違った側面が示される。「蒼白」だから肉体的・精神的に病み、苦しんでいる可能性が読める。それも「青白く」ではなく「蒼白で」という非日常

的な漢語表現になっている。悲愴感を増す。「人の心はあてにならない」を見ると、より精神的な苦しみの大きさが見えてくる。「眉間のしわ」そして「刻み込まれたように深」いの直喩からも、王の苦しみが読める。

人間不信をメロスに訴えた後「信じては、ならぬ。」と「ため息」をつく。まず「信じては」の後に読点「、」がついていることに着目する。普通ここに読点はない。一息に「信じてはならぬ。」と言うのではなく「信じては」まで言い一呼吸置き「ならぬ」と言う。前後の文脈とも考え合わせれば、かなり弱い言い方である。メロスに言っているというより自分自身に言い聞かせているかのようでもある。「つぶやき、ほっとため息」もまるで独り言である。その上自分を殺しにきたメロスの前で「ため息」をついてしまう。苦しみ悩む王という人物形象が浮かび上がってくる。読者はそれまでの王の人物形象の変更・修正を迫られる。

「一つの花」の展開部に次の部分がある。

ゆみ子とお母さんの他に見送りのないお父さんは、プラットホームのはしの方で、ゆみ子をだいて、そんなばんざいや軍歌の声に合わせて、小さくばんざいをしていたり、歌を歌っていたりしていました。

このゆみ子たち家族の様子は山場の「お父さんは、プラットホームのはしっぽの、ごみすて場のような所に、わすれられたようにさいていたコスモスの花を見つけたのです。」のコスモスの形象とシンクロしていく。「プラットホームのはしの方」は「プラットホームのはしっぽ」と、「小さくばんざいをしていたり、歌を歌っていたり」は「わすれられたようにさいていた」が重なる。それらの重なりは象徴的意味をもつ。そういった咲き方をしている花・コスモスを、お父さんはクライマックスの部分でゆみ子に「ゆみ。さあ、一つだけあげよう。一つだけのお花、大事にするんだよう――。」と言って形見かわりに最後に渡す。

＊

以上1～4で述べてきた展開部・山場の「鍵」の「取り出し」の指標と読み深める方法をまとめると次のようになる。（「取り出し」の指標と読み深める方法は、相互に関わり合う。）

※展開部・山場の鍵の取り出しの指標と読み深める方法

1　事件の発展

(1)　人物相互の関係性の発展

①　人物の相手に対する見方が変わる（人物相互の見方の変化を含む）

②　人物相互の力関係や社会的関係が変わる

③　人物相互の結びつき方・絆が変わる

(2)　人物の内的・外的な発展

①　人物の葛藤・迷い、発見、自己認識・他者認識の変化（変化や強化が含まれる）

②　性格をはじめとする人物像の顕在化

③　人物の肉体的・物理的な発展（変化や強化が含まれる）

(3)　事件の発展とひびきあう情景描写

2　新しい人物像

右の指標を小学校下学年向きに用語を考慮すると次のようになる。

※ひろがり・やまばのかぎのとりだしのポイントとよみふかめ方

1　おはなし（すじ）が大きくかわるところ

(1)　人ぶつどうしのあいだがらが大きくかわるところ

①　人ぶつのあい手への見かたがかわる（人ぶつどうしの見かたがかわる）

②　人ぶつどうしのつよい・よわいなどがかわる

③　人ぶつどうしのつながりがつよくなる・よわくなる

(2)　中しん人ぶつの気もちやすることが大きくかわるところ

①　人ぶつのまよい・はっ見がある、見かたがかわる

②　人ぶつがどんな人かあたらしくわかる

③　人ぶつがなにかをうまくなったり・へたになったりする

(3)　おはなし（すじ）が大きくかわることとひびくふうけいのようす

2　人ぶつがどんな人かあたらしくわかる

5　「事件の発展」をさらに読み深めるための三つの観点

「事件の発展」の指標を生かしながら展開部・山場で鍵となる文の「取り出し」を行い、それを読み深めていくが、さらにそれを深めるための三つの観点について述べる。既に「取り出し」の指標と同時にどう読み深

めるかについても述べているので、それらとも重なる部分もあるが、ここでは三つの観点から整理し直す。(実際の読み深めでは、これらに加え第四章で述べる様々な「方法」を駆使する必要がある。)

① 事件の発展そのものがもつ事件の意味を読む（技法や表現の仕掛けにも着目する）
② それ以前の事件とその事件との関係性、事件全体の流れの中でのその事件の位置・方向性を読む
③ その後の事件展開の可能性を予測する（ここには読者の期待・心配等も含まれる）

「① 事件の発展そのものがもつ事件の意味を読む」は、その出来事そのものがもつ事態の重要性や意義を読んでいくということである。「スイミー」の発端の一文「ある日、おそろしいまぐろが、おなかをすかせて、すごいはやさでミサイルみたいにつっこんできた。」は、導入部の日常を破るという意味で大きな変化である。ただし、この一文そのもののもつ重大性も読める。数センチ程度の魚たちと大きなまぐろとの大きさの違い。そのまぐろが「ミサイルみたいにつっこんで」くる。直喩表現である「ミサイルみたいに」からは、aスピードが速い。b円錐形・色がまぐろと似ている。c殺人兵器、それも普通の兵器に比べて特に大量の殺戮が可能である。その上、dミサイルは誘導弾が通常でありかなりの正確さをもつ。そう簡単には回避できない。さらにe冷たく非情なものという側面も読める。スイミーたち「小さい魚」の視点から見たまぐろ像である。「おそろしい」も含め、この一文は話者がスイミーたち「小さい魚」の視点から書かれている。そして「一口で、まぐろは、小さな赤い魚たちを、一ぴきのこらずのみこんだ。」が続く。

「② それ以前の事件とその事件との関係性、事件全体の流れの中でのその事件の位置・方向性を読む」は、取り出した部分を文脈に戻しつつ読むということである。「取り出し」が指導過程では重要な位置を占めるが、

取り出すからこそ、②のように丁寧にその都度、作品の文脈に戻すことの重要性が増してくる。

「ごんぎつね」でごんの兵十へのつぐないがエスカレートし、ごんの兵十への思いがだんだん強くなっていくことは、「事件全体の流れ」「方向性」を意識することでよりはっきり見えてくる。その流れの中で「5」の場面でごんは「兵十のかげぼうしをふみふみ」歩く。誤解をされ「引き合わないなあ」と思っても、「その明くる日」も兵十のうちへ出かける。そして撃たれる。

「走れメロス」も、フィロストラトスの登場の後に「信じられているから走るのだ。間に合う、間に合わぬは問題でないのだ。人の命も問題でないのだ。私は、なんだか、もっと恐ろしく大きいもののために走っているのだ。」と話し「わけのわからぬ大きな力に引きずられて走」る。これらを事件全体の中に位置づけると、主要な主題の一つが見えてくる。「スイミー」の「ぼくが、目になろう。」も、導入部・展開部・山場を含む作品全体に関わる大きな事件の節目である。やはりここから主題も見えてくる。

「③　その後の事件展開の可能性を予測する」については「注文の多い料理店」（宮沢賢治）（小5）を取り上げる。この作品では店の入口の戸の裏側に「ことに太ったおかたやわかいおかたは、大かんげいいたします。」というメッセージが示される。ちょうど二人の紳士は太っていて若いので、紳士たちは「君、ぼくらは大かんげいに当たっているのだ。」と喜ぶ。しかし料理店の戸に「太ったおかたやわかいおかた」を特に歓迎するというメッセージが書いてあるということがまず奇異なことである。ここで読者は「何か変だ」「なぜだろう」と思う。そして「何か仕掛けがありそうだ」「それを疑問にも思わない紳士たちは大丈夫なの？」などと謎を意識する。そして事件が進行し「注文」が一つずつ紳士たちに出され「ネクタイピン、カフスボタン、眼鏡、さいふ、その他金物類、ことにとがったものは、みんなここに置いてください。」という「注文」まで出てくる。ここまで来ると読者には何かとんでもない罠に紳士たちがはめられていることを予測する。それ以前の文脈から「どうも二人は逆に誰かに食われてしまうのではないか」という予測をする読者もいる。その後も「注文」は進み体中に「塩をたくさんよくもみこんでください。」まできて、やっと紳士たちは「どうもおかしいぜ。」と気づき始める。そして山猫たちが二人を食べるために罠を仕掛けていたのだということがわかる。

物語・小説は、その時その時で読者が様々な事件展開の予測を行いながら読むことを（暗黙の）前提として書かれている。推理小説はその典型である。読者を一定の「予測」に誘導するのも作品の仕掛けの一部である。だから、より意識的に「事件を予測」することにより小説の面白さが見える。ロラン・バルトはこの要素を「解釈学的コード」とか「『謎』のコード」と呼び「一つの謎が（物語の楽句のように）設定され、若干の《引き延ばし》によって語りにあらゆる味つけがほどこされたあと、謎の解決が披露される。」と述べる(注6)。その時点その時点で「事件」について疑問をもったり予測をしたりすることも大切な読みの要素である。

第4節　作品の「主題」への総合

1　「主題」をどう考えるか

導入部→展開部→山場とだんだんと作品の「主題」が見えてくる。ここで言う「主題」とは、主な題材・題目ということではなく、いわゆる「テーマ」（theme）である。作品の設定や事件展開などから見えてくる作品の「ものの見方・考え方」のことである。作品の「思想」と言い換えてもいい。

主題は、作品を創作した生身の作家が込めた思いなどと同一のものではない。どのような思いや思想・考えで、その作品を執筆したとしても、常に作品は作者の思い・思想・考えを裏切ったり超えたりする。それがあるからこそ、作品は面白い。作品の読みは、もともと作者のものではなく、読者のものである。生身の作家がどう考えようと、そこに書かれている作品の設定や事件展開などを総合して読めることが主題である。

主題を考える際には、作品を一つの（思想の）統一体ととらえることが必要である。そのために作品を統括する主体を設定することが有効である。それは今述べたとおり生身の作家ではなく、作品を統括する仮の（虚構としての）主体である。作品の設定や事件展開、人物像、情景描写、構成・構造、章立て、記号、語り手、題名などを仕掛けている統括主体を設定するのである。その主体は「虚構としての作者」「言表主体」「作品主体」などと呼ぶことができる。ただし、授業では仮に「作者」という用語を使ってもよい[注7]。子どもたちは「そんなこと言っても作者に聞かないとわからない」「作者がそんなこと考えているかどうかわからない」などと言うことがある。その際には、右のような見方とともに「ここで言う作者は生身の作家ではなく、虚構としての作者なのだ」ということを説明する必要がある。

以下、作品の主題について考えていくが、主題は作品に一つだけとは限らない。複数の主題が読めることが多い。「中心的主題」「メインテーマ」とか「副次的主題」「サブテーマ」などという言い方をされることもある。また、読者によって主題のとらえ方に違いがあることも当然である。ただし、それは恣意的なアナーキーとは違う。作品の書かれ方―作品の設定や事件展開、人物像、情景描写、構成・構造、章立て、記号、語り手、題名などを根拠に読めるものであることが前提である。その作品発表の際の暗黙の社会的前提等にも留意する必要がある。作品に書かれていなくても、当然の前提として読者がもっているはずの知識や社会文脈等のことである。特にそれは古典の場合に顕在化しやすいが、近代文学、現代文学でも、それは基本的に同様である。

2 形象を総合し「主題」をとらえる

主題は、作品の読みを総合することで見えてくる。構成・構造の読み、導入部の形象、展開部の形象、山場などの形象を読み進めるうちに少しずつ主題は見えてくる。とは言え、特に事件展開の後半の山場あたりからよりそれが顕在化してくる。中でもクライマックスは、強く主題を顕在化させている場合が多い。だから、授業の指導過程では、特にクライマックスを中心とした山場で主題を意識化させていくことが有効である。

ただし、逆に山場やクライマックスだけを読んでいたのでは一面的なそして狭量な読みに陥る。クライマックスに至るまでの展開部の事件展開、特に「事件の発展」部分を中心に振り返り再読する必要もある。導入部の設定にまで振り返ることも必要である。山場やクライマックスの形象の読みの際には、導入部や展開部への振り返りが重要な意味をもつ。主題が題名と深く関わることもある。題名自体が象徴的意味をもつこともある。そういった場合「題名よみ」がより大きな意味をもつ。

（1）「スイミー」の主題

「クライマックス」に注目しながら大きく作品を振り返ることで、複数の主題が見えてくる。

「一ぴきのこらずのみこ」まれた小さな魚たちであるが、同じ小さな魚たちが「いっしょにおよ」ぎ「もちばをまも」りながら、「大きな魚」になることで、大きく恐ろしいまぐろに勝つことができた。一人一人は小さな力でも、力を合わせることで凶暴で強い相手にも打ち勝つことができる。これが一つ目の主題である。

導入部の人物紹介では、「みんな赤いのに」と述べられていた。「のに」は、「期待と違う」「本来そうでない方がいい」という意味をもつ。「九月だというのに、まだ暑い」「本当は僕も生きたかったのに」などである。「みんな赤いのに、スイミーだけ黒いのはなぜ」といった否定的な意味の異質性がそこで示される。しかし、その異質性こそが、「ぼくが、目になろう。」というクライマックスで生きる。一見否定的に見える異質性が集団を救うということである。また、スイミーは、他の魚たちが「だめだよ」と言っている中で、「なんとかかんがえ」ていこうとする。これも異質性の一つと言える。リーダーは一定の異質性があってこそ成立する役割である。それらが二つ目の主題である(注8)。

三つ目の主題はスイミーの成長である。スイミーははじめは「にげ」ていたし「こわかった。」と落ち込んでいた。それが「すばらしいもの」を見るうちに「元気をとりもど」し始める。新しい「きょうだいたち」との出会い直後にも、しりごみする「きょうだいたち」に「なんとか、かんがえなくちゃ。」と呼びかける。そして「スイミーはかんがえた。いろいろかんがえた。うんとかんがえた。」と様々に試行錯誤し苦しみながら考え続け、新しい考えを生み出しリーダーとして新しい提案をする。それだけでなく「けっして、はなればなれにならないこと」「もちばをまもること」とより具体的な指示（指導）を出す。そして、自分だけが黒いことを生かすかたちで「ぼくが、目になろう。」と宣言する。一度、絶望した者でも、様々に経験し試行錯誤する中でリーダーとして成長することができる。

また、スイミーは、これ以前は外から指示を出すだけで自分自身は参加していなかった。スイミー自身が「大きな魚」の一部として参加したということも重要な意味をもつ。さらに「目」は、ただ黒いというだけでなく、先を見通す役割をもつ。危険を察知したり、方向を決めたりするための必須のものである。また「目」は「中心」という意味で使われることもある。もちろんここでは本当の目ではないが、スイミーが目になることと自体が象徴的な意味をもつ。つまりより本物の「リーダー」になっていくということである(注9)。

(2)「お手紙」の主題

「お手紙」にはクライマックスを中心とした事件の発展に六つの「謎」がある。それが主題を形成している。

一つ目の謎は、なぜがまくんがあれほどまでお手紙を待ちこがれていたのかである。がまくんは、自分にはお手紙がこないので「ふしあわせな気もち」になっている。がまくんは、次のようにかえるくんに言う。

「だれも、ぼくにお手紙なんかくれたことがないんだ。毎日、ぼくのゆうびんうけは、空っぽさ。お手紙をまっているときがかなしいのは、そのためなのさ。」

がまくんは、お手紙をくれる友だちがほしい。他の者はお手紙をくれるような友だちがいるのに、ぼくにはいないという嘆きでもある。しかし、考えてみると、がまくんには既にかえるくんという最高の友だちがいる。確かにさらに新しい友だちがほしいと願うことはあるにしても、「ふしあわせ」「かなしい」と強く感じるのはやや不自然である。なぜ、がまくんは、かえるくんという親友がいるのにそこまでお手紙を待つのか。

がまくんの「ふしあわせ」を知ったかえるくんは、早速自らがまくんにお手紙を書く。が、なぜかかえるくんは、自分でお手紙を届けずに、かたつむりくんにそれを届けてくれるように依頼する。「おねがいだけど、このお手紙をがまくんの家へもっていって、ゆうびんうけに入れてきてくれないかい。」

なぜかえるくんは、自分でお手紙を届けずに、第三者に配達を頼んだのか。自分でお手紙をゆうびんうけに入れれば、早く確実にがまくんに届くはずである。「かえるくんは、大いそぎで家へ帰りました。」というくらいだから、かえるくんの家はそんなに遠くはないに違いない。これが第二の謎である。

それも、よりによって特に足の遅いかたつむりくんに頼む。偶然かたつむりくんが、そこを通りかかったからかもしれない。しかし、かえるくんは「知り合いのかたつむりくん」の足が遅いことを知っているはずである。かえるくんは、どうして足の遅いかたつむりくんに配達を頼んだのか。これが、第三の謎である。

さて、かたつむりくんは、なかなかがまくんの家に到達しない。そのうちにかえるくんは、がまくんに自分が手紙を出したことを告白してしまう。その上、手紙の中身までがまくんに教えてしまう。

「ぼくは、こう書いたんだ。
『親愛なるがまがえるくん。ぼくは、きみがぼくの親友であることを、うれしく思っています。
きみの親友、かえる。』」

その手紙にがまくんは、「ああ。」「とてもいいお手紙だ。」と感動する。この手紙とがまくんの感動の部分がクライマックスである。しかし、かえるくんにとって、がまくんが親友であるということは当然のことのはずである。にもかかわらず、がまくんは感動している。なぜなのか。これが、第四の謎である。

この手紙自体にも謎がある。この手紙は「親愛なるがまがえるくん」「きみの親友、かえる」など極めて丁寧である。見方を変えれば形式的でよそよそしいとも言える。二人の関係を考えれば、こんな形式的にしないで、たとえば「やあ、がまくん。きみが親友でうれしいよ。これからも、仲良く遊ぼうね。かえるより」などのような手紙の方がずっと自然である。なぜ、かえるくんの手紙はこんなに形式的なのか。そして形式的な手紙にがまくんはなぜこんなに喜んだのか。第五の謎である。

最後に第六の謎である。がまくんとかえるくんは、かえるくんのお手紙を「とてもしあわせな気もちで、そこにすわって」待っている。それも四日も待っている。手紙の中身をまだ知らないというのならば、それを待つというのは理解できる。誰からの手紙なのか、どういうことが書いてあるのか、楽しみだからである。しかし、かえるくんは、自分が手紙を出したことも、どういう中身であるかも、すべてがまくんに告げてしまっている。出した相手も、その中身も、すべてを知っている手紙をがまくんは、なぜ待ち続けるのか。

事件の発展に関わる以上の六つの謎を解いていく中で、この作品の面白さ、そして主題が見えてくる。謎に目をつけるということは、言い換えれば不整合な事件展開に着目するということである。子ども向けに言い直すと「『おかしいな』『変だな』というところに目をつける」ということになる。

よく見ると、六つの謎には、共通した要素があることがわかる。たとえば、第二の謎「なぜかえるくんは、自分でお手紙を届けずに、第三者に配達を頼んだのか」、第五の謎「なぜ、かえるくんの手紙は、こんなに形式的なのか」、そして第六の謎「なぜ、差出人も中身もわかっている手紙を、がまくんは待ち続けるのか」の三つの謎には、明らかな共通点がある。そして、それらには「手紙」というモチーフが深く関係している。第二の謎、かえるくんが自分で届けずに第三者に頼んだことだが、実際の（大人の）社会で手紙は、配達人という第三者が存在する。かえるくんはその形を真似て第三者に依頼をしたと読める。「手紙」には発信者と受信者の二人だけのコミュニケーションというだけでない側面がある。第三者の手を経ながら様々な手続きや制度を使って届けられるという側面である。それは二人の個人的な関係を超えた社会的な制度を介在するという意味をもつ。それがここでの「手紙」の意味である。題名が「手紙」となっていることとも関わる。

そう見ると、そのことは、第五の謎――文体が形式的であることとも関わってくる。大人がやりとりする手紙は、電話などに比べて、親しい間柄でも最低限の形式を踏むのが通例である。いくら親しいからと言っても、日常的な話し言葉で実際に会っている時のような、あるいは電話のような文体（口調）で手紙を書くことは少ない。「手紙」というものは、直接話をするのとも違う、電話などとも違う、文字言語を介した、そして第三者を介した、公的な意味合いをもった伝達手段である。その間接性や社会性が手紙の魅力でもある。

第六の謎は、それらのことと関わらせて考えると解けてくる。差出人も中身もすべてわかっている手紙。それでも、がまくんは四日もしあわせそうに待っている。がまくんにとって、手紙の中身もさることながら、手紙をもらうということ自体が意味をもっているのである。第三者によって配達される文字によって書かれた、大人たちがやりとりするような手紙、それをもらうという事実こそがここでは大切なのである。

そう考えてくると、第一の謎「なぜ、がまくんは、かえるくんという友だちがいるのに、あれほどまでに手紙を待っていたのか」も見えてくる。かえるくんというよい友だちがいるにしても、それとは違う、社会的な制度としての「手紙」でやりとりするような関係の友だちがほしかったと読める。子どもはある年齢になると、手紙を出したりもらったりということを喜ぶようになる。一緒に住んでいる家族に手紙を出したくなることもある。遊び感覚であるかもしれないが、これは今までとは違う新しい関係性を求めていく過程でもある。

第三の謎「かえるくんは、どうして足の遅いかたつむりくんに配達を頼んだのか」も、その「手紙」の意味を考え合わせると見えてくる。かえるくんが意図的に足の遅いかたつむりくんに依頼したわけではないのかもしれないが、作品の仕掛けとしてはすぐに届くより時間がかかって届いた方が、より手紙らしくなると読める。

第五の謎「『親友』という既知の事実に、がまくんはなぜ『ああ。』『とてもいいお手紙だ。』などと感動するのか」も以上のことと関わる。確かに二人は親友と呼べるような親しい関係であったのであろう。しかし、この作品では（そしてこのシリーズ全体でも）実際に「親友」という言葉が出てくるのは、この手紙が初めてである。毎日のように会っている二人の間では、互いが「親友」と呼び合う機会は今までなかった。それを、かえるくんが「ぼくの親友」「きみの親友」という形で、はっきりと言語化したのである。このお手紙によって、かえるくんとがまくんは、自分たちを「親友」と言いうる関係として再発見したとも言える。

つまり、この作品は、がまくんが「手紙」という（社会の制度）によって結ばれるような、これまでにない新しい人間関係（新しい友だち）を求めようとするものなのである。そして、よい友だちであったかえるくんとがまくんの友だち関係が改めて更新されたということである。その更新性は手紙という媒体と、「親友」という言葉によってより強くなった。そう考えると、「お手紙」という題名の必然性も見えてくる。

(3)「一つの花」の主題

「一つの花」のクライマックスは、ゆみ子とお母さんが駅のホームでお父さんと別れる場面の「ゆみ。さあ、一つだけあげよう。一つだけのお花、大事にするんだよう――。」である。「一つの花」という題名と重なる。ここを鍵として作品を振り返ることで主題が見えてくる。それまで「一つだけ」と言って食べ物をもらっていたゆみ子だが、ここでの「一つだけ」はその意味が全く逆になる。かけがえのない大切なものという「一つ」である。「一つだけ」の繰り返しとその意味の逆転というクライマックスである。ここでお父さんは形見のつもりでゆみ子に花を手渡す。おそらくは二度と家族に会うことはできないという覚悟の上の出征である。最後に娘に花を渡すことで父親のゆみ子への愛情が強く顕在化したと読める。花はここでは優しさや美しさを象徴する。父親が娘に優しさ・美しさの象徴として最後に花を渡す「父親の娘への愛」が主題の一つである。

ただし、ここで「花」は作品の人物たちの思いを超えて象徴的な意味をもつ。時の設定は、戦争の終末期である。花は、戦争では余計なもの、邪魔なものである。だからこのコスモスは「プラットホームのはしっぽの、ごみすて場のような所に、わすれられたようにさいてい」る。「花」は戦争とは対極に位置するもの、つまり平和の象徴として扱われてきた。「花はどこへ行った」(ピート・シーガー)、「戦争は知らない」(寺山修司)などの歌でも、花は戦争とは対極にあるものとして象徴的に扱われている。あるいは反戦の象徴である。小川未明の「野ばら」も戦争と対局に存在するものとしての薔薇が象徴的な位置を占めている。そういう文化文脈を読むと、最後に父親が娘に花を形見として手渡す場面をクライマックスにしたということは、(登場人物たちの思いや意識を超えて)作品の思想として「平和」の希求が中心的主題の一つとして読める。だから、終結部でコスモスの花がいっぱいのゆみ子とお母さんの生活が描かれる。終結部では、その平和が(お父さんを失いながらも)実現しつつあることを象徴的に示している。

（４）「少年の日の思い出」の主題

「少年の日の思い出」のクライマックスは、作品の結末であり末尾である最後の二文である。

だが、その前に、僕は、そっと食堂に行って、大きなとび色の厚紙の箱を取ってき、それを寝台の上にのせ、やみの中で開いた。そして、ちょうを一つ一つ取り出し、指で粉々に押しつぶしてしまった。

ここから、一つには自分で二度と蝶集めをしないという決意が読める。ただし「僕」は蝶の標本をごみ箱にぶちまけることはしない。「一つ一つ取り出し」自分の指で押しつぶしていく。「一つ一つ」からは、クジャクヤママユを盗み破壊したことに対して自らを罰するという意味も読める。「僕」にとって大きな心の傷を生んだ蝶集めという思い出を消そうという意識も読めるかもしれない。

「僕」の意識がどうであるかを超え、この行為は「僕」がこれまでの自分の生き方を捨て新しい生き方をし始めるという象徴的意味をもつ。展開部に「僕は全くこの遊戯（蝶集めのこと・阿部注）のとりこになり、ひどく心を打ち込んでしまい、そのため、他のことはすっかりすっぽかしてしまったので、みんなは何度も、僕にそれをやめさせなければなるまい、と考えたほどだった。」「むさぼるような、うっとりした感じ」「そうした微妙な喜びと、激しい欲望との入り交じった気持ちは、その後、そうたびたび感じたことはなかった。」「二年たって、僕たちは、もう大きな少年になっていたが、僕の熱情はまだ絶頂にあった。」など、「僕」の蝶集めに対するただならぬ「熱」が語られている。そしてエーミールの部屋のクジャクヤママユを目にした時「四つの大きな不思議な斑点が、挿絵のよりはずっと美しく、ずっとすばらしく、僕を見つめた。」となる。その熱情や陶酔、満足感は極めて強い。そして、その気持ちとそれに伴う行為については、自分としては（それが純粋な熱情であるがゆえに）当然周囲から許されるべきものと思っていたと読める。だから、その蝶を盗みつぶしてしまった際も「盗みをしたという気持ちより、自分がつぶしてしまった、美しい、珍しいちょうを見ているほうが、僕の心を苦しめた。」のである。「僕」がエーミールに自分のしたことを告白した後も「僕のおもちゃをみんなやる」「自分のちょうの収集を全部やる」ことで許されるはずと思っていた。エーミールでなくとも、それらがクジャクヤママユの盗みと破壊に対する代償には値しないと思うはずである。しかし、「僕」にはそれが理解できない。それゆえ「僕」は「すんでのところであいつ（エーミール・阿部注）ののどぶえに飛びかかるところだった。」となる。クジャクヤママユを自分の「おもちゃ」で償おうと考えることから、「僕」がその年齢にしては幼稚な子どもじみた発想をもっていたことが伺える。自分の収集全部も同じことである。それが受け入れないとわかると、「のどぶえに飛びかか」ろうとまでする。ただし、それが次の瞬間に変わる。

そのとき、初めて僕は、一度起きたことは、もう償いのできないものだということを悟った。

この一文のすぐ後にさきほどのクライマックスが来る。「初めて」となっているということは、逆に言えばそれまではそう思うことがなかったということである。だから、クジャクヤママユの償いに「おもちゃ」などと申し出る。「悟る」には「それまで見えなかったものが見えるようになる」「真の意味を知る」「真実を知る」などという意味がある。それまでは、「純粋」な熱情さえあれば、エーミールのようにお金に価値を換算するような「不純さ」がなければ、それは心からのものだから、過ちがあっても許されるものだ、といった言わば幼稚で子どもっぽい思いでいた。しかし、ここで「初めて」「償い」のできないもの（こと）が世の中にはあることを「悟った」と読める。大人的に見れば当然とも言えることだが、「僕」にはそういうことは思いもつかなかったのである。そのことがやっと見えた、そのことにやっと気がついたということである。

だから、二度と蝶集めをしないことを意味するクライマックスが来る。自分を罰し、自分のそれまでの生き方をここで捨てようとした。それは「少年の日」との決別でもある。「少年の日の思い出」という題名の意味とも重なる。だから「僕」の苦しみのドラマでもあるし「僕」の成長のドラマでもある。導入部で「客」すなわち大人になった「僕」が「その思い出が不愉快でもあるかのよう」な表情をし「思い出をけがしてしまった」とも語るのは、そういったことからである。（その主題の吟味・評価については第五章で検討する。）

形象よみにおける鍵の語や文に着目するための方法（指標）、またそれらを読み深める方法などは、いずれも「言葉による見方・考え方」にあたるものであり、国語科の高次の教科内容と言える。

〈注〉

(1) 大西忠治は、この指導を「線引き」と呼んでいた。（「文学作品の読み方指導としての形象読み(2)」大西忠治他編『国語教育評論3』、一九八四年、明治図書、一八頁）

(2) 大西忠治は、「時」「場」「人物」「事件設定」という言い方で四つの指標を提唱していた。（「文学作品（小説）における導入部の形象読み」大西忠治他編『国語教育評論2』、一九八四年、明治図書、一三頁）

(3) 江川卓『謎解き「罪と罰」』（新潮選書）一九八六年、新潮社、三九～四〇頁

(4) ロラン・バルト（花輪光訳）『記号学の冒険』一九八八年、みすず書房、一九三～一九四頁【Roland Barthes “L'aventure sémiologique” 1985】

(5) 大西忠治は、核となる部分を発見する指標として「人物の行動・性格の展開」「事件の展開」「文体の成立」を並列で挙げていた。（前掲書(1)七頁、一七頁）これについて阿部昇は「『事件』『人物』という指標でピックアップしてい

くと、同一の文でこれらが重なって読める場合が極めて多い」と指摘した。「文体の成立」も展開・変容の箇所と重なる。そこで「事件の発展」を優先的な指標にすることを提案した。（「物語・小説の『鍵となる部分』を発見させるための授業づくりの方法」科学的「読み」の授業研究会編『国語授業の改革6』二〇〇六年、学文社、五〜一二頁）

(6)　前掲書(4)、二三二頁

(7)　これに関わる阿部の「物語・小説の『読み』のモデル」については、第1部・第四章の（注27）に示した。

(8)　鶴田清司は「『ぼくが、目になろう。』というせりふは、主人公の『自己認識』の表れである」と述べる。そして「ぼくは、目になろう。」との差異を示しつつ「目になるのは自分だという『新しい情報』の付加」と述べている。（鶴田清司『「スイミー」の〈解釈〉と〈分析〉』一九九五年、明治図書、八〇〜八一頁）

(9)　鶴田清司は「スイミー」の主題についてのそれまでのとらえ方を「①仲間がみんなで力を合わせること（協力・連帯）の大切さ／②主人公が悲しい体験を乗り越えて集団のリーダーとして変化・成長したことのすばらしさ／③一人ひとりの個性や資質のちがいが仲間全体の力を高めることになること」と整理している。（前掲書(8)、五二頁。）

川村湊は「スイミー」の主題について次のように述べる。「小さな魚たちが集まって形作った『大きな魚』は、『民主主義』であると同時に、『全体主義』の一つの比喩として見ることもできる。」「個人としての個性の意義を主張しながらも、全体としての、集団としての『力』を描いたものといえよう。個性あるものが、個性を尊重したまま、集団となることによって、何事かを成し遂げることができる。しかし、そうしたテーマを主張するために、レオ＝レオニは、まるで『判で押した』ような小さな魚たちの集団を描かなければならなかった。」「レオ＝レオニは、真っ黒なマグロの『大きな魚』の写し絵として、点描の『大きな魚』を幻像として現出させた。しかし、それは原子爆弾のような恐怖の破壊兵器（ミサイル）のような兵器に対して、より有力な、効果的な兵器を『抑止力』として提示するようなものではないか。よしんばそれが、小さな弱者たちの寄り集まりという幻影の『対抗力』であったとしても、それは本当の『対抗力』となることができるだろうか。」（川村湊「スイミー、あるいは平面の魚について」田中実他編『文学の力×教材の力・小学校編2年』二〇〇一年、教育出版、五〇～五七頁）

小さな魚たちは実際に「判で押し」てある。スイミー以外の一人一人の個性は描かれていない。だからと言って、この作品を個の個性を抑圧する「全体主義」の象徴として読むことには賛成できない。小さな魚たちの個性をもっと様々に描いたり、スイミーが「いっしょにおよぐんだ。」と言っても、賛同しない小さな魚が出てきて議論をしたり、という作品を創作することは可能かもしれない。しかし、それが描かれていないからと言って、ただちに「全体主義」の「比喩」として読むことには無理がある。川村のように読んでいくと、何か一致した行動が出てくる物語・小説でその集団一人ひとりの「個性」が描かれていないと「全体主義」と断罪されることになる。「走れメロス」（太宰治）の山場の終盤でそれまで残虐行為をしてきた王が「わしも仲間に入れてくれまいか。」と言うと、ただちに「どっと群衆の間に、歓声が起こった。／『万歳、王様万歳。』」とある。これも「全体主義」なのだろうか。確かにあまりにも簡単に「王様万歳」と許してしまう群衆の在り方、またおそらく同様に王を許しているであろうメロスやセリヌンティウスの在り方については論議や賛否があっていい。しかし、虚構である物語・小説でそういった描き方をすると「全体主義」と断罪されたのでは、小説のプロットが極めて限定されてしまう。また、自分たちが殺されるという状況の中で力を合わせて対抗しようとするスイミーや小さな魚たちを、「原子爆弾のような恐怖の破壊兵器（ミサイル）のような兵器に対して、より有力な、効果的な兵器を『抑止力』として提示する」ことと読み替え、それを否定するに至っては無理な言いがかりである。破壊的な力を一定の力によって防ぐことを、原爆の抑止論と同一視することはできない。小さな魚たちはほんの少し前に「一口で」まぐろにのみこまれたのである。そして、また遭遇すれば同じことが起きることは明白である。それへの対抗策は核抑止論とは話が違う。（その上、小さな魚たちはまぐろを追い出すだけで殺してはいない。）川村が言う「本当の『対抗力』」とは一体何なのか。

第四章　「形象」を読み深めるための様々な方法

本章では、取り出した「鍵」の語や文の形象を読み深める際に生かせる方法について述べる。「第1節 技法・工夫された表現に着目しながら形象を読み深める方法」「第2節 差異性・多様な立場から形象を読み深める方法」「第3節 文化的・歴史的前提と先行文学を意識しながら形象を読み深める方法」「第4節 語り手に着目しながら形象を読み深める方法」について解明する。これらは鍵の「取り出し」の方法としても生きる。

第１節　技法・工夫された表現に着目しながら形象を読み深める方法

技法への着目は、形象を読み深めていく際に大きな位置を占める。「技法」という形で命名されていない工夫された表現や仕掛けも含め、様々な角度からアプローチすることで形象をより豊かに深く読むことができる。技法・工夫された表現・仕掛けに着目しながら読み深める方法として、ここでは次を取り上げる。

1　普通と違うまたは不整合な表現・内容に着目して読む
2　比喩―直喩・隠喩・換喩・提喩・声喩に着目して読む
3　反復に着目して読む
4　倒置、体言止めに着目して読む
5　聴覚的効果、視覚的効果に着目して読む
6　象徴に着目して読む

1 普通とは違うまたは不整合な表現・内容に着目して読む

文学的表現は多かれ少なかれ「普通とは違う」こと、そして「不整合」を含む。「文学は、(言葉)の異常の場」であると、ロラン・バルトは述べている(注1)。グループμも文学における文体を「規範に対する偏差」と述べ、文学は言語を「改編」または「完全に変形」したものとしている(注2)。ツヴェタン・トドロフは「同じ文脈に属する別の言表との関係づけ」の二タイプとして「欠落」と「過剰」を挙げている。そして「欠落による指標のもっとも明快な例は矛盾である。」と述べる(注3)。

この後述べる倒置なども「普通と違う」表現であり「不整合」を含む。比喩も「普通と違う」「不整合」であることが多い。「〇〇法」と名付けられていなくても「普通と違う」「不整合」である表現には着目する必要がある。「普通と違うまたは不整合な表現・内容に着目」すること自体が、重要な読みの方法の一つと言える。導入部の「人物設定」でも、事件が動き始めた「事件の発展」でもそういう表現・内容が含まれている。逆に「普通と違うまたは不整合」に着目すると、そこが大切な「事件の発展」であったと気づくこともある。

「スイミー」の山場のはじまりにある「それから、とつぜん、スイミーはさけんだ。/『そうだ。みんないっしょにおよぐんだ。海でいちばん大きな魚のふりをして。』」も「普通と違う表現」である。「みんないっしょにおよぐんだ。」と「海でいちばん大きな魚のふりをして。」が倒置だが、同時に「とつぜん、スイミーはさけんだ。」も倒置的役割をもつ。ここでは、たとえば「それから、とつぜん、スイミーは『そうだ。みんないっしょにおよぐんだ。海でいちばん大きな魚のふりをして。』とさけんだ。」としてもいいはずである。先に「それから、とつぜん、スイミーはさけんだ。」と言うことで、読者に期待をもたせる倒置的効果を生んでいる。この叫び・提案は極めて重要な意味をもつ。これがクライマックスの逆転につながる。主題にも大きく関わる。

「羅生門」の導入部に「そのうえ、今日の空模様も少なからず、この平安朝の下人の Sentimentalisme に影響した。」がある。この「Sentimentalisme」はフランス語だが、日本語の中に突如現れたフランス語に読者はとまどう。そして、これは、下人の人物設定として大きな意味をもつだけでなく、この作品の主題にも関わってくる。内容も重要だが、日本語でたとえば「感傷的な性格」などとした場合との差異を考えてみることで、ここから様々な形象が浮かび上がる。「故郷」の山場のクライマックスに「私は身震いしたらしかった。」の一文がある。この作品は一人称の「私」が語り手である。にもかかわらず、まるで他人ごとのように「らしかった。」と推量の表現になっている。これらは「普通と違う表現」と言える。

「走れメロス」の「暴君ディオニス」の人物形象は「不整合」を含む。「暴君」と言えば傲慢不遜な姿をイメージする。しかし、この王は「静かに」「威厳」をもつ。「顔は蒼白で、眉間のしわは刻み込まれたように深い。その上「わしの孤独の心がわからぬ。」と見ず知らずのメロスに話し「人間は、もともと私欲の塊さ。信じては、ならぬ。」と「ほっとため息をつ」く。この不整合はこの後の事件展開で重要な意味をもち主題にも関わる。「オツベルと象」のクライマックス「白象は寂しく笑ってそう言った。」の「寂しく」も不整合である。白象は仲間たちに助けられ苦しみから解放される。「笑って」はわかるが、なぜか「寂しく」がある。この「寂しく」の不整合は、主題にとって大きな意味をもつ。

2　比喩―直喩・隠喩・換喩・提喩・声喩に着目して読む

比喩は技法の中心的なものである。これらは詩や俳句・短歌等の短詩系文学だけでなく、物語・小説でも重要な位置を占める。これまで国語科教育では、直喩、隠喩、活喩（擬人法）、声喩（擬声語・擬態語）などは扱われることがあったが、「換喩」や「提喩」が正当に取り上げられることは少なかった。また直喩、隠喩、活喩、声喩は扱われても、その名称や見分け方を学ばせる程度の指導に止まることが多かった。それら比喩にはどういう表現上（認知上）の特徴や差異があるのか、それら比喩をどのようにしたら読み深めていけるのかまでを解明しなければ、物語・小説でも短詩系でもそれらへの着目が読みの豊かさや深さにつながらない。

（1）直喩と隠喩

直喩、隠喩ともに、あるもので他のものを喩えるという役割がある。そこには対象になるものが本来もつ形象性と、喩えているものがもつ形象性が重なるという効果つまり二重性の効果がある。それにより新しい見方、意味を読者に提示する。対象の形象性がより豊かに膨らんだり、対象の形象性が変更されていくこともある。場合によっては、対象の形象性以上に喩えているものの形象性の方が目立ち前面に出ることもある。

ここではこれまでその特徴について十分に指導されてこなかった「直喩」について、隠喩との差異を意識しながら考える。これまでの授業では、直喩は「のような」など比喩とわかる表現を伴い、隠喩は伴わないといったレベルの指導で止まることが多かった。しかし、そのレベルの指導では、直喩と隠喩の表現上の差異を意識して読めるようにはならない。それらの差異を意識できてこそ、形象の読みが豊かに深くなる。

見方によっては「のような」を使い「比喩ですよ」とあからさまに示す直喩より、比喩らしさを隠しておき読者に気づかせる隠喩の方がスマートで、より文学的であると言えるのかもしれない。しかし、実際には文学で直喩は多く使われる。直喩の特徴、隠喩との差異はどこにあるのか。

佐藤信夫は次のように述べる。

直喩は、「……のやうに」という結合表現によって、非常識的な類似性を読者に強制していることになる。（中略）類似性にもとづいて直喩が成立するのではなく、逆に、《直喩によって類似性が成立する》のだと、言いかえてみたい。

そして、「類似性よりはむしろ意外性によって効果を発揮」していると言う。「のような」などの明示的な表現を伴うことで、読者をとまどわせるくらい意外な見方を提示するということである。佐藤は、「雪国」（川端康成）の「駒子の唇は美しい蛭のやうに滑らかであった。」などを例に挙げている（注4）。確かに女性の唇と人の血を吸う嫌われものの蛭とは「意外」な取り合わせであり「非常識」と言える。

「海をかっとばせ」（山下明生）（小3）の「はまべに打ち上げられたただの流木が、クビナガリュウみたいにねそべっていた。」も意外な取り合わせである。流木とクビナガリュウという巨大な恐竜は似ているとは言い難い。「クビナガリュウ」は、十メートルにも達する巨大な肉食の恐竜である。文字どおり恐ろしい気味の悪い存在である。主要人物のワタルが初めて海岸で野球の素振りの練習をする場面での情景描写だが、ワタルの不安とその表現とが重なっている。「星の花が降るころに」の「運動部のみんなはサバンナの動物みたいで、入れ替わり立ち替わり水を飲みにやって来る。」も意外な重なりである。しかし、同時にそう言われてみればそう見えないこともないと思わせる面もある。サバンナはアフリカなどの熱帯地方の草原であり、そこにいるライオンやキリンなどは、日本の中学生とは何の共通性もない。しかし、部活で汗をかいて水分を補給に来る姿、（水飲み場はいくつもないから）サバンナの動物たちがオアシスに集まるように一カ所に集まってくる姿、それも強い喉の渇きと自分の体の安全を保つために必死で水を飲む姿という点では類似性もある。同作品中に「かたむいた陽が葉っぱの間からちらちらと差し、半円球の宙（そら）にまたたく星みたいに光っていた。」という一文があるが、夕方とは言え、太陽の日差しを夜の星と重ねるのも、意外な類似性と言える。（以上、傍線阿部）

「非常識的」「意外」だから隠喩にすると読者が混乱する危険がある。だから、あえて「みたいに」を入れる。ただし「そう言われてみれば確かにそうかもしれない」と思わせる要素があるために、読者は納得する。

佐藤は次のようにも述べる（注5）。

> 隠喩は、直喩に比べて誤解の可能性が高い。（中略）結論をみちびき出す仕事が読者にゆだねられていて、隠喩の読者は、いわば解放を見つけるゲームによって遊び、みずから発見した解答にささやかな驚きを感じる。（中略）ところが、直喩の場合は、解答はすでに書き手によって用意されているから、読み手は、その意外性に驚くことはあっても、みずから、誤解の危険をおかしつつ解読ゲームに参加することはない。

隠喩は、読者に「解読」のための能力と知識を期待している。それに対し直喩はあまり期待しない。小学校国語教科書の物語・小説教材を見てみると、確かに比較的に直喩が多い。隠喩は転化表現に近いくらい日常化しているものか、前後の関係から一見してすぐに比喩であることがわかる場合に限られている。

特にファンタジー作品は、もともと現実を超越した設定であるから直喩のように比喩であることを明示しておかないと、（現実を描く形の作品では隠喩でよい場合でも）直喩が必要となる場合もある。「スイミー」の次の部分も直喩である。「にじ色のゼリーのようなくらげ。」「水中ブルドーザーみたいないせえび。」「ドロップみたいな岩から生えている、こんぶやわかめの林。」「風にゆれるもも色のやしの木みたいないそぎんちゃく。」これらが、もし「にじ色のゼリーのくらげ。」「水中ブルドーザーのいせえび。」「ドロップの岩から生えている」などの隠喩だと、誤解が生じる危険がある。魚たちが人物として活躍する物語だから、意外な情景が設定されることもありうる。隠喩だけだと本当にくらげがゼリーでできているなどという誤解を生む危険をもつ。実際に「青い鳥」（M・メーテルリンク）ではお菓子で家ができている。

中学校教材になると隠喩が増える。「少年の日の思い出」には、「窓全体が不透明な青い夜の色に閉ざされてしまった。」「すると、私たちの顔は、快い薄暗がりの中に沈んだ。」「四つの大きな不思議な斑点が、挿絵のよりはずっと美しく、ずっとすばらしく、僕を見つめた。」などである。「走れメロス」なども同様である。

このことを逆手にとって積極的に生かせば、直喩を使うことで子供っぽさを出す効果を生み出すことも可能となる。「スイミー」の直喩も、誤解を防ぐ効果と同時に子供らしい物語世界を感じさせる効果も読める。

また、佐藤は、次のようにも述べる(注6)。

直喩が相手に対して説明的に新しい認識の共有化を求めるのとは逆に、隠喩は相手に対してあらかじめ共通化した直感を期待する。それゆえ、典型的なかたちとしては、直喩は知性的なあやであり、隠喩は感性的なあやであると言うことができる。

確かに説明的である。だから語り手の存在をより強く読者に意識させる。また、直喩は、隠喩に比べ断定を避ける婉曲効果もある。佐藤の考察に阿部の考察を加えて直喩の隠喩との差異をまとめると次のようになる。

①　直喩は、隠喩以上に意外で異質で非常識な見方を、読者に納得させる効果をもつことがある。
②　隠喩は対象を喩えているものの世界に連れて行くという力をもつが、直喩は説明的であるためその（連れて行く）力を弱くすることがある。相対的に現実感を残す効果である。
③　隠喩は「喩えよう」とする語り手の存在を強く感じさせない傾向があるが、直喩は「喩えよう」という意思が前面に見える傾向にある。その場合語り手の存在を強く感じさせる傾向がある。
④　直喩は、隠喩に比べ「ような」などを使うことで、断定的に表現することを避ける効果つまり婉曲の効果をもつことがある。（「不確実な断定」の意味で使われる「ようだ」の機能と一部重なる。）
⑤　右記③④とも関わり、直喩は「私」「自分」がそう感じた、そう思ったというニュアンスが前面に出ることがある。「それは私の見方だ」ということわりの印象が隠喩より前面に出やすい。

右の②～⑤の効果について佐藤は指摘していないが、これらは物語・小説はもちろん詩でも言える。

A

土

蟻が
蝶の羽をひいて行く
ああ
ヨットのやうだ

B

土

蟻が
蝶の羽をひいて行く
ヨット
湘南のヨット

三好達治の詩「土」には直喩が使われている（上記のAがオリジナル、Bは阿部が直喩を隠喩に改作したもの）。この「ヨットのやうだ」は、右の②③ともにあてはまる。

西郷竹彦は、この詩について「〈ヨットのようだ〉という比喩によって、ありふれた〈土〉の世界が、いっぺんにひろびろとした青海原の世界に変身します。（中略）蝶の『死』が一転して、風をはらんで海原を走るヨットの『生』になるのです。」と述べている（注7）。しかし、本当に「変身」させ「生」にもっていくのであれば、たとえばBのような隠喩の方が「変身」や「生」には適している。オリジナルは、直喩「ヨットのやうだ」が変身とは逆に（虚構としての）現実の世界に読者を引き止める役割を果たしている。「ヨット」はあくまでも喩えですよ、とわざわざ言っているかのようである。現実に目の前で死んだ蝶を巣まで運ぼうとしている蟻がいる。それを、かなり低い視線から見ている語り手がいる。「ヨットのやうだ」という言い方は、実際に日常の会話でも出てくるフレーズである。

「ああ」も、語り手の生の声であり、語り手の声も姿も見えてくるようである。日常の延長といった形象性が読める。「ああ」という下手をすると詩を野暮ったくする危険のある表現をあえて使い、語り手の存在や日常性を前面に出す。「土」という題名も、それを強めている。土の上で実際に今起こっている出来事という形象性を生む。だから、ここでは飛躍とは逆に、現実の一コマを切り取り、人間にとっては「ヨットのようだ」程度の日常だが、虫たちにとっては「食う・食われる」という厳しい現実がそこにあることを示す効果がある。

物語・小説の場合は、一人称でも三人称でも語り手が前面に姿や見方を打ち出す場合にこういった直喩が使われる。「故郷」に「私は知っている。海辺で耕作する者は、一日中潮風に吹かれるせいで、よくこうなる。（中略）その手も、私の記憶にある血色のいい、丸々した手ではなく、太い、節くれだった、しかもひび割れた、松の幹のような手である。」がある。ここは「松の幹である。」という隠喩でも意味は通じる。しかし「松の幹のような手である。」とした方が、その場で幼なじみの変わり果てた姿を見て「松の幹」と喩えている「私」の心の動きや姿がより鮮明になる。「松の幹である。」だと、その描写そのもののインパクトが強すぎて相対的に語り手である「私」が後景に下がる。それは「首を振りどおしである。顔にはたくさんのしわが畳まれているが、まるで石像のように、そのしわは少しも動かなかった。」からも読める。ここも「顔にはたくさんのしわが畳まれているが、しわは少しも動かずに、それは石像であった。」などという隠喩でも成り立つ。しかし、直喩にすることでそのようにルントウを見ている語り手の「私」の心や姿がより見えてくる。

三人称話者でも語り手が前面に出てくる「羅生門」には、直喩が多用される。特に老婆の描写に多い。「檜皮色（ひわだいろ）の着物を着た、背の低い、痩せた、白髪頭の、猿のような老婆である。」「ちょうど、鶏（とり）の脚のような、骨と皮ばかりの腕である」「まぶたの赤くなった、肉食鳥のような、鋭い目で見た」「蟇（ひき）のつぶやくような声で、口ごもりながら」などである。これらは、喩えているものの形象を借りつつ、老婆そのものの描写を前面に出す効果がある。喩えているものが前面に出過ぎる傾向を抑制している。「猿のような老婆」だけは、最初の老婆の描写であるから読者が混乱する危険があるので直喩にしたとも言えるかもしれないが、後の三つは隠喩でも十分に成立する。しかし、次のような隠喩にすると喩えられている対象より喩えているものの形象性がより前面に出てしまう。「檜皮色の着物を着た、背の低い、痩せた、白髪頭の、猿の老婆である」「鶏の脚の骨と皮ばかりの腕である」「まぶたの赤くなった、肉食鳥の鋭い目で見た」「蟇のつぶやく声で、口ごもりながら」などにすると喩えるものが目立ち過ぎる。直喩にすることで、生身の老婆の存在感が担保できる。

同時に、直喩であることで喩えている（出たがりの）語り手の存在がより前面に出る。この作品の導入部でも「作者はさっき、『下人が雨やみを待っていた。』と書いた。」という一文がある。「作者」「書いた」とあるが、語り手のことである。（語り手の見方は、ほぼ下人の見方と重なっていることも忘れてはならない。）それ以外でも導入部の「殊に門の上の空が、夕焼けであかくなる時には、それが胡麻をまいたように、はっきり見えた。」、展開部の「旧記の記者の語を借りれば、『頭身の毛も太る』ように感じたのである。」などの直喩を伴う表現も、語り手を強く感じさせる効果を生んでいる。後者については、「旧記の記者の語を借りれば」ともあいまって、語り手の存在をより前面に出す役割を果たしている。（なお「活喩」つまり「擬人法」も重要な技法であるが、これは隠喩の一つである。人間以外の対象を人間に喩える隠喩をそう呼ぶ。）

（2）換喩と提喩

これまで「換喩」と「提喩」は、国語科教育の世界で取り上げられることがほとんどなかった。実際には換喩も提喩も、詩はもちろん物語・小説でも多く使われている。そのことが意識されないままに教材研究が行われ、「ねらい」が設定され、授業計画が立てられ、授業が展開されている場合が少なくなかった。直喩、隠喩はもちろん、換喩、提喩が、日本の国語科教育に明確に位置づけられることで授業が変わる。

まず「換喩」である。「換喩」は「お銚子を二本頼む。」「禿頭が踊っている。」「漱石を読む。」「白バイに捕まる。」など日常でも多く使われている。作品ではそれをより文学的な手法・文脈で使うことで効果を上げている。佐藤信夫は換喩を「ふたつのものごとの隣接性にもとづく比喩」と述べる（注8）。そしてこの後取り上げる提喩との違いを明確にするために「現実的な共存性にもとづく比喩」であるとも述べる（注9）。また換喩には「人とそのかぶりもの、人とその作品、土地とその産物、人とその乗りもの……といった色とりどりの関係がある。」と述べている(注10)。私なりに「換喩」を定義すると「対象の部分や対象と（物理的に）つながっていたり隣り合っていたりするものによって、対象を表現する比喩（認識方法）」ということになる。物語・小説でまず換喩で重視すべきは、特に部分で全体を示す場合である。換喩には、その部分やつながっているもの・隣り合っているものに描写がクローズアップされる効果がある。

「羅生門」の導入部に「羅生門が、朱雀大路にある以上は、この男のほかにも、雨やみをする市女笠や揉烏（もみえ）帽子（ぼし）が、もう二、三人はありそうなものである。」がある。この「市女笠や揉烏帽子」が換喩である。市女笠や揉烏帽子をかぶった女や男たちという意味だが、ここではそれを市女笠や揉烏帽子で代表させている。部分で全体を代表させる換喩である。ここでは平安中期以降に比較的上流階級に属する婦人がかぶった市女笠と、男性がかぶった揉烏帽子がクローズアップされる。導入部の一番はじめの部分で出てくる一文だから、そこから「時代」を感じさせる役割を果たす。ただしここで重要なのは、そう表現していることの効果を読むことである。ここでは全身の中でも特に「市女笠」と「揉烏帽子」に形象がクローズアップされている。特に「市女笠」には華やかなイメージが含まれる。「揉烏帽子」はそこまでではないが雅な雰囲気はある。それらをここでは「それが、この男のほかには誰もいない。」と直後に否定している。「朱雀大路」や「市女笠」などの華やかで雅な雰囲気をクローズアップ的に演出しておいて、すぐにそれを打ち消す始まり方である。その場の荒れ果てた様子が対比効果としてより強く印象づけられる。この直前には「ところどころ丹塗りの剥げた、大きな円柱」が出てくる。「丹塗り」は、朱色の鮮やかな塗りだが、それも「剥げた」と打ち消している。これも似た効果である。それらは場の意味と同時に時代の雰囲気も醸し出している。

「たぬきの糸車」の展開部には、「ふと気がつくと、やぶれしょうじのあなから、二つのくりくりした目玉が、こちらをのぞいていました。」という一文がある。「いたずら」をするたぬきが、障子の穴からこちらを見ている様子に、糸車をまわすきこりの「おかみさん」が気がつくという場面である。「目玉が、～のぞいていました。」は、比喩とは気づきにくいが、のぞいているのはたぬきであって決して目玉ではない。目玉でたぬきを代表させている。ここではたぬきの「くりくりした目玉」にクローズアップされた形象が読める。特に「くりくりした目玉」だけが見えていることの滑稽さ、可愛らしさである。「こちらをのぞいていました。」とあるから、語り手はおかみさんの視点と重なっている。いたずらをするたぬきであるにもかかわらず、おかみさんがこのたぬきをかわいらしいと見ていることが読める。実際、この少し後におかみさんが「いたずらもんだが、かわいいな。」と思う場面がある。この後、「糸車がキークルクルとまわるにつれて、二つの目玉も、くるりくるりとまわりました。」がある。これは語り手の語りだが、同時におかみさんの見方も代弁している。

佐藤は、換喩の例として「赤頭巾」を提示し「あだ名は、レトリック現象の（そして、ことばのあやの）原始形態だと言っていい。」と述べる（注11）。物語・小説の人物の呼び名には隠喩も多いが換喩も多い。漫画「ONE PIECE」（尾田栄一郎）の「麦わら」「白ひげ」「黒ひげ」などは換喩である。「麦わら」はかぶっている麦わらが印象的であることからついたあだ名であるし彼の象徴でもある。麦わらはたとえば野球帽やベレー帽などに比べると庶民的で日常性が高い。ある面で野暮ったさもある。しかし、あえてそれを好みかぶっているという人物である。

換喩としての名称が重要な位置をもつ作品に「形」がある。戦国時代の侍大将・中村新兵衛が主要人物だが、導入部で新兵衛が敵味方から「槍中村」と呼ばれ、猩猩緋の羽織と唐冠纓金の兜でも有名であることが紹介される。その中に「『ああ猩猩緋よ唐冠よ。』と敵の雑兵は、新兵衛の槍先を避けた。」の一文がある。敵から新兵衛は「猩猩緋」「唐冠」と呼ばれている。これは部分で全体を示す換喩である。それらが新兵衛そのものを示すと同時に、その猩猩緋の羽織と唐冠の兜にクローズアップされた形象が成立している。この作品では元服したばかりの若い侍が新兵衛の猩猩緋と唐冠を借りて初陣に出て大活躍する。その直後に、いつもとは違う地味な黒革縅の鎧と南蛮鉄の兜を身につけて敵に突進していく新兵衛が敵に殺されるというプロットである。題名の「形」とはその「猩猩緋」と「唐冠」のことである。この作品の主題とも深く関わる換喩である。

「猩猩緋」とは、やや濃いめの赤色である。その色の羽織のことをそう言っている。「唐冠」は唐冠纓金の兜のことである。金のひものついた中国風の兜のことである。プロペラのような派手な飾りが左右に出ている。いずれ馬上にまたがると、特に目立つ。それが新兵衛の「頼もし」さ、敵にとっての「脅威」の象徴であった。

「猩猩緋」と言わずに「濃い赤」と言っても明示的意味（denotation）は変わらない。「猩猩緋の羽織」より「濃い赤の羽織」の方がむしろわかりやすい。「唐冠纓金のかぶと」も「金のひものついた中国風のかぶと」の方がわかりやすい。「猩猩緋」は漢語であり「濃い赤」といった和語よりも強さを感じさせる。その上「猩猩緋」という漢語は日常では目にすることはない非日常的表現である。そこから日常を超えた特別のものという印象が生まれる。「猩猩」は中国の想像上の怪獣で濃い赤い毛をもち特別の力をもつと言われる。漢語の強さ、非日常性に加え、古語的な感覚、そして特別の力をもつ怪獣の形象が重なる。そういう形象性を含む羽織である。人と人が殺し合う戦場にふさわしい力強い形象性をもつ名称である。「緋」は赤のことだが、限られた場合に文章の中で使われる文語である。「唐冠」も「中国風かぶと」という和語より強い。「唐冠纓金のかぶと」を「金のひも付き中国風かぶと」などと言い替えると間延びしてしまう。漢語というだけでなく「唐冠」も「纓金」も「猩猩緋」同様、非日常的である。「唐」という国の先進的な文化イメージもそこには含まれる。

濃い赤の羽織を着てプロペラのような派手な飾りの兜をかぶり馬上にいるだけでかなり目立つ。この作品ではそれが新兵衛の強さ、頼もしさ、恐ろしさの象徴となっている。「猩猩緋」「唐冠」の換喩的手法がそれを強調する。導入部だけで「猩猩緋」「唐冠」は四回繰り返される。展開部でも「猩猩緋」は五回出てくる。

この作品のクライマックスでも換喩が出てくる。

手軽にかぶとや猩猩緋を貸したことを、後悔するような感じが頭の中をかすめたときであった。敵の突き出した槍が、縅の裏をかいて彼の脾腹を貫いていた。

クライマックスは、特に描写の密度が濃くなる。何より一瞬の時間を濃密に表現することで描写性はぐっと密度を増す。ここでも、「かすめたときであった」「貫いていた」などから、ほんの一瞬のうちに新兵衛が殺されることが描かれている。(「貫いていた。」は、気がついた時にはもう貫き終わっていたということで、「貫いた。」よりさらに一瞬の出来事であることを表現している。)一秒を大きく切る一瞬の時間である。それを五〇字以上を使って描いている。この作品の中で最も描写性の高い二文である。

その上、ここには換喩が使われている。「敵の突き出した槍が、縅の裏をかいて彼の脾腹を貫いていた。」は、「敵が、その突き出した槍で縅の裏をかいて彼の脾腹を貫いていた。」などという表現でもよいはずである。「槍」が新兵衛を貫いたわけではなく、敵が槍を使って新兵衛の脾腹を貫いたのである。あるいは主要人物は新兵衛なのだから「彼は、敵にその突き出した槍で縅の裏をかかれ脾腹を貫かれていた。」でもいいはずである。「槍が～貫いていた。」という換喩表現にすることでクローズアップの効果を出している。

換喩を比喩として明確にとらえることで、教材研究も授業のねらいも授業展開も切れ味のあるものとなる。

＊

次は「提喩」である。「お花見に行く」「ご飯にしよう」「空から白いものが落ちてきた」「マジックを取って」などという場合の「お花見」「ご飯」「白いもの」「マジック」が提喩である。「提喩」を定義すると「意味的概念的に広い意味の言葉によって部分を表現する比喩（認識方法）、あるいは狭い意味の言葉によって全体を表現する比喩（認識方法）」ということになる。「意味的概念的」ということは、物理的な全体と部分の関係ではないということである。「焼き鳥」「あきた小町」「瀬戸物」なども（文脈にもよるが）提喩と言える。

佐藤信夫は、提喩を「類と種の関係であり、集合の含有関係」「概念の提喩的構造」(注12)と述べ、換喩が現実的な隣接性であるのに対し、提喩は「現実ではなく」「概念＝意味にかかわる」比喩であるとする(注13)。

集合論で考えるとわかりやすい。「お花見」と言えば桜を見に行くことである。「花」なのだからチューリップを見てもいいはずだが、桜に限られる。「焼き鳥」も焼いた鳥であれば鶏でなくても鳥でも雀でもいいはずだが、必ず鶏である。「白いもの」も紙吹雪でも白い灰でもいいはずだが、（文脈から）雪であることが自然とわかる。これらは集合を大きくして表現している例だが逆もある。「そこのマジック、取ってくれない」と言った場合、ぺんてる（株）の「マジックインキ」でなくても、ゼブラ（株）の「マッキー」や三菱鉛筆（株）の「プロッキー」でも、それを取ってもらえる。「マジック」は本来ぺんてる（株）の特定の製品名だが、それがフェルトペン全体を表すようになっている。「瀬戸物」は本来愛知県瀬戸市やその周辺で作られる陶磁器のことだが、その生産量があまりにも多いことから「瀬戸物」で陶磁器全体を代表させることが多い。「瀬戸物だから壊さないように」と言う時、愛知県瀬戸市の陶磁器でなくてもいい。これらは、集合が狭くなった提喩である。換喩と提喩はやや見分けにくいが、換喩は物理的・現実的につながっている比喩であるのに対し、提喩は物理的というより概念的に広い意味・狭い意味へとずらしていく比喩である。

たとえばある対象を、意味的概念的に広い言葉で表現する時、その広い言葉のもつ形象性（イメージ）が前面に出される。あるいはその形象性がより強くなる。「白いもの」で「雪」を表現した場合、雪のもっている冷たさとか水っぽさなどの側面より、その白さが前面に出る。イタリアンなど米を食べないような「食事」でも「ご飯」「メシ」と言う。その場合「ご飯」「メシ」には米の形象性がつきまとう。あるいはそれに関わる比較的質素な食事の形象性がつきまとう。同時に提喩には直接的な表現を避ける婉曲効果もある。さらに特に物語・小説の場合、提喩によって登場人物と語り手との心理的距離を変えるという効果もある。

「ちいちゃんのかげおくり」では、三人称話者が「ちいちゃん」と登場人物を呼んでいる。冒頭の一文『かげおくり』って遊びをちいちゃんに教えてくれたのは、お父さんでした。」から始まり、語り手は「ちいちゃん」とずっと（三五回も）呼び続ける。しかし、クライマックスにあたる次の部分だけ呼び方が変わる。

「なあんだ。みんな、こんな所にいたから、来なかったのね。」
ちいちゃんは、きらきらわらいだしました。わらいながら、花ばたけの中を走りだしました。
夏のはじめのある朝、こうして、小さな女の子の命が、空にきえました。

ここでは「ちいちゃん」が「小さな女の子」に変わる。「小さな女の子」は「ちいちゃん」に比べて集合が広い提喩である。読者は「小さな女の子」がちいちゃんであることはわかる。それまで語り手はちいちゃんに寄り添い、ちいちゃんの心の中にも入ってちいちゃんの見方を代弁もする。ちいちゃんに共感もしている。しかし、ちいちゃんが死ぬ場面だけは「小さな女の子」となる。語り手がちいちゃんから距離を取り対象化している。その直前は、ちいちゃんが家族と一緒だった頃の「かげおくり」の夢を見る空想の場面である。「小さな女の子の命」という表現によって読者は彼女の死という現実（虚構ではあるが）と強く向き合わされる。「夏のはじめのある朝、こうして、ちいちゃんの命が、空にきえました。」でも、その死という現実を認識することはできる。しかし、「小さな女の子」と冷静に対象化して述べられることで、読者は現実の厳しさとより強く対峙させられることになる。特に「女の子」「小さな」という表現から、弱い存在、保護が必要な存在という形象も生み出される。本来であればこれから成長して少女になり、大人になっていくべき存在という形象性も含む。読者は、その死の理不尽さを一層強く感じることになる。（この後の終結部では、語り手は再び「ちいちゃん」と呼んでいる。）

「羅生門」でも提喩は複数出てくる。導入部では概ね「下人」と呼び心の中に入る語り手だが、展開部で下人が老婆と出会う直前では「それから、何分かの後である。羅生門の楼の上へ出る、幅の広い梯子の中段に、一人の男が、猫のように身を縮めて、息を殺しながら、上の様子をうかがっていた。」と語る。「一人の男」が提喩である。「下人」という呼称も名前ではなく身分で呼ぶことから提喩性をもつ。（芥川は草稿段階で「交野五郎」等の名前を付けていた。）しかし、ここで「一人の男」と言い直すことで提喩性を強めている。「下人」より「男」の方が集合が広い。それまで下人の心の中に入り、その煩悶や心細さを語っていた語り手だが、ここで急に見ず知らずの人物のように「一人の男」と突き放す。その直後も「楼の上からさす火の光が、かすかに、その男の右の頬をぬらしている。」とある。一度下人と距離を取り見ず知らずの人物のように対象化することで、外から冷静に見つめる状態を作り出す。下人の心の中に入る語り手だが、常に共感しているわけではない。実際にこの後、語り手は下人の心の中に入り、共感的姿勢は取りながら同時に批評的姿勢も取る。（その後「一人の男が、猫のように身を縮めて、息を殺しながら、上の様子をうかがっていた。」と続くが、そこからは、恐れや用心という要素も読めるが、「一人の男」という呼称からそこから逃げようとはしない、対峙しようとしているかもしれない形象性も読める。）

同じ「羅生門」中に下人が老婆に太刀を突きつける場面がある。「下人は、老婆を突き放すと、いきなり、太刀の鞘を払って、白い鋼の色を、その目の前へ突きつけた。」この「白い鋼の色」が提喩である。「白い鋼の色」は様々にある。包丁の刃の色でもいいし大工が使う鑿の刃の色でもいい。ここでは太刀を老婆に突きつけたことを、「白い鋼の色を」「突きつけた」と集合を広い方向にずらしている[注14]。そのことで太刀そのものより鋼の白さが際立つ。暗い羅生門の楼の上での「白い鋼の色」の異質性が強調される。その色を目にした老婆の驚き、下人の優位性などが、そこから類推できる。

提喩は換喩とは違ったかたちで対象の特定の要素を強調する。ちいちゃんは小さな女の子だが、あえて「小さな女の子」ということで、対象化という効果に加え、ちいちゃんの「女の子」性、「小さ」さが際立つ。「下人」を「一人の男」という場合も、語りのスタンスのずらしと同時に下人のこの場での「男」性を強める。下人には職を失ったとか、優柔不断などの人物形象も含まれるが、ここでは「男」性が前面に出される。

「大人になれなかった弟たちに……」（米倉斉加年）（中1）の「弟たちに」も提喩である。この作品で登場するのは「僕」の弟のヒロユキ一人だが、なぜか題名だけは「弟たち」になっている。集合が広くなっている。これは、自分と弟のヒロユキとの話ではあるが、他にもヒロユキのように戦争のために大人になれるはずだった子どもが大人になれなかったことがある。そういう「弟たち」がたくさんいることを暗示している。

(3) 声喩

「声喩」には、擬声語・擬音語と擬態語がある。擬声語と擬音語が区別される場合がある。擬声語の中に擬音語を含むかたちで扱われることもある。擬音語の中に擬声語を含むかたちで扱われることもある。国語辞典では「擬声語」の見出しを設定し、「擬音語」については「擬声語参照」となっている例が比較的多い。ただし逆の場合もある。ここでは、あえて分類にこだわらず人間や動物の声に関する比喩を「擬声語」、それ以外の音に関する比喩を「擬音語」とする。そして、音のない状態を擬声語的に喩える比喩が「擬態語」である。

「擬音語」が大きな位置を占める作品に「きつつきの商売」がある。きつつきが「おとや」を始める。自分で木をつつき、その音を売るのだが、後半ではあえて音を出さない「とくとく、とくべつメニュー」を野ねずみの家族に提供する。ただ目と口をとじさせ森の音を聞かせる。すると次のような音が森から聞こえてくる。

ぶなの葉っぱの、
シャバシャバシャバ。
地面からの、
パシパシピチピチ。
葉っぱのかさの、
パリパリパリ。
そして、ぶなの森の、
ずうっとおくふかくから、
ドウドウドウ。
ザワザワザワワ。

これを聞いた野ねずみたちは「ああ、聞こえる、雨の音だ。」「ほんとだ。聞こえる。」などと感動していく。

この擬音語の部分が作品のクライマックスである。ふだん何気なく聞いている森の音の中に、価値あるものが隠れているという「発見」の主題が顕在化する。ここでは特に通常とは違う擬音語の独自性が重要な意味をもつ。「シャバシャバシャバ。」「パシパシピチピチ。」「パリパリパリ。」「ドウドウドウ。」「ザワザワザワワ。」通常の葉や木や風の音とは違う擬音語で読者に発見を促す。これは野ねずみたちの発見と重なる。佐藤信夫が言う比喩表現の「発見的認識」(注15)がこの声喩でも見える。「異化」という言い方をすることもある。

宮沢賢治の擬声語は有名である。「風の又三郎」の「どっどど　どどうど　どどうど　どどう」も発見的認識の提案であるし、「やまなし」でやまなしが川に落ちる「トブン」も同様である。「オツベルと象」での象たちの叫び声「グララアガア、グララアガア」も通常の声の表現でない。それが作品中で何度か繰り返される。同じ「オツベルと象」の導入部で、オツベルの仕事場の様子を紹介した「のんのんのんのんのんのん」という脱穀機の音も特徴的な擬音語である。普通ならば「ぶるぶるぶるぶるぶるぶる」「がーがーがーがーがーがー」などとなるところだろうが、「ぶる」(buru)や「がー」(ga)というB音、G音でなく、「のん」(non)というやわらかいN音を使っている点が特徴的である。「大そろしない音」と言いつつも、どこか不快感を感じさせない音である。騒音にしてはやや間の抜けた印象、ユーモラスな印象をもった擬音語とも読める。

「月夜のでんしんばしら」(宮沢賢治)の「ドッテテドッテテ、ドッテテド」は擬音語的でもあるが、電信柱の行進と見ると擬態語とも読める。「オツベルと象」の象の乱入の「早くも門が開いていて、グララアガア、象がどしどしどしなだれ込む。」の「どしどし」は、通常とは違う発見を含む擬態語である。

声喩は、既にあるものを使う場合も留意する必要はあるが、新しい擬音語、擬声語、擬態語に着目し、それがどういう発見的認識を生み出し、どういう効果を発揮しているかを見極める必要がある。

3 反復に着目して読む

ロバート・スコールズは、ただ読む段階から「解釈」へ移行する段階に最初に目を向けるべきは「反復と対立」であると述べる。そして具体的な作品から分析しながら、「反復」によって形象性が強められていく過程を読むことの重要性を論じている(注16)。アルジルダス・J・グレマスは「同位態」(isotopie)(同質の形象性をもつものといった意味）という用語を用い、それらが繰り返されることによって、最終的に「統一的な意味」つまり主題となることを説く（注17）。

反復には様々ある。「いつまでも、いつまでも、見守っていました。」（「大造じいさんとガン」末尾）のような狭い範囲の反復もあり、「うんとこしょ、どっこいしょ。」を六回繰り返す広い範囲の反復もある（「おおきなかぶ」（西郷竹彦）（小1）。「紺碧（こんぺき）の空に、金色（こんじき）の丸い月が懸かっている。その下は海辺の砂地で、見渡すかぎり緑のすいかが植わっている。」が展開部前半で示され、それに対応するかたちで終結部後半でほぼ同じ内容・表現が示されるというような構造的な反復もある（「故郷」）。「一つだけ」が冒頭からクライマックスまで何度も反復され、その「一つだけ」の意味が山場で大きく変化する反復もある（「一つの花」）。

反復は、まず次の二つに分類できる。

> (1)　語句や文・文章の狭い範囲の反復（音や文字の反復を含む）
> (2)　語句や文・文章の広い範囲の構造的反復

また、反復の実際の姿として次の二つの分類も組み合わせる。

> a　全く同一の語や文などの反復
> b　少しずつ語や文が変化していく反復
> c　似てはいるが別の語や文による反復

（１）狭い範囲の反復

「白いぼうし」（あまんきみこ）（小４）のクライマックスは、次のようになっている。

「よかったね。」
「よかったよ。」
「よかったね。」
「よかったよ。」

男の子に捕まえられそうになったところを危うく逃げ、松井さんに助けてもらった蝶が、自分の菜の花畑に戻ることができた場面である。他の蝶と会話を交わしている。それが、なぜか松井さんには聞こえるのである。ここでは、「『よかったね。』／『よかったよ。』」を一回だけ示しても成立する。しかし、反復することで、生還した喜びを仲間と確認し合っている蝶の喜びがより強く伝わってくる。二回繰り返されるということは、喜びの会話がこの後も続いていくという可能性も読める。また、ここでは二行目と四行目が一字下げになっている。蝶たちが、ひらひらと上下に飛び交いながら会話をしている姿が文字によって示されているという可能性が読めるが、仮にこれが一回だけだとその飛び交いの効果も薄くなる。絵画的要素を含む効果的な反復である。

この後に「それは、シャボン玉のはじけるような、小さな小さな声でした。」がある。「小さな」の反復である。小ささを強調していると読めるが、同時に「小さな」の単純な繰り返しから、子ども同士のあるいは母親が子どもに話しかけるような優しさを生み出している。「からたちの花」（北原白秋）の「白い白い花がさいたよ。」「みんなみんなやさしかったよ。」で単純な繰り返しが子どもらしさを出しているのに似ている。

「スイミー」でも、反復が効果的に使われる。まぐろに仲間がのまれ、自分だけ生き残った後、再び立ち上がろうとする時「スイミーはかんがえた。いろいろかんがえた。うんとかんがえた。」の反復が出てくる。ここは、反復を使わずに、たとえば「スイミーはいっしょうけんめい考えた。」などの一文でも成立する。「いっしょうけんめい」の方が強い表現とも言えなくはない。しかし、「〜かんがえた。〜かんがえた。〜かんがえた。」と「かんがえた」を三回繰り返すことで、まぐろに勝つための方法を、長い時間苦しみながら考えたスイミーの様子がより見えてくる。実際に三回「〜考えた。」を繰り返すことで、読者に「時間」を体感させる効果もある。

それも「スイミーは」→「いろいろ」→「うんと」と、変化もある。「いろいろ」は、様々な考えを出しながら試行錯誤したということである。逆に言えば簡単に解決策が見つからなかったということでもある。「うんと」は、苦しみながら深く考えたということであろう。それらが、この反復によって見えてくる。

だから、直後の「それから、とつぜん、スイミーはさけんだ。／『そうだ。みんないっしょにおよぐんだ。海でいちばん大きな魚のふりをして。』」の叫びがより効果的に読者に響く。長い重苦しい短調から、急に爆発的な長調に変化する音楽を思わせる。その後には「スイミーは教えた。けっして、はなればなれにならないこと。みんな、もちばをまもること。」がある。ここは「〜こと。」「〜こと。」という体言止めの反復により、スイミーの提案・指示が強く示される。そして、末尾の一文「あさのつめたい水の中を、ひるのかがやく光の中を、みんなはおよぎ、大きな魚をおい出した。」も、「〜中を」「〜中を」が反復表現になっている。

仲間がまぐろにのみこまれた後、残されたスイミーが恐怖や孤独を感じる場面でも反復は効果的に使われる。「スイミーはおよいだ、くらい海のそこを。こわかった。さびしかった。とてもかなしかった。」ここは語句というよりも、部分的な表現「〜った。」「〜った。」「〜った。」という形容詞の語尾と助動詞だけの反復だが、これも反復により恐怖、孤独、悲嘆が、波状的に読者に迫る書き方になっている。

(2) 広い範囲の構造的反復

より広い範囲で構造的に反復が使われている場合である。「走れメロス」でメロスが「悪い夢」を見る場面でも重要な反復がある。王との約束を放棄する過程で極めて似たフレーズが反復される。「ああ、もう、どうでもいい。これが、私の定まった運命なのかもしれない。」→「ああ、(中略)どうでもいいのだ。私は負けたのだ。」→「ああ、もういっそ、悪徳者として生き延びてやろうか。」→「ああ、(中略)どうとも勝手にするがよい。」という流れで、煩悶し挫折していく。「ああ」「どうでもいい」「もういっそ」「どうとも勝手に」などを繰り返しながら、最後は「ああ、なにもかもばかばかしい。私は醜い裏切り者だ。どうとも勝手にするがよい。やんぬるかな。」と眠り込んでしまう。全く同一の反復ではないが近接した表現が反復され、決定的破局に陥る。(A)自分の挫折への言い訳・正当化・自己弁護をし、(B)次にそれらもすべて否定し破棄する。—といった過程が、「ああ」「どうでもいい」などのフレーズを鍵としながら波状的に繰り返される。そして最後にメロスは、最も強く否定していた暴君ディオニスの人物像と重なっていく。暴君以下になっているとも言える。

「三つのお願い」には、題名どおり三つのお願いが出てくる。レナがそのお願いをする度に、「どんぴしゃり。お願いがかなった。」という同一のフレーズが出てくる。ただしその意味は大きく変化していく。一つ目のお願いは、「この寒さ、なんとかならないかなあ。」と何気なくお願いしたらかなってしまう。二つ目のお願いは、友達のビクターと喧嘩をして「あんたみたいな人、ここにいてほしくない。帰ってよ。」とつい口走ってしまい、それがかなう。そして、後一つしか残っていないお願いだが、レナは他ならぬ友達のビクターに戻ってきてほしいとお願いをする。そして、そのとおり「どんぴしゃり。お願いがかなった。」で作品が終わる。この三つ目がクライマックスである。この繰り返しと変化が、作品の骨格となりクライマックスを形成する。

既に述べたが、「故郷」の構造的反復も重要な意味をもつ。展開部で、主人公である「私」の中でよみがえる記憶の中の三十年前の故郷の風景「紺碧の空に金色の丸い月が懸かっている。その下は海辺の砂地で、見渡すかぎり緑のすいかが植わっている。」――この風景が、終結部の大詰めの場面で再び「私」の中でよみがえる。「まどろみかけた私の目に、海辺の広い緑の砂地が浮かんでくる。その上の紺碧の空には、金色の丸い月が懸かっている。」そして、この終結部で繰り返される思い出の風景が、この作品の最終的な主題提示に大きく関係してくる。

「一つの花」の「一つだけ」の反復も構造的反復であり、作品にとって大きな意味をもつ。冒頭から「『一つだけちょうだい。』／これが、ゆみ子のはっきりおぼえた最初の言葉でした。」と「一つだけ」が出てくる。戦争が激しく食べる物がない中でせめて一つだけでもほしいという意味だが、「一つだけ」は、導入部で十一回繰り返される。展開部でも山場でも多く出る。そして、山場のクライマックスで次の「一つだけ」が出てくる。『ゆみ。さあ、一つだけあげよう。一つだけのお花、大事にするんだよう――。』／ゆみ子は、お父さんに花をもらうと、キャッキャッと足をばたつかせてよろこびました。」第三章・第4節でも指摘したが、ここで「一つだけ」の意味が大きく逆転する。それまでは、本当はたくさんほしいが、仕方がないのでせめて一つだけでもという意味の「一つだけ」である。しかし、ここではかけがえのない大切な「一つだけ」という意味となる。同フレーズの反復だが、その意味が全く逆のものとなっている。ここでは、もう二度と会えないかもしれない娘に形見として手渡すものが「一つだけ」の花であることには、象徴的な意味ある。それが主題にもつながる。

同じ語や文が繰り返されながら、その意味が変化したり逆転したりするというかたちは、「反復」の典型的な仕掛けの一つである。「一つの花」も、「三つのお願い」の「どんぴしゃり。お願いがかなった。」もその例と言える。

「注文の多い料理店」では「風がどうとふいてきて、草はザワザワ、木の葉はカサカサ、木はゴトンゴトンと鳴りました。」という全く同じ一文が前半と後半で繰り返される。前半ではここから山猫の魔力が二人の紳士に働き始め、後半ではここから山猫の魔力が消え二人の紳士は現実の世界に戻る。

「ちいちゃんのかげおくり」では、冒頭からちいちゃんと家族の遊び「かげおくり」が描写される。「ひとつ、ふたあつ、みいっつ。」など家族の声が重なる。この時は家族そろった幸せな「かげおくり」である。そして、後半でも同じ家族の「かげおくり」が出てくる。同じく「ひとうつ、ふたあつ、みいっつ。」などの家族の声が重なる。しかし、こちらはちいちゃんの死の直前の「かげおくり」で本当は家族はいない。ちいちゃんの空想の「かげおくり」である。一人でちいちゃんは死んでいく。反復だからこそ、二つの「かげおくり」の落差の大きさを読者は思い知らされる。それがこの作品の主題を大きく支える。

4 倒置、体言止めに着目して読む

(1) 倒置

倒置は、述語を本来の位置である文末に置かない技法である。「スイミー」では倒置が多用されている。特に「事件の発展」にあたる部分に倒置が使われている。

そのとき、岩かげにスイミーは見つけた、スイミーのとそっくりの、小さな魚のきょうだいたちを。

一人ぼっちだったスイミーが新しい仲間を見つけるという重要な「事件の発展」の部分である。倒置では、文頭に出てきた部分が強調される場合が多い。ここでは、新しい仲間を「見つけた」というスイミーの喜びを倒置で強調している。しかし、倒置の効果はそれだけではない。ここでは「見つけた。」と読者に提示しておいて、読者が「いったい何を見つけたの？」と先を読みたくなるように期待させる効果もある。既に取り上げたが、次の部分も読者に先を読みたいと強く思わせる効果をもつ。

それから、とつぜん、スイミーはさけんだ。
「そうだ。みんないっしょにおよぐんだ。海でいちばん大きな魚のふりをして。」

「それから、～」と「そうだ。～」は、倒置法ではないが倒置的効果を生んでいる。まず「さけんだ。」ことの衝撃性を印象づける。その直前に「スイミーはかんがえた。いろいろかんがえた。うんとかんがえた。」と、試行錯誤し苦しみ長く考え続ける場面があるから、「とつぜん～さけんだ。」が効果的となる。ここで重要なのは、「さけんだ」こと以上に、「みんないっしょにおよぐ」ということである。それがまぐろを追い出す鍵となる。「さけんだ」を強調すると同時に「みんないっしょにおよぐんだ。」を印象づける効果ももつ。

その点では、次の部分も倒置の後半に内容的な重さは含まれる。

スイミーは教えた。けっして、はなればなれにならないこと。みんな、もちばをまもること。

スイミーが「教えた」ことのもつ意味も重要だが、ここではそれ以上に「はなればなれにならないこと」

「もちばをまもること」が重要な意味をもつ。これらもまぐろとの力関係の逆転に大きく関わる。

次のクライマックスも倒置ではないものの、倒置的効果を生み出している。

みんなが、一ぴきの大きな魚みたいにおよげるようになったとき、スイミーは言った。
「ぼくが、目になろう。」

ここは「みんなが、一ぴきの大きな魚みたいにおよげるようになったとき、スイミーは『ぼくが、目になろう。』と言った。」としてもいいはずである。それを二つに分け「〜とき、スイミーは言った。」と予告し、読者に「何を言ったんだろう?」と期待させた上で「ぼくが、目になろう。」を提示する。

倒置の効果を整理すると次のようになる。

① 倒置にした前半の部分を読者に強く印象づける。
② 倒置にした後半の部分を読者に強く印象づける。
③ 倒置にすることで、前半も、後半も、それぞれ印象が強くなる（二つの山ができる）。
④ 倒置にすることで、「期待効果」が生まれる。

（2）体言止め

体言止めも「スイミー」では多く出てくる。既に引用したが、次の部分が最も印象的である。

にじ色のゼリーのようなくらげ。
水中ブルドーザーみたいないせえび。
見たこともない魚たち。見えない糸でひっぱられている。
ドロップみたいな岩から生えている、こんぶやわかめの林。
うなぎ。かおを見るころには、しっぽをわすれているほどながい。
そして、風にゆれるもも色のやしの木みたいないそぎんちゃく。

これらの体言止めは「強調」という効果を生む。しかし、強調はすべてのレトリック・技法に言えることである。どういう性質の強調なのかを読まない限り体言止めを読んだことにはならない。しかし、そこの部分は、これまで国語科教育の世界では十分に検討されてこなかった。

通常の表現に替えると効果はより明確になる。「にじ色のゼリーのようなくらげがいた。／水中ブルドーザーみたいないせえびが動いていた。／見たこともない魚たちが泳いでいる。」などと比較する。「いた。」「動いていた。」「泳いでいる。」「いる。」「いる。」などだとわかりやすいが解説的になる。その様子・状態を語り手が説明している印象が出る。しかし、体言止めにすることで「くらげ」そのもの、「いせえび」そのもの、「うなぎ」そのもの、「いそぎんちゃく」そのものが、前面に押し出されてくる。即物的にその対象そのものが、読者の前に投げ出されるかたちである。それにより存在感、絵画性・描写性が高まる。体言止めにはそういう効果がある。

迷子のセミ
さびしそうな麦わら帽子
それからぼくの耳に
くっついて離れない波の音

詩「忘れもの」（高田敏子）の四連目は上に示したとおりである。三連までは倒置などはあるが「夏休みはいってしまった」「光とあいさつをかわしている」など通常の文体である。最後の連が体言止めになることで、「セミ」「麦わら帽子」「波の音」の描写性・絵画性が増し、存在感が大きくなる。これは体言止めの中心的効果の一つである。俳句が「閑さや岩にしみ入る蝉の声」など体言止めになっているのも同様の効果を生むからである。

「川とノリオ」（いぬいとみこ）（小6）にも体言止めが出てくる。「おそろしそうな、人々のささやきの声。」「母ちゃんのもどってこないノリオの家。」「子供を探す母ちゃんと、母ちゃんを探す子供の声。」「母ちゃんやぎを呼ぶような、やぎっ子の声。」などである。「声」の場合は、絵画性と同時に実際の声をより描写的に印象づける効果が加わる。映像・音声に関わる臨場感が体言止めで増す。

5 聴覚的効果、視覚的効果に着目して読む

既に述べた声喩は、聴覚的効果を特徴としてもつ表現である。ここでは、それ以外の表現で聴覚的効果をもつものを取り上げる。また、聴覚的効果は視覚的効果と重なる場合があるので二つを一緒に取り上げる。

日本語には、大きく「和語」と「漢語」がある。和語は日本に古来からある言葉で、漢語は中国から輸入され日本化した言葉である。後者には和製漢語も含まれる。一般的に和語は、聴覚的に響きが柔らかい傾向にあり、漢語は硬い傾向にある。前者は軽く、後者は重いという傾向もある。

漢語は漢字で書くのが原則だが、和語は漢字で書いてもひらがなで書いてもよい場合がある。漢字は一般的に単位面積当たりの活字の黒のインクの量が多く黒々としている。ひらがなは単位面積当たりの活字の黒のインク量が少なく白さを感じさせる。また、漢字は線の運びとして直角的・鋭角的な要素が多い。ひらがなは曲線的で柔らかい部分が多い。そうしたことから、ひらがなは視覚的に柔らかい印象または軽い印象を与え、漢

春

てふてふが一匹韃靼海峡を渡つて行つた。

字は視覚的に硬い印象、重い印象を与えるという傾向がある。視覚的効果である。

上の詩は、安西冬衛の詩「春」である。「てふてふ」は「蝶々」と表現してもいい。と言うより「蝶々が一匹韃靼海峡を渡つて行つた。」とする方が自然である。「てふてふ」以外は「韃靼海峡」を含め漢字にできる部分は漢字にしている。さほど特別の漢字ではない「蝶」だけが、ひらがなである。この場合「てふてふ」の方が視覚的にずっと柔らかい。軽さもある。一方「韃靼海峡」は漢字である。特に「韃靼」は画数が多く黒々としている。視覚的に硬く重い形象性をもつ。「韃靼海峡」は、樺太とユーラシア大陸の間にある海峡だが、通常は「間宮海峡」と言う。「間宮海峡」より「韃靼海峡」の方が聴覚的にも、厳しさ険しさを感じさせる。「ダッタン」には濁音、促音が含まれる。撥音の「ン」も「タ」と一緒になることで「タン」という強い音になる。それに対し「マミヤ」はいずれも清音である。その上同じ清音でもカ行などに比べマ行やヤ行は音が柔らかい。（「韃靼海峡」が「間宮海峡」になると同じ漢字でも視覚的効果は弱くなる。）

「形」の導入部で中村新兵衛を紹介する部分に「味方が崩れたったとき、激浪の中に立ついわおのように敵勢を支えている猩猩緋の姿は、どれほど味方にとって頼もしいものであったか分からなかった。」がある。この「激浪」は、「激しい波」の意味である。「激しい波の中に立つ」でも表層の意味は変わらない。しかし、聴覚的にも視覚的にも大きく印象が違う。「ゲキロウ」も「ハゲシイナミ」も同じ「ゲ」を含むが、「ゲキロウ」の方が強い。音数も短くインパクトがある。視覚的にも漢字とひらがなを含む四文字の「激しい波」より漢字二字だけの熟語「激浪」の方が強さがある。また、「波」は日常で使うが、「浪」はあまり使わない。非日常性という点でも「激浪」の方が印象が強い。

「走れメロス」でも、展開部の前半で暴君ディオニスの人物形象を述べる部分に「その王の顔は蒼白で、眉間のしわは刻み込まれたように深かった。」がある。「蒼白」は「青白い」という意味だが、「その王の顔は青白く」と比べ印象が強い。「蒼白」は漢語、「青白い」は和語である。「激浪」同様、聴覚的印象、視覚的印象、非日常性という点で、「蒼白」の方がインパクトが強い。王の病的でやや特異な人物像を演出している。

聴覚的効果（語感）については、松本成二が「母音の音韻効果」として次の整理をしている（注18）。

I（開口度狭・調音点前）厳しい・切ない・寂しい・冷やか・清らか・強烈さ・いらだち・暗鬱・憂愁

U（開口度狭・調音点後）和か・豊か・潤い・とぼけた・幻想的・優しさ・ほのかな・晦渋・ものうげ

E（開口度中度・調音点前）爽やか・細やか・古雅・渋さ・苦しみ・愁い・悲しみ

O（開口度中度・調音点後）心地よさ・穏やか・温かい・おおらか・浪漫的・おぼろげ・懐かしさ

A（開口度大・調音点中）朗らか・明るさ・開放的・楽しさ・男性的・勇壮・豊かさ・いかめしさ・平明

視覚的効果については、漢字表記、ひらがな表記、カタカナ表記、ローマ字表記、アルファベット表記など日本語には様々な表記可能性がある。そこにこだわりつつ形象を読む。「広島」を「ヒロシマ」と表現する。「おらおらでしとりえぐも」を「OraOradeshitoriegumo」（「永訣の朝」宮沢賢治）で表現するなどである。

6 象徴に着目して読む

象徴については第三章・第3節の[3]の「（3）事件の発展とひびきあう情景描写」（一一八～一一九頁）で一部述べた。ここではそれに加えいくつかの象徴について述べる。

「蜘蛛の糸」（芥川龍之介）（中1）の終結部に「その玉のような白い花は、お釈迦様のおみ足の回りに、ゆらゆらうてなを動かして、そのまん中にある金色のずいからは、なんともいえないよい匂いが、絶え間なく辺りへあふれております。」がある。これ自体は既に事件終了後のものである。「玉のような白い花」――「玉のような」とは芥川がよく使う表現で、その白さが特に白い場合である。真っ白な美しい花である。「金色のずい」―金色のおしべ・めしべである。実際には蓮のしべは金ではなく黄であろうから、光るような美しさをもった、そして「金」のように価値性の高いという形象性を含んだ「ずい」である。「花」「ずい」ともに、たいへん美しい形象が読みとれる。そして「ゆらゆらとうてなを動かして」「なんともいえないよい匂いが、絶間なく辺りへあふれて」いる。極めてのどかでおだやかで、快い形象性である。

これらの形象性は、それ以前の「地獄」の「三途の河や針の山の景色」「まっ暗な血の池の底」「罪人がつくかすかなため息」といった情景の形象性と対比的な位置・意味で描かれている。「その玉のような白い花は、〜」の一文は「地獄」とは対極にある全く別世界だということを象徴的に示す意味をもつ。「地獄」で起こったことは「地獄」のこと、「極楽」は「極楽」で全く無関係の世界なのだ、ということを印象づけている。

そして、それは地獄界の犍陀多や罪人たちへの釈迦のつき放した態度、冷淡な態度というこの作品の形象を貫く傾向と強く重なる。醜い罪人たちの思いや行動、苦しみへの釈迦の冷たく醒めた目につながる。「釈迦」は「悲しそうなお顔」はしたものの、何ごともなかったかのように「またぶらぶらお歩きになり始め」る。それと照応するかたちで「しかし極楽の蓮池の蓮は、少しもそんなことには頓着いたしません。」という一文があり、それに続いて、この「その玉のような白い花は、〜」がある。象徴的な形象性をもつ。

「カレーライス」ではカレーの「甘口」「辛口」が象徴的意味をもつ。ひろしと父親の関係が悪くなるが、父親の風邪をきっかけに二人でカレーを作ることになる。父親はひろしはまだ甘口と思っているが、ひろしは「だめだよ、こんなんじゃ。」と否定する。父親は「そうかあ、ひろしも『中辛』なのかあ、そうかそうか。」

とうれしそうにうなずく。そんな中ひろしの気持ちもほぐれてくる。そして前日は父親の前で「かたをすぼめて、カレーを食べ」ていたひろしが、「『じゃあ、いただきまあす。』／口を大きく開けてカレーをほお張った。」と変化する。このクライマックスで父子関係が解決する。ただし末尾の一文は「ぼくたちの特製カレーは、ぴりっとからくて、でも、ほんのりあまかった。」である。カレーの辛さ・甘さがひろしと父親の関係性を象徴している。

「オツベルと象」の「白象」の「白」という色も、「純粋さ」「純潔」などという形象に至ると、それらは既に象徴的な読みと言ってよい。たとえば鳩が「平和」を、ライオンが「強さ」を象徴するのに近い。既に述べた「一つの花」の「花」も、戦争に対する平和の象徴としての意味をもつ。ツゥヴェタン・トドロフは、「初夏満天の星」や「辛口」「甘口」のような作品の文脈による「象徴」を「テクスト内的象徴表現」、「白」や「鳩」のようにその言葉自体がもつ「象徴」を「テクスト外的象徴表現」と呼んでいる(注19)。

第2節　差異性・多様な立場から形象を読み深める方法

「言語には差異しかない」と述べたのは、フェルディナン・ド・ソシュールである(注20)。池上嘉彦も「語の『意味』は（中略）『示差的特徴』によって構成されている。」つまり「語の意味は他の語の意味との関連で決まる」「ある語の意味は他のいくつかの意味によって規定することができる」と述べる(注21)。差異に着目しながら形象を読むと、様々な形象の相が見えてくる。また、立場や視点を多様に変えてみることでも形象は新しい姿を見せる。

ここでは、以下の方法について考えていく。（これらはこれまで述べてきた「形象を読み深めるための様々な方法」の中で既に使っている。そのため、ここで示す具体例は最小限にした。）

1　整合性のある表現・内容に替え、その差異に着目して読む
2　別の表現・内容に替え、その差異に着目して読む
3　表現・内容を欠落させ、その差異に着目して読む
4　肯定・否定の両義性に着目して読む
5　立場・視点を替え、その差異に着目して読む

1　整合性のある表現・内容に替え、その差異に着目して読む

「普通と違うまたは不整合な表現・内容」の場合、そこを一度普通の整合性のある表現・内容に替えてみる。そして、それとオリジナルの表現・内容との差異を比較し形象性を鮮明にするという方法である。

「羅生門」の「そのうえ、今日の空模様も、少なからず、この平安朝の下人のSentimentalismeに影響した。」を、「そのうえ、今日の空模様も少なからず、この平安朝の下人の感じやすい心に影響した。」または、「この平安朝の下人の感傷主義に影響した。」などといった表現に替え、その差異を読む。それにより「Sentimentalisme」の形象性がより鮮明になる。「オツベルと象」の「白象」は、普通の象と比べてみることによって、その形象性はより鮮明となる。普通の象は黒か褐色の皮膚である。黒や褐色は重厚で男性的と言えるような色である。力持ちで強い象のイメージとピッタリ合う。それと比べることで「白象」の形象性が際立つ。「故郷」のクライマックスの「私は身震いしたらしかった。」を「私は身震いしたのだった。」に替えてみる。それにより「らしかった」のもつ形象の不整合性がより際立つ。「走れメロス」の暴君ディオニスの人物

形象としての不整合性、つまり暴君であるにもかかわらず「顔は蒼白で」であることを読む際には、よくある「暴君」のイメージを想定し、それと「蒼白」との差異を考えることでその形象性をより明確にできる。

たとえば倒置になっている表現を通常の表現に戻し比べてみる。珍しい比喩表現を、それと意味が近いよく目にする比喩表現に替えて比べてみる、体言止めを通常の表現に替えて比べてみるなど、この方法は第四章で取り上げたほとんどの技法や工夫に応用できる。

2 別の表現・内容に替え、その差異に着目して読む

必ずしも「不整合」「整合」にこだわらずに表現・内容を替え、その差異に着目する方法である。

「オツベルと象」の「ああ、だめだ。あんまりせわしく、砂が私の歯にあたる。」の「私」を読む場合、それを他の自称代名詞「俺」「僕」「わたくし」などに替えてみる。それらとの差異で「私」のもつ形象性が際立つ。「オツベルと象」の冒頭「……ある牛飼いが物語る。」の「牛飼い」を読む際に、それを「農夫」や「商人」に替えてみる。さらには、「……ある大学教授が物語る。」などと替えてみる。「医師」や「銀行家」も面白い。それによる「牛飼い」という語り手設定のもっている形象性がより見えてくる。

「ちいちゃんのかげおくり」で、クライマックスの「夏のはじめのある朝、こうして、小さな女の子の命が、空にきえました。」の「女の子」を、語り手がそれまで使っていた「ちいちゃん」に替え、「夏のはじめのある朝、こうして、ちいちゃんの命が、空にきえました。」と比べてみる。「お手紙」のかえるくんからがまくんへの手紙「親愛なるがまがえるくん」「きみの親友かえる」を、通常の話し言葉のような「やあ、がまくん」「かえるより」などと替え、その差異を比べてみる。――などについては既に述べてきた。これは、形象の読み深めの際の最も基本的な方法の一つである。

3 表現・内容を欠落させ、その差異に着目して読む

これも右記の1 2とつながる方法である。その言葉がなくとも伝達性がそこなわれない場合、一度その言葉をなくすことにより、オリジナルの形象性が鮮明になる。

「オツベルと象」は、白象がオツベルの所に来ることで事件が始まる。発端の一文「そしたらそこへどういうわけか、その、白象がやってきた。」の「その、」は二重の意味で「普通と違うまたは不整合な表現」である。それ以前に白象は登場しないし紹介もされていない。にもかかわらず「その、白象」とある。さらにここには普通はつかない読点「、」が「その」の後にある。この「その、」をはずして「そしたらそこへどういうわけか、白象がやってきた。」にしてみる。それを比較することで「その」「、」の形象性がより見えやすくなる。「その」の不自然さから読者は違和感を感じる。同時に好奇の気持ちをもつ可能性がある。「一体どんな白象なのか」と思う。また「その」と何の断わりもなく言うということは、語り手である牛飼いはもちろん多くの人たちが既によく知っている象であるという設定とも読める。さらにわざわざ「その」と言うくらいだから、今後の事件の展開に何か大きく関係しそうな存在らしいという可能性も見えてくる。また、同じ「オツベルと象」の冒頭の一文「……ある牛飼いが物語る。」の中の「ある牛飼い」の形象性を読もうとする場合、「ある」を一度はずしてみる。「……牛飼いが物語る。」との違いを意識することにより「ある」の形象性がより鮮明になる。「ごんぎつね」の導入部の人物設定である「ひとりぼっちの小ぎつね」は、「ぼっち」を欠落させ「ひとりの小ぎつね」と比べてみることで「ぼっち」の形象性が明確になる。

4 肯定・否定の両義性に着目して読む

表現の上でも内容の上でも、読むべき部分を「肯定」「否定」の両面から読むという方法である。もともと肯定性しか読めない、否定性しか読めないという場合は、そのままでよい。しかし、肯定・否定の両面から読める場合は、それを意識することにより様々な形象性が浮かび上がってくる。肯定・否定両面から読んだ形象は、以前の文脈によってそのどちらかがより強められる場合がある。また、いずれかが完全に否定されることもある。しかし、その時点でどこまで肯定・否定両面から読めるか可能性を追究してみることが大切である。

たとえば「白」という色を読む場合、「美しさ」「清潔感」「純粋さ」「透明感」など肯定的に読むと同時に、「弱さ」「他の色に最も染まり易い」など否定的にも読むことができる。「オツベルと象」の「白象」の場合、その人物の性格はちょうどその「白」という色のもつ肯定面・否定面の両方に一致してくることが後に読めてくる。表現についても肯定・否定両方から読める。「羅生門」の「Sentimentalisme」は、たとえば「知的な印象」「ヨーロッパ的な雰囲気」などが肯定的形象であり、「キザな感じ」「衒学的」などが否定的形象である。

「走れメロス」の人物設定「メロスには政治がわからぬ。」でも、「世の中の動きを知ることができていない」「教養がない」など否定的な読みが可能となると同時に、「かけひきや根回しなどを知らない純粋な部分がある」など肯定的な読みも可能となる。「お手紙」でかたつむりくんの歩みの遅さは、なかなかお手紙が届かないという否定的な側面もあるが、すぐにつかないからこそお手紙らしくなっているという肯定的側面もある。

5 立場・視点を替え、その差異に着目して読む

これについてロラン・バルトは「二重の解釈」と言っている。「二つの受け手を区別」しながら、二つの立

場から二重に形象を読む方法である(注22)。作品の仕掛けとして仕組まれているのに、その可能性に気づかずに一つの立場からだけ読んでいたのでは読みは浅くなる。

「注文の多い料理店」中に、①「鉄ぽうとたまをここへ置いてください。」②「つぼのなかのクリームを顔や手足にすっかりぬってください。」など料理店から二人の紳士への「注文」が出てくる。①の注文に対して二人の紳士は、食事の時には「鉄ぽうを持ってものを食うという法はない。」「よほどえらい人が始終来ているんだ。」などと解釈する。②に対しては「部屋の中があんまりあたたかいとひびが切れるから、その予防なんだ。」と解釈する。ところが一方の料理店側、つまり二人を食べてしまおうとしている山猫たちは、鉄砲などを持っていたら、食べる時に逆に撃たれてしまう、クリームが塗ってあった方がよりおいしく食べられる、という意味で注文を出している。一つ一つの「注文」が、紳士たちと山猫たち、二つの立場から違った形象として読者には二重に読めてくる。それら二重の形象性が読めてこそ、この作品の面白さが味わえる。

第3節　文化的・歴史的前提と先行文学を意識しながら形象を読み深める方法

言語には、常に暗黙の前提が隠れている。特に文学の場合は、文学特有の文化的な暗黙の前提、歴史的な暗黙の前提が隠れている。それを知らないで読むことも可能だが、より深くより豊かに読むためには、それらを意識した方がよい。また、先行文学も暗黙の前提の一つと言える。物語・小説を読む際には、一つには作品の中の文脈を意識することで立ち上がってくる形象と、作品の外の文脈を意識することで立ち上がってくる形象とがある。「作品内文脈」と「作品外文脈」である(注23)。後者については「暗黙の前提」などと言う場合もある。ここでは次の二つの方法について考えていく。

1　文化的前提と歴史的前提に着目して読む
2　先行文学と定型表現に着目して読む

1 文化的前提と歴史的前提に着目して読む

「テクストを読むのは、つねに歴史的な人間、すなわち、なんらかの文化的伝統の中の特定の位置にいる人間である。」とロバート・スコールズは言う。そして、「政治と歴史」「美学と美術史」「道徳的、宗教的体系」「世俗的な知恵」などをその中身として挙げている（注24）。ロラン・バルトも、この要素について「文化的コード」としてその重要性を強調している。バルトはその例として「地誌的コード」「歴史的コード」などを挙げる（注25）。ミハイル・バフチンも「小説の中に対話を開く」ためには「あらゆる言語の社会・イデオロギー的意味の深い理解と、その時代のあらゆるイデオロギー的な声たちの社会的な配置の正確な知識が不可欠となる」と述べている（注26）。

「故郷」では、特に「政治と歴史」についての前提知識が大きな意味をもつ。当時の中国の社会的・政治的状況を読者が全く知らないとしたら、たとえば、「子だくさん、凶作、重い税金、兵隊、匪賊、役人、地主、みんな寄ってたかって彼をいじめて、でくのぼうみたいな人間にしてしまったのだ。」という一文の形象性はつかみにくい。この作品の主題を直接「私」が語る終結部の形象性も十分には読めない。「私のように、むだの積み重ねで魂をすり減らす生活を共にすることは願わない。また、ルントウのように、打ちひしがれて心が麻痺する生活を共にすることも願わない。また、他の人のように、やけを起こして野放図に走る生活を共にすることも願わない。」という「若い世代」への希望も十分にはつかめない。特に「むだの積み重ねで魂をすり減らす生活」「打ちひしがれて心が麻痺する生活」「やけを起こして野放図に走る生活」の形象は、当時の中国の社会的・政治的状況をある程度まで知っていることで、読みがより深く豊かになる。

そういう希望をもちながら、「私」はそんな希望は「手製の偶像にすぎぬ」と直後に自己否定する。しかし、その自己否定は、当時の中国の絶望的で悲惨な政治的・社会的状況を知りつくしている「私」にとっては必然と見ることもできる。そして、そのことを知っている読者にとっては共感できる可能性のある自己否定の過程である。そして、その厳しい自己否定、現状認識があるからこそ、「もともと地上には道はない。歩く人が多くなれば、それが道になるのだ。」という有名な最終的結論が説得力をもったものとして読者に響いてくる。

2 先行文学と定型表現に着目して読む

既に一定の範囲・レベルで広まっている先行の文学、そしてきまり文句やことわざなどを当然の前提として文学作品が書かれていることはしばしばある。それは、読者（群）と作者（群）との無言・暗黙の約束（前提）であるとも言える。その場合、対象となる先行文学やきまり文句・ことわざを読者が知らなければ、作品の読みに深みや豊かさが出てこない。これは、広い意味での「文化的前提」に含まれる。

たとえば「不忠臣蔵」（井上ひさし）である。この作品は、小説や映画や歌舞伎などにもなっている「忠臣蔵」を前提に、その討ち入りに参加できなかった家臣、つまり「不忠臣」の侍たちを描いたものである。だから、もし先行文学（あるいは文化・知識）としての「忠臣蔵」を知らなければ、その面白さは半減してしまう。まわりの町人たちからそれまでたいそう慕われ信頼されていた道場主・中村清右衛門は、彼が元赤穂の家臣であったという噂が流れることで、急にその信頼を失ってしまう。「読み書き」を教えていた「子どもたちがぱたっと寄りつかなくな」る。琴を習いに来ていた娘たちも「ぴたりと」来なくなる。その上「米屋に酒屋に炭屋、これまで出入りしていた連中が、あの角を避けて通るようにな」る。そして、それでも唯一清右衛門に食事を届け続ける定七の所に、それをやめるよう圧力をかけに「肝煎」の二人が来る。この町人たちの徹底した拒否反応は、「忠臣蔵」を全く知らない読者には、ただ奇異なものとしてのみ読まれることになる。しかし、「忠臣蔵」についてある程度のことを知っていれば十分にうなずける拒否反応ではある。そして、その清右衛門が提出する浅野内匠頭の上野介への刃傷の動機に対する疑問―相手を殺すつもりなら「突かねばならぬ、切りかかったのでは何にもならぬ」のに、なぜ内匠頭は切りつけたのか？　覚悟の上の行動ではなく、持病の「痞病（つかえやまい）、俗にいう癪（しゃく）」のせいではないか―のもっている衝撃性も、「忠臣蔵」の中で内匠頭が同情すべき悲劇の主人公として描かれていることを知っていて初めて読めることである。

　星新一の『未来いそっぷ』の各作品も「イソップ物語」を知らないとその形象・主題は読みとりにくい。藤原定家の「春の夜の夢の浮橋とだえして峰に別るる横雲の空」（浮橋のような春の夜の夢がとぎれてしまい目をさまし見上げると峰を横雲が離れようとしている空が見える）の「夢の浮橋」には、『源氏物語』の「夢浮橋」の形象性が重ねられている。薫と浮舟との悲恋物語を読者が知っていることが暗黙の前提となっている。

　それが徹底すると「本歌取り」となる。先行の和歌をその歌に意図的に取り入れつつ歌を作る。同じ定家の「駒とめて袖うちはらふ陰もなし佐野のわたりの雪の夕暮」（馬をとめて、袖の雪を打ち払おうとしても、そのための物陰もない。佐野のあたりの雪の夕暮れよ。）は、『万葉集』の長意吉麻呂（ながのおきまろ）の「苦しくも降り来る雨か三輪の崎狭野の渡りに家もあらなくに」（激しくも降って来る雨だ。三輪の崎の狭野の渡りに泊まる家もないのに。）を本歌としている。『万葉集』の歌を読者が知っていることを前提として変奏として新しい歌を作る。その変奏の面白さもこの歌の形象性の重要な一部である。ここでは意吉麻呂の歌の苦しそうな旅人の形象性から定家の歌の優美な形象性への変化という面白さも変奏の一部として読みとれる。

「ブンとフン」（井上ひさし）の中に「智に働けば角が立つ。情に掉させば流される。意地を通せば窮屈だ。とかくに、人の世は住みにくい。住みにくさが高じると、安い所へ引っこしたくなる。わしもこのへんに引っこしたいのだが、このへんは高いだろうなあ」というフン先生の言葉がある。これは「草枕」（夏目漱石）の冒頭を前提としている。「草枕」では「やすいところへ引き越したくなる」に続いて「どこへ越しても住みにくいと悟った時、詩が生れて、画が出来る。」となっている。それを「ブンとフン」では「わしもこのへんに引っこしたいのだが、このへんは高いだろうなあ」と極めて現実的・世俗的なものに変えている。

第4節　語り手に着目しながら形象を読み深める方法

まず語りと深く関わる視点論を確認する。「私」「僕」が語り手である場合は「一人称の語り」、「彼は」「メロスは」など登場人物でない語り手が物語世界の外から語る場合は「三人称の語り」となる。（「あなたは」などと語り手が読者に語る「二人称の語り」があるが今回は取り上げない。）三人称の作品では語り手が多くの人物の内面に入る「全知視点」と特定の人物に入る「限定視点」がある。人物に全く入らない「客観視点」もある。「ごんぎつね」「走れメロス」は三人称全知視点の語り、「スイミー」は三人称限定視点の語り、「故郷」は一人称の語りとなる。なお、一つの作品の中に三人称の語りによる章と、一人称の語りによる章がともに存在する場合がある。また、同じ三人称や一人称でも、作品の途中で語り手が変わる場合もある。

三人称の語り手でも、常に人物の内面に居続けるわけではない。多くの場合、内面に入り込んだり外に出たりしてその人物を描写する形が多い。三人称全知視点の場合「神のような存在」と言われることがある。

語りでもう一つ重要なのは、語り手がどこからその場面その場面を語っているかという「視座」である。三人称の語りは内面に入る人物をその場その場で選択する。また、三人称が内面から外へ出た場合、その場面その場面で外のどの位置からその物語世界を語るかで見え方は違ってくる。客観視点であっても、内面には入らないものの、どの人物の近くの視座から語るかも選択できる。

作品で語り手あるいは語りを考える場合、一人称か三人称か、全知か限定かという視点人物の問題と、その人物がその場面で誰のどこの視座から語っているかという問題をともに意識することが大切である。

また、語り手が内面に入った場合、そして人物の思いを語っている場合、その瞬間語り手はその人物に「同化」していると言っていいのか。それとも「同化」とは言えないのか。その場合は「寄り添っている」くらいは言えるのか。それらは、作品によっても違うのか。――という課題がある。私は通常は「同化」とは言えないと考える。「同化」とすると、すべて見方や感じ方まで一致するという意味になってくる。しかし、語り手と人物は違った人物として設定されているし、通常それが溶け合うことを前提として作品が書かれているわけではない。「寄り添っている」「重なっている」程度である。心理的に自分が入り込んでいる人物を突き放し距離を取っている語り手もいれば、「共感」的に寄り添っている語り手もいる(注27)。

以下「(1)　一人称の語り」と「(2)　三人称の語り」について語り手を意識しながら読み深める方法を考える。

(1)　一人称の語り

「カレーライス」「少年の日の思い出」「故郷」などが一人称の語りで成立している。「僕」「私」などである。「少年の日の思い出」は、語り手が導入部と展開部以降で入れ替わる。一人称の語り手の場合、語り手「私」「僕」などの思い・気持ち・感じ方・見方・考えなどがより強く前面に出されることが多い。

「カレーライス」は「ぼく」が語り手である。作品は「ぼくは悪くない。」から始まる。お母さん・お父さんの様子や会話も入るが、「ぼく」であるひろしの見方が中核となる。その「ぼく」の見方の変容が事件の主要な要素である。「ぼく」と「お父さん」の関わり合いも事件の主要な要素である。しかし、より重い位置を占めるのは、お父さんとの関係の在り方に関する「ぼく」の見方の変容と解決という事件である。「お父さんと口をききたくないのは、そんな子どもっぽいことじゃなくて、もっと、こう、なんていうか、もっと――。」↓「言葉がもやもやとしたけむりみたいになって、胸の中にたまる。」↓「自分でもこまってる。なんでだろう、と思ってる。」↓「うれしくて、でもやっぱりくやしくて、そうはいってもうれしくて――。（中略）急に悲しくなってきた。」↓「でも、いちばんおどろいているのは、ぼく自身だ。（中略）全然言うつもりじゃなかったのに。」――などと、「ぼく」が「ぼく」自身にとまどっている内面が要所要所で出てくる。これは「ぼく」の中でもう一人の「ぼく」が生まれてきていることへの「ぼく」自身のとまどいである。それがお父さんとの関係の中で顕在化してくる。そして、それこそが「事件の発展」の中心となっている。これは、三人称の語りでも成立するが、一人称の語りだからこそ無理なく成立している。

「少年の日の思い出」は、語り手が二人いる。導入部の「私」と展開部・山場の「僕」である。導入部の「私」の客が「僕」である。その「僕」が自分の少年時代を語る。「僕」がより重い役割を担っているが、なぜあえてこういった「私」による語りを導入部に仕掛けたのか。その問いかけが授業では生きる。

そして、ここでも一人称であるゆえに「僕」の見方が前面に出る。特にエーミールとの関係の中で多く出てくる。「この少年は非の打ちどころがないという悪徳をもっていた。それは、子供としては二倍も気味悪い性質だった。」「あらゆる点で模範少年だった。そのため、僕はねたみ、嘆賞しながら彼をにくんでいた。」と「僕」はエーミールを語る。そして「僕」がクジャクヤママユを盗み、だいなしにしたことを謝罪に行った際も「エーミールは、まるで世界のおきてを代表でもするかのように、冷然と、正義を盾に、あなどるように僕の前に立っていた。」「ただ僕を眺めて、軽蔑していた。」と語られる。この作品ではエーミールの人物像が重要な位置を占めるが、この人物の描き方は「僕」の一人称の語りによるものであることを意識すると、作品が一層豊かに読める。これらはすべて「僕」から見えていたエーミール像である。それをまず丁寧に読んだ上で、第三者から見たエーミール像（それも何通りか想定できる）、エーミール自身によるエーミール像（自己認識）なども、作品の書かれ方を根拠に想定しオリジナルと比べていくことで、作品の読みは豊かになる。

一人称は、主要人物の内面がそのまま生に近い形で語られるため、人物の内面（の事件）が顕在化しやすいという特徴をもつ一方で、その人物の見方以外は見えてこないという制約がある。その特徴と制約が一人称の面白さであり、作品を読む際の留意点とも言える。なお一人称の「私」「ぼく」は、「私」「ぼく」自身がその場で実況中継のように「私」「ぼく」を含めたものがたりの世界を語っているように見えるが、実はほとんどの場合、ものがたり世界の「私」「ぼく」と語り手である「私」「ぼく」の間には差がある。もちろん（虚構上の）同一人物であることは間違いない。しかし、作品に出てくる登場人物としての「私」「ぼく」と、語り手として語っている「私」「ぼく」とには違いがある。だから、その時「私」「ぼく」が思ったことと、今の語り手としての「私」「ぼく」の思いがずれることもある。作品によってはそのことが重要な意味をもつことがある。（その点、「少年の日の思い出」は、大人の「僕」と子どもの「僕」が十分に区別されずに混在している。その作品の特徴（弱点）については、「吟味よみ」（第五章）で詳述する。）

（2）三人称の語り

同じ三人称でも、教科書教材では全知視点や限定視点が多く、客観視点は「一つの花」などわずかである。語り手も人格をもつ虚構の存在だから「人物」と見ることができる。当然人物としての性格がある。透明化され見えにくいことも多いが、必ず人物としての性格をもち、登場人物に対し一定の評価をしている。登場人物との心理的な距離も重要な要素である。それらを意識することで作品の読みがより豊かになる。

「ごんぎつね」は、三人称全知視点である。ただし、ほとんどはごんの内面に入り込み、ごんに寄り添いながら語る。それもかなりごんに共感的好意的な語り手である。そして「6」の山場で初めて語り手が兵十の内面に入る。この作品では、語り手がごんの内面に入りつつその思いを代弁しているが、実はごんは一度も言葉を発していない。カギ括弧で会話のように書かれているので、つい言葉を発しているように思ってしまうが、全く言葉がない。一つは「ごんは言葉を発することができなかった」という可能性が読める。理解はできても、発信できないということである。「きつね」という「人物」設定に織り込まれている制約と読むこともできるかもしれない。ごんが言葉を発することができない人物ということであると、たとえば「なぜこういった悲劇が起こったのか」といった吟味・評価の際に、そこから新しい発見が生まれる可能性がある。

「6」で初めて語り手は兵十の内面に入る。その時の兵十にとって、ごんは「きつね」であり「ぬすみやがった」「あのごんぎつねめ」である。それがクライマックスで「ごん」「おまい」という呼称に変化する。その変化は二人の関係の変化を顕在化させる。それを読むためにもここでの語りの変化を読んでおく必要がある。

「大造じいさんとガン」は三人称限定視点である。それゆえ大造の内面はよくわかるが、残雪の内面はわからない。わからないだけでなく、それを突き詰めていくと、この作品では残雪は人物とは言えないかもしれないという見方が浮上してくる。物語・小説の「人物」とは「character」であり、動物でも物でも人間と同じ人格をもつ存在である。大造は残雪に対し「英雄よ」などと人間扱いをしているが、いずれも大造の言葉や見方であり、残雪が本当に人格のある存在であると読める要素はない。とすると、この作品は大造が見た「残雪」、あるいは大造が創り出した「残雪」像と、大造とのドラマということになる。否定的に言えば大造が勝手に思い込んでいる（独り相撲の）「二人の世界」ということになる。ガンにとっては、ただ鳥として自然に行動しているだけで、それが大造の目に「にらみつけ」た、「頭領」「堂々たる態度」「最期の時を感じて」「いげん」などと映ったということに過ぎないとも読める。いずれにしてもこの語り手は大造に共感的である。

内面に入り込んでいても、人物に必ずしも共感的でない語り手もいる。「オツベルと象」で、牛飼いである語り手は、前半では「オツベルときたらたいしたもんだ。」とほめているが、山場では「百姓ども」の側に立ち「こんな主人に巻き添えなんぞ食いたくないから」とオツベルに批判的である。これは「百姓ども」の気持ちを代弁する形だが、語り手もそれに共感していると読める。「羅生門」も、語り手は主要人物である下人に対し「もちろん、下人は、さっきまで、自分が、盗人になる気でいたことなぞは、とうに忘れているのである。」と語るなど、露骨ではないものの批判的である。語り手と登場人物との距離も形象を読む際の重要な要素である。

〈注〉

(1) ロラン・バルト（花輪光訳）『言語のざわめき』一九八七年、みすず書房、一四八頁【Roland Barthes "Le bruissement de la langue — Essais critiques IV" 1984】

(2) グループμ（佐々木健一他訳）『一般修辞学』一九八一年、大修館書店、二二一～二二三頁【le groupe μ "Rhétorique Générale" 1970】

(3) ツヴェタン・トドロフ（及川馥他訳）『象徴表現と解釈』一九八九年、法政大学出版局、二六頁【Tzvetan Todrov "Symbolisme et interprétation" 1978】

(4) 以上は、佐藤信夫『レトリック感覚』一九七八年、講談社、六四～六九頁

(5) 前掲書(4)、八七～八八頁

(6) 前掲書(4)、九三～九四頁

(7) 西郷竹彦編著『子どもと心を見つめる詩』一九九六年、黎明書房、三五頁。引用部分は西郷による詩「土」の解説。
(8) 前掲書(4)、一一二頁
(9) 前掲書(4)、一六二頁
(10) 前掲書(4)、一一五頁
(11) 前掲書(4)、一一二～一一三頁
(12) 前掲書(4)、一四八頁
(13) 前掲書(4)、一五〇～一五二頁
(14) 前掲書(4)で佐藤は「羅生門」の「白い鋼」について述べている。一六二～一六四頁
(15) 前掲書(4)、一五頁
(16) ロバート・スコールズ（折島正司訳）『テクストの読み方と教え方』一九八七年、岩波書店、五三～五四頁【Robert Scholes "Textual Power: Literary Theory and the Teaching of English" 1985】
(17) アルジルダス・J・グレマス（田島宏他訳）『構造意味論』一九八八年、紀伊國屋書店、八九～一三三頁【Algirdas Julian Greimas "Sémantique structurale ― recherche de méthode" 1966】
(18) 松本成二『現代文の科学的研究Ⅱ文芸編』あずみの書房、一九九〇年、二二一頁
(19) 前掲書(3)、七三～七五頁
(20) フェルデナン・ド・ソシュール（小林英夫訳）『一般言語学講義』一九七二年（改版）、一六八頁【Ferdinand de Saussure "Cours de linguistique generale" 1949】
(21) 池上嘉彦『意味論』一九七五年、大修館書店、八六頁および九二頁
(22) ロラン・バルト（沢崎浩平訳）『S／Z』一九七三年、みすず書房、一七〇～一七三頁【Roland Barthes "S/Z"

1970】

(23) 本章・第1節の6でも引用(19)したが、T・トドロフは「象徴」に関わる文脈について「テクスト外的象徴表現」と「テクスト内的象徴表現」の二つの見分けの重要性を指摘している。「文脈」も同様である。

(24) 前掲書(16)、七一頁、七八頁、九七頁

(25) ロラン・バルト（花輪光訳）『記号学の冒険』一九八八年、みすず書房、二一二頁【Roland Barthes "L'aventure sémiologique" 1985】

(26) ミハイル・バフチン（伊東一郎訳）『小説の言葉―ミハイル・バフチン著作集⑤』一九七九年、新時代社、二七七頁【M. Бахтин "Слово в романе — «Вопросы литературы и эстетики»" 1975】

(27) 「語り手」に関わって次頁のような「物語・小説の『読み』のモデル」を設定した。これは小森陽一『文体としての物語』一九八八年、筑摩書房や西郷竹彦「文芸（虚構）の世界―西郷文芸学の新展開その1」『文芸教育87号』二〇〇八年、新読書社などを参照しつつ阿部が作成したものである。生身の読者（群）Aが、BやCにシンクロ（一体化）しながら「読む」行為が成立する。「聞き手」（虚構）Cについては、たとえば生身の読者は語り手から「いまに見たまえ」「まあ落ち着いて聞きたまえ」（「オツベルと象」）などと言われる筋合いはない。しかし、無意識・意識は別として読者は語り手とそういう言葉をやりとりする関係の聞き手に心理的にシンクロしている。「読書主体」Bについては、現代の作品でなかったり全く別の国や地域の作品であったりした場合なども、読者は作品主体が当然のこととして期待している（暗黙に想定している）常識や知識をもった読者であるかのように読んでいく。それらは生身の読者にとって常識ではないが、それなりにシンクロしたかのようにしている。それは現代作品でも多かれ少なかれ現象する。また読者は、出来事としての世界Dの中の人物に共感したり反発したりしながら読むと同時に、それを語っている語り手に共感したり反発したりしながら読む。そしてFの作品主体（虚構としての作者）と対話しつつ作品

を吟味・評価する。（Fは「言表主体」などと言われることもある。）ここまでが「読み」の行為である。通常の創造的な「読み」にGは含めない。ただし「生身の読者」Aが、「生身の作家」Gに共感や違和感をもつことは実際にある。しかし、読者が生身の作家がどういう人物なのかを知ることは実際には不可能である。だからそれはFやいくつかの情報から推理され構築された「幻想としての『生身の作家』」への思いである。

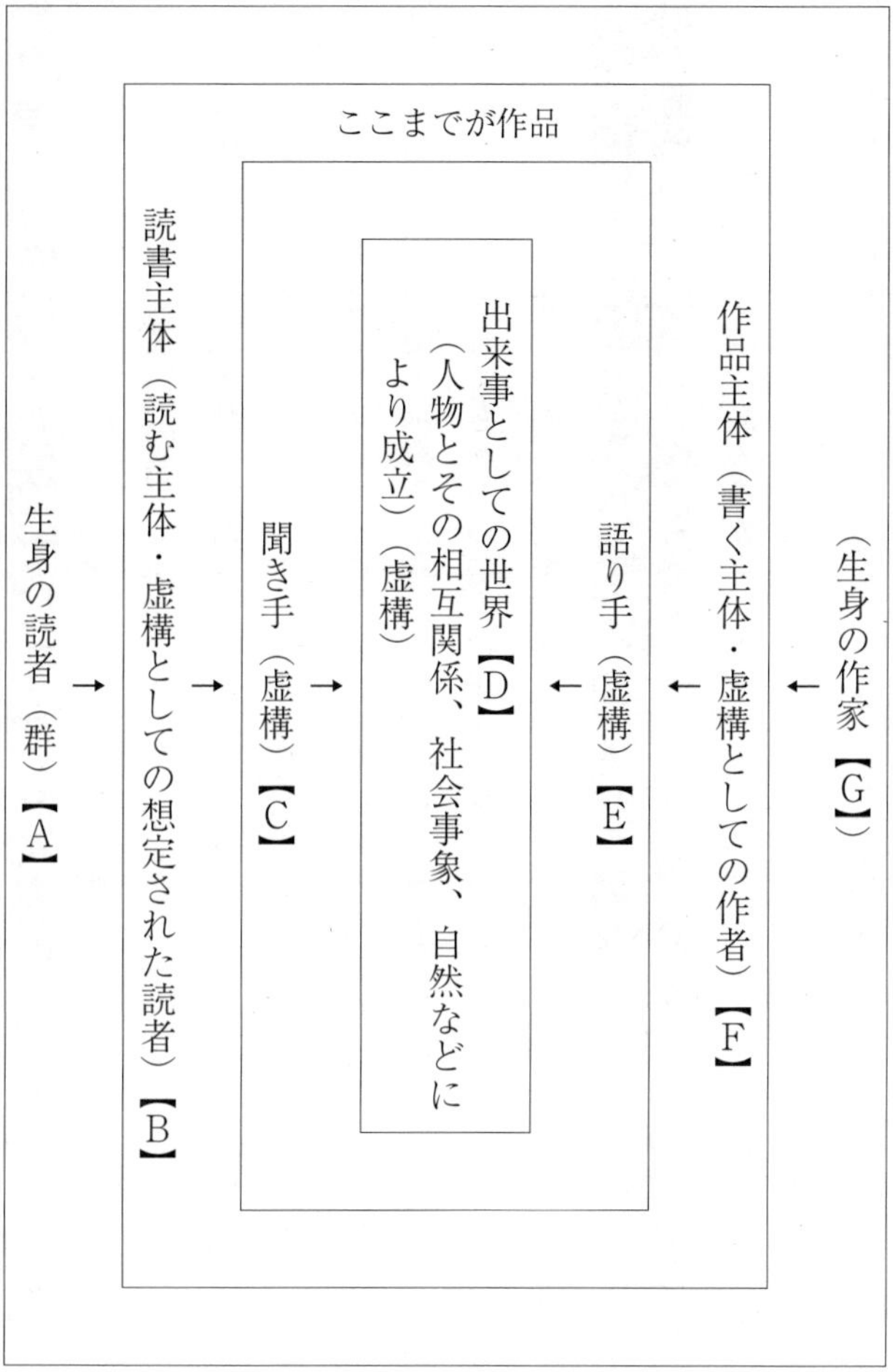

第五章 「吟味・評価」に着目したあたらしい「読み」―吟味よみ

「深層のよみ」の指導過程の第三読「吟味よみ」である。「吟味よみ」には二つの要素が含まれる。

一つ目は第一読の構成・構造の読み（構造よみ）、第二読の形象・技法の読み（形象よみ）を生かしながら、作品への共感・違和感、好き・嫌い、納得できる・できない、評価できる・できないなどを意識しつつ吟味・評価・批判していくことである。その際にはじめは「ただなんとなく」という状態であったとしても、少しずつ作品の一語一文に根拠を求めるようにする。構造よみ・形象よみの「再読」が行われることになる。

二つ目は一つ目の検討にもとづいて「吟味文」を書いていくことである。そして、その吟味文を子ども相互が交流し、さらに吟味・評価・批判を豊かにしていく。「読むこと」から「書くこと」への発展である。

第1節 物語・小説を「吟味・評価」することの意味

私たちは、物語・小説を読みながら「へえ、面白い」「わかる」「感動した」などと思う。一方で「つまらない」「それはないだろう」「それは違う！」などと思うこともある。作品に共感したり違和感をもったり、納得したり反発したりしながら作品を読んでいる。さらに作品を読み終わる頃には「さすがいい作品だ」「心に染みた」「たくさん考えることがあった」「この子どもの描写は見事！」とか、「この作品は本当に『名作』？」「この終結部の語り手の説明には共感できない」「この結末には納得できない」などと、作品を肯定的に評価したり批判したりすることがある。「この人物には違和感があるが、作品としては好きだ」という評価もある。

こういったことは物語・小説を読む際に大切なことである。感動や共感が作品を読む動機でもあり喜びでもある。反発、違和感も作品を読む喜びの一部と言えるかもしれない。しかし、この要素は授業では「感想を話す」「書く」「交流する」程度の指導で終わることが多い。（それも作品への共感・感動・肯定的評価を前提とした感想がほとんどである。）それは「感想や感動は個人のもの」「感想や感動を教えることはできない」という「善意」による「配慮」があるからであろう。またそういう指導が難しいということもあるだろう。

一方でこういった要素は、指導が行われていない分、子どもによる差が大きい。「差が大きい」と言っても、感じ方が違う、見解が違うことは自然なことである。しかし、質の高い「感想」「批評」がある一方で、明らかに稚拙な「感想」「批評」もある。それを「一人一人のもの」と言って放置しておいていいはずはない。「共感する」「違和感をもつ」「評価する」「批判する」ことについて、丁寧に授業で指導していく必要がある。そのためには子どもが自力で吟味・評価するための様々な方法（指標）を学ばせていく必要がある。

これまで国語の授業は、「名作」に共感したり肯定的に評価したりすることが大前提で、それに違和感をもつ否定的感想をもつ批判をするなどは「とんでもない」という見方が強かった。時枝誠記が批判した「惚れさせる国語教育」である(注1)。しかし、作品を読む中で違和感や否定的感想、批判的意見をもつことは自然なことである。また、この部分には違和感があるが作品全体としては評価できるなどの読み方もある。それらは創造的に作品を読むことにとって大切な要素である。それらの要素を「吟味よみ」として位置づけた。ここには共感・違和感、好き・嫌い、納得できる・できない、肯定的に評価する・批判するなどの要素が含まれる(注2)。

実は既に「表層のよみ」から吟味的要素は発生する。日常では「表層のよみ」→「構造」→「形象」→「吟味」などの順で「読み」が現象しているわけではない。実際にはこれらは同時に現象する。授業でも作品と出会った時点で子どもは感想をもつ（「第一次感想」としてそれを書かせることも有効である。）。構造よみでも形象よみでも感想をもつ。吟味よみ以前に吟味は始まっている。ただし、指導過程としては、まず「構造よみ」で作品の全体像を俯瞰し、それを生かしながら「形象よみ」で作品の鍵の箇所に着目しつつ深層の形象をつかむ。主題にも迫る。その上で、「吟味よみ」では、それらを生かしつつより意識的に吟味・評価を行っていく。その中で吟味・評価の方法・指標を学んでいく。その方がより効果的に「読む力」を身につけることができる。

この指導過程で重要なのは、吟味・評価という角度から改めてその作品を読み直す（再読）ということである。再読の過程でそれまでの読み（構造よみ・形象よみ）で気づかなかった、十分意識できなかった読みが見えてくる。

また、この過程では「書くこと」の要素が重要な意味をもつ。構造よみ、形象よみでも書く指導は行うが、吟味よみではそれがより大きな位置を占める。「書く」という過程で吟味・評価はより鋭く深くなる。ロバート・スコールズは「読んでいるテクストへの反応は書くことで完成される。」と述べている（注3）。

第2節　「吟味・評価」をするための方法

国語の授業では「感想を話す」「感想文を書く」「交流する」という指導で終わっていることが比較的多いと述べたが、そういう中でもより本格的に作品を評価させていく試みが全くなかったわけでもない。荒木繁は「万葉集」を子ども相互で批評し合わせる授業を展開した（注4）。現在でも子どもたちに多様に作品を吟味・評価させる実践は展開されている。これらは、ここで言う「吟味よみ」とかなりの程度重なる。しかし、それらの指導では明確な吟味・評価の方法を学ばせるという教科内容的な観点が弱い。だから、経験的に吟味・評価はできるようになるものの、子どもに主体的な吟味・評価の力を身につけさせるというところにまでは至りにくい。教師が優れた「問い」を提示する場合は、一定のレベルの吟味・評価が展開されるが、子どもがやがては自ら「問い」を作り自力で吟味できるようになるという観点が弱い。教師の「問い」待ちという側面が拭いきれない。

その陥穽に落ちないために、吟味・評価の方法（指標）を重視する。吟味・評価の方法（指標）を身につけることで、はじめ「教師待ち」であった子どもが少しずつ自力で吟味できるようになる。その方法（指標）が教科内容である。その方法をより体系的に設定する前提となるべきものが、次頁の六要素である。

六要素のうちa～dは、そのまま吟味・評価の「問い」や「吟味文」を書く際の「課題」にもできる。その際に重要なのは「面白い」「面白くない」、「共感」「違和感」、「納得できる」「納得できない」、「好き」「嫌い」等の根拠を、作品の一語一文の中に具体的に求めさせることである。なんとなく面白い・面白くない、なぜか共感できる・違和感を感じる、とにかく好き・嫌いということはある。しかし、授業ではその根拠を作品中から探させ意識化させていくことが大切である。作品の一語一文にまでこだわらせる。ただし、読みには、作品外文脈も重要な位置を占めるので、文化文脈や社会文脈等への言及が必要になることもある。自らのものの見方・考え方を述べることも必要である。ただし、その場合も作品の一語一文に戻ることが基本である。

その中で子どもは、自らの「読み」の過程、「読み」の在り方を振り返り対象化しながら再読する。再読によって、自らの共感・違和感の正体を意識化し、それらを一層豊かに広げていくことになる。再読によって自分の共感・違和感に疑いを感じ始めることもある。それらが吟味・評価の醍醐味でもある。教師は、吟味・評価という再読を促すために、作品のどこにこそ着目すべきかを助言する必要がある。そのために、まずは教師が多くの「吟味・評価の方法」を知っておく必要がある。もちろん、それは少しずつ子どものものとなり、子どもたちに蓄積されていく。最終的には次頁のｅｆにまで吟味を高めていく。ｅｆにまで高めるためにはより「吟味・評価の方法」を意識する必要がある。

※吟味よみの六要素

a　作品が面白いか・面白くないか、楽しめるか・楽しめないか

作品全体とは限らない。「この部分は面白いが、この部分は冗長で楽しめない」なども含む。

b　作品や登場人物に共感できるか・共感できないか（違和感を覚えるか）

作品全体とは限らない。「この部分には共感できるが、この部分には違和感がある」なども含む。

c　作品の主題などに納得できるか・納得できないか

中心的主題と副次的主題そして主要人物のものの見方・考え方などに納得できるかできないか。

d　作品が好きか・嫌いか

作品全体とは限らない。「この部分は好きだが、この部分は好きになれない」なども含む。

e　作品をどう評価するか

作品をどう評価するか、またその根拠は何か。

作品全体への評価と、構成・構造、形象、技法、仕掛け、語り等への評価を含む。「作品全体として評価できるが、この部分の描写や事件展開は評価できない」などということもある。

f　自分や社会・世界にとって作品がどういう意味をもっているか

自分のものの見方や考え方と作品のそれとを対峙させてみる。また、社会や世界の中でその作品の主題・思想がどういう位置を占めるかを考えてみる。歴史的な位置についても考えてみる。

右の六要素を生かす形で吟味よみの「吟味・評価の方法」を整理すると次のようになる。

※吟味・評価の方法

1　語り手に着目して吟味・評価する

(1)　語り手を替えることによる吟味・評価

語り手を別の語り手に替えて読み直し、それとの差異の比較からオリジナルの語り（方）をとらえ直す。そこには一人称を三人称に、三人称を一人称に、同じ三人称でも別の主要人物に寄り添う語り手に、同じ一人称でも別の主要人物を語り手に替えるなどによるとらえ直しがある。

(2)　語り手と人物との関係を替えることによる吟味・評価

客観的な語り手は存在しない。強さの違いはあるが、すべての語り手は様々なレベルで作品内の人物と心理的・物理的距離をもち評価をしつつ語っている。語り手の人物（人格）を替えて読み直し、それらの距離や主要人物への評価との差異の比較からオリジナルの語り（方）をとらえ直す。様々に語り手の人物像を替えたり、登場人物との距離（見方・評価等）を替えたりする。

2　人物設定と事件展開に着目して吟味・評価する

(1)　人物設定を替えることによる吟味・評価

別の人物設定の可能性を想定し、それとの差異の比較からオリジナルの設定をとらえ直す。

(2)　事件展開・人物像の見直しによる吟味・評価

構造の読み、形象の読みを通じて明らかになってきた事件展開・人物像の在り方について評価する。事件展開の必然性・説得力等についての評価である。技法や仕掛けについての評価も含まれる。

(3) 事件展開を替えることによる吟味・評価

別の事件展開の可能性を想定し、それとの差異の比較からオリジナルの事件展開をとらえ直す。

3 構成・構造、題名に着目して吟味・評価する

(1) ストーリーは変えずに構成・構造を替えることによる吟味・評価

別の構成・構造を想定し、それとの差異の比較からオリジナルの構成・構造をとらえ直す。たとえば「クライマックス」の箇所を別に想定する、錯時法を通常の時間の構成・構造に替えるなど。

(2) 題名を替えることによる吟味・評価

別の題名の可能性を想定し、それとの差異・比較から題名の意味・象徴性等をとらえ直す。

4 海外作品の複数翻訳および改稿・異本などの比較により吟味・評価する

翻訳による語り方の違い、作者自身が改稿した場合の違い、古典などの異本の違いを生かす。

5 作品を総括的に吟味・評価する—主題、思想、ものの見方・考え方の総括的な吟味・評価

構造の読み、形象の読み、語り手に関わる読みを通じて明らかになってきた作品のものの見方・考え方、主題、思想について総括的に吟味・評価・批判する。その際、作品と自分自身、作品と社会、作品と世界の関係について検討する。現代社会でその作品のもつ意味、歴史的な意味なども含む。

これらのいくつかは「構造よみ」や「形象よみ」の際に使う方法と重なる。ただし、これらは「構造よみ」「形象よみ」と違う点がある。「吟味よみ」の独自性は以下の二点である。一つ目は指導過程の位置づけの違いである。「構造よみ」「形象よみ」は作品の全体像を意識しながら読んでいるものの、まだ、明確な全体把握はできていない。主題も仮説的である。それに対し「吟味よみ」は、構造も形象も主題もかなりの程度読み込んでいる。それを前提として「吟味よみ」が位置づく。二つ目は、ここでの「吟味よみ」の方法はすべて評価を前提としたものであるということがある。したがって、そこには肯定的評価もあれば、否定的な評価つまり批判もある。そこが「構造よみ」「形象よみ」との違いである。「構造よみ」でも「形象よみ」でも、その過程で評価的な読みが生まれることはある。しかし、まずは構造上の工夫や形象の仕掛けを読み深めること自体が一義的なねらいである。吟味よみの指導過程でこそ、それまでの構造よみ・形象よみを踏まえてそれらを生かしながら、肯定・否定を含む評価を行っていく。一つメタレベルを上げた再読が「吟味よみ」である。

これらの「吟味よみ」では取り上げる作品の先行研究、先行批評を紹介することも有効である。それらの研究・批評も子どもに吟味・評価させる必要がある。傾向の違う研究・批評を提示できればより効果的である。

以下、右の「1」～「5」の「吟味・評価の方法」について述べていく。

1　語り手に着目して吟味・評価する

（1）語り手を替えることによる吟味・評価

語り手を替えることによる吟味・評価である。一人称を三人称の語り手に替える。三人称を一人称の語り手に替える。同じ三人称でも別の人物に寄り添う語り手に替える。同じ一人称でも別の人物を語り手に替えるなどの方法がある。語り手の変換による作品のとらえ直し＝再読であるが、交換することで作品を再読し作品を別の角度からとらえ直すことができる。変換後と変換前（オリジナル）との比較・検討が重要である。

同じ三人称でも、特定の人物の内部に入り込む語り手（限定視点）か、主要な人物のいずれの内部にも入り込む語り手（全知視点）か、どの人物の内面にも入らない語り手（客観視点）かなどの選択もありうる。

「走れメロス」は三人称の語り手の小説であり、かなりの程度語り手はメロスに寄り添っている。これを、たとえばメロスの妹を語り手にして語り直すとどうなるかを想定し、それとオリジナルとを比較するというものである。セリヌンティウスやディオニスを語り手にすることもできる。「少年の日の思い出」は、主要な部分は「僕」の一人称で語られているが、それを「エーミール」の一人称で語り直すという替え方もある。「ごんぎつね」は三人称の小説で、語り手はかなりごんに寄り添っている。心理的にも物理的にもほとんどの場面がごんの視点に重なって語られている。これを兵十の視点に重なる形に替えてみる。あるいは兵十の一人称で語り直してみるという替え方もある。「少年の日の思い出」と「ごんぎつね」は、既に教科書の手引きでこれに近いものが登場している(注5)。

秋田大学教育文化学部附属中学校の長谷川貴子は「少年の日の思い出」を、語り手「僕」から語り手「エーミール」に変換した。それも「悲しんでいるエーミール」と「冷たく怒っているエーミール」という二つの可能性を想定しながらリライトした。どちらのエーミールの語りの方に、自分は共感できるかを子どもたちに問いかける。それによって再読を仕掛けている。長谷川のリライト例を参考に阿部が再リライトしたものを紹介する。次頁にオリジナルを、その次の頁に「悲しんでいるエーミール」を語り手としたリライト例を示す。

以下のリライト例は、作品本文から見てそう無理のない解釈可能性の一つである。オリジナルの「僕」はエーミールに対して「非の打ちどころがないという悪徳をもっていた。それは、子供としては二倍も気味悪い性質だった。」と見ている。そしてエーミールを「ねたみ、嘆賞しながら彼をにくんでいた。」という見方をしている。その前提でこの時の「僕」の語りを読む必要がある。謝罪する「僕」に対して、エーミールは「彼は冷淡に構え、依然僕をただ軽蔑的に見つめていた」「まるで世界のおきてを代表でもするかのように、冷然と、正義を盾に、あなどるように僕の前に立っていた。」と語られる。ただしそれは「僕」が解釈したエーミールである。大切にしていたクジャクヤママユを盗まれ粉々にされたエーミールは、傷ついていたかもしれない。

【オリジナル】(「僕」が語り手)

彼はろうそくをつけた。僕は、だいなしになったちょうが展翅板の上にのっているのを見た。エーミールがそれを繕うために努力した跡が認められた。壊れた羽は丹念に広げられ、ぬれた吸い取り紙の上に置かれてあった。しかし、それは直すよしもなかった。触角もやはりなくなっていた。そこで、それは僕がやったのだと言い、詳しく話し、説明しようと試みた。

すると、エーミールは、激したり、僕をどなりつけたりなどはしないで、低く「ちぇっ。」と舌を鳴らし、しばらくじっと僕を見つめていたが、それから、

「そうか、そうか、つまり君はそんなやつなんだな。」

と言った。

僕は、彼に、僕のおもちゃをみんなやる、と言った。それでも、彼は冷淡に構え、依然僕をただ軽蔑的に見つめていたので、僕は、自分のちょうの収集を全部やる、と言った。しかし、彼は、

「結構だよ。僕は、君の集めたやつはもう知っている。そのうえ、今日また、君がちょうをどんなに取りあつかっているか、ということを見ることができたさ。」

と言った。

その瞬間、僕は、すんでのところであいつののどぶえに飛びかかるところだった。もうどうにもしようがなかった。僕は悪漢だということに決まってしまい、エーミールは、まるで世界のおきてを代表でもするかのように、冷然と、正義を盾に、あなどるように僕の前に立っていた。彼はののしりさえしなかった。ただ僕を眺めて、軽蔑していた。

【リライト】（「エーミール」が語り手）

僕はろうそくをつけた。彼はだいなしになったちょうが展翅板の上にのっているのを見た。僕がそれを繕うために必死になって努力した跡をただ見ていた。僕は壊れた羽を丹念に広げ、ぬれた吸い取り紙の上に置いておいた。しかし、それは直すよしもなかった。触角もなくなっていた。すると、彼はそれは自分がやったのだ、と言い、その状況を詳しく話そうとした。僕はあまりのことに驚き、言葉を出すことができなかった。

なぜか言葉の替わりに、「ちぇっ」という舌鳴らしを僕はしていた。彼を怒鳴ったところで、理由を聞いたところで、もうあの貴重なちょうは戻らない。僕にとってクジャクヤママユはかけがえのない宝物だった。僕は腹が立ってきた。その腹立ちをおさえながら、

「そうか、そうか、つまり君はそんなやつなんだな。」

と言った。

彼は、僕に、自分のおもちゃをみんなくれると言った。やはり彼は何もわかっていない。黙っていると、今度は自分のちょうの収集を全部くれると言った。僕はそれを聞いて、あきれ、また悲しくなってきた。彼にはこのちょうの大切さがわからないのだ。それにいくらなんでも、そのちょうをポケットに入れてだいなしにするなんて、ちょうを扱う者としてはひどすぎる。僕はますます悲しくなってきた。僕がちょうをどんなに丁寧に扱い、正確に手入れして保管しているか、彼にはわかってもらえないと思った。僕は悲しくてやりきれなかった。

「結構だよ。僕は、君の集めたやつはもう知っている。そのうえ、今日また、君がちょうをどんなにとりあつかっているか、ということを見ることができたさ。」

僕は、そう言うしかなかった。僕は傷ついていた。ただ黙って無表情に彼の前で立ち尽くしていた。

「冷淡」「軽蔑」「冷然」「あなどる」というのは、エーミールの感情表出が下手であったからという可能性もある。感情をうまく表に出せない人物はそう見えることもある。もちろん一方で実際にエーミールが「冷淡」「軽蔑」「冷然」「あなどる」に近い状態にあった可能性も否定できない。いずれにしても複数の解釈可能性が読めることが大切である。その上で自分はどう読むか自分はどう解釈するかは読者により違ってよい。

(2) 語り手と人物との関係を替えることによる吟味・評価

三人称の語り手という点は替えないで、語り手と登場人物の関係性や心理的距離を替える。さらにはたとえばより主要人物に共感的な語り手に替えてみる、逆により批判的な語り手に替えてみる、冷静で思い入れをしない語り手に替えてみるなどを行う。そしてそれとオリジナルとを比較するという吟味・評価の方法である。この場合、語り手の人格が変わるというだけでなく、三人称限定視点から三人称全知視点への変換、またその逆の変換等もありうる。三人称限定あるいは全知視点から客観視点への変換、またその逆もある。

「ごんぎつね」のごんの会話は、実はすべてごんが心の中で思ったことである。ごんは、一度も声に出して話していない。もし客観視点になると会話文が一切なくなる。ごんについては、語り手が外から見た様子だけが語られることになる。全く違った作品のすがたになる。

「羅生門」の語り手は、三人称限定視点で下人の心の中に入り込む。しかし、下人に対してはかなりクールな姿勢をもっている。一定の距離を置き、時として批判的である。下人が「悪を憎む心」をもった際も「下人は、さっきまで、自分が、盗人になる気でいたことなぞは、とうに忘れているのである。」とわざわざ注釈を入れる。これがもしもっと共感的な語り手だったらどういうプロットになっていたかを考えることを通して、オリジナルの語り手と下人との関係をより意識的に読むことが可能となる。またこの語り手は、導入部で飢えないために「盗人になるよりほかに仕方がない。」ということを「勇気」という言い方で意味づける。そしてクライマックスに至る直前でも、引剥ぎつまり強盗をしようとする下人の意思を「勇気」と語る。盗みや強奪を普通は「勇気」とは言わない。この語り手が通常とは違った価値観をもっている人物であることがわかる。また、フランス語や漢語を使う語り手でもある。導入部で下人の性格を述べる中で「Sentimentalisme」というフランス語を使う。さらに「狐狸」「衰微」「逢着」「肯定」「腐乱」「臭気」「嗅覚」「暫時」「語弊」「執拗（しゅうね）く」「侮蔑」「黒洞々（こくとうとう）たる」など、日常あまり使わない漢語を多く使う。そして自らを「作者」と呼ぶ。良く言えば教養のある、悪く言えば教養をひけらかすかのような語り手である。そうでないもっと普通の（もう少し地味で目立たない）語り手であったならなどという観点で比較することで、この作品の語り手の特徴がより浮き彫りになる。それらを検討しながら評価していく。

2 人物設定と事件展開に着目して吟味・評価する

（1）人物設定を替えることによる吟味・評価

人物設定について別の可能性を想定し、それとの差異を比較し、オリジナルの諸設定をとらえ直すのである。既に述べたように人物設定は導入部で示されることが多い。たとえば、その人物の性格、特徴、年齢、家族、身分などを変換し、それとの差異によって人物設定を吟味・評価していく。

「一つの花」は、クライマックス「ゆみ。さあ、一つだけあげよう。一つだけのお花、大事にするんだよう――。」で主題が顕在化してくる。お父さんが最後の形見として娘ゆみ子に「一つの花」を贈る。戦争のまっただ中で花は「わすれられたように」咲く余計物・邪魔物である。花を文化文脈で読むと戦争の対極に位置する「平和」の象徴という側面が見えてくる。ここでは（お父さんの思いを超えて）花を最後の別れに形見としてゆみ子に手渡すという行為が象徴性をもつ。平和を大事にする人になってほしい、平和を大事にしてほしいという方向性をもつ作品（主体）の意思と読める。

　その導入部では、ゆみ子と両親が紹介されているが、特にお父さんの人物像が重要である。「この子は、一生、みんなちょうだい、山ほどちょうだいと言って、両手を出すことを知らずにすごすかもしれないね。一つだけのいも、一つだけのにぎりめし、一つだけのかぼちゃのにつけ——。みんな一つだけ。一つだけのよろこびさ。いや、よろこびなんて、一つだってもらえないかもしれないんだね。いったい、大きくなって、どんな子に育つだろう。」と話し、「ゆみ子をめちゃくちゃに高い高いする」お父さんである。この「しれないね」「しれないんだね」「いったいどんな子に育つだろう」といった口調から、当時の家父長的な父親像とは違った人物像が読める。その後の見送りの場面での父子関係を見てもそれが読める。もし、導入部でそういった父親像でなく、戦前・戦中によくあった家父長的な父親像であったとしたらという可能性を想定してみる。そのことで、オリジナルの設定の意味がより明確になる。この父親の人物像は、クライマックスで他ならぬ花を娘に形見として贈る行為に違和感をもたせにくい設定とも読める。

　「走れメロス」の導入部では「メロスには父も、母もない。女房もない。十六の、内気な妹と二人暮らしだ。」という人物設定がある。仮にメロスの父母が生きていたとしたら、妻や子供がいたとしたらなどと想定してみる。全く違う事件展開になる可能性がある。それだけの家族がいたら、そう簡単に命を懸けることはできない。仮に約束をしたとしてもメロスの葛藤の内実はもっと複雑になるはずである。その方が面白いとも言えるが、そのことによって事件展開が混乱する危険がある。主題も違ったものになってくる可能性がある。「十六の、内気な妹」も同様である。仮に十六でなかったら。十歳だったら、逆に二十八歳だったらなど別の設定可能性を想定し、それらとの違いを検討することができる。「内気」でなかったらなどの想定もできる。

　ちなみに「場」も、「十里離れたこのシラクスの町」約四〇キロの距離が、もっとずっと近く数キロだったら、逆にもっとずっと遠くたとえば百キロ離れていたらなどの設定可能性を想定し吟味・評価することもできる。

(2) 事件展開・人物像の見直しによる吟味・評価

事件展開によって小説のプロットは進んでいく。それは、人物相互の関係性の変化であったり、中心的な人物の内面の葛藤であったりする。その在り方をもう一度見直し評価的に再読する。

「走れメロス」でメロスは、「ああ、なにもかもばかばかしい。私は醜い裏切り者だ。どうとも勝手にするがよい。やんぬるかな。」と眠り込んでしまう。その後、「ふと耳に、せんせん、水の流れる音が聞こえ」再び立ち上がる。ここは作品の大きな節目の一つと言える。感動的な場面でもある。眠り込むまでのメロスの心の中の描き方は丁寧である。再び立ち上がって走り始め走り続ける部分の描き方もやはり丁寧である。ただし、一度「なにもかもばかばかしい。私は醜い裏切り者」と考え眠り込んだ、つまり王との約束を破りセリヌンティウスの信頼を裏切ろうとしたメロスが、なぜ再び立ち上がることができたかについての描写も説明もほとんどない。あえて言えば次の二つの部分がそれを垣間見ることのできる記述である。

① 水を両手ですくって、一口飲んだ。ほうと長いため息が出て、夢から覚めたような気がした。歩ける。行こう。肉体の疲労回復とともに、わずかながら希望が生まれた。義務遂行の希望である。

② 先刻の、あの悪魔のささやきは、あれは夢だ。悪い夢だ。忘れてしまえ。五臓が疲れているときは、ふいとあんな悪い夢を見るものだ。メロス、おまえの恥ではない。

「なにもかもばかばかしい」という眠り込みは、「肉体の疲労」「五臓が疲れている」ことによる「夢」で、「肉体の疲労回復」、五臓の回復によって再び立ち上がり走り出せたということなのか。「私は信じられている。」「私は信頼されている。私は信頼されている。」とある。メロスがこれまで以上に「信じられている」ことの意味を強く認識したと解釈することもできるかもしれない。しかし、「信じられている」ことはこれまでもメロスは十分認識していたはずである。一体何が違うのか。それについての描写や説明が見当たらない。その意味で事件展開の必然性が十分に書き込まれていない。ないしは欠落していると評価できる側面がある。

そういう批判的な読みが可能な一方で、眠り込む直前のメロスの心の葛藤を丁寧に読むと、再起の可能性を読むことができるという見方も成立しうる。眠り込む直前メロスは次のように言い訳をしながら葛藤する。

a　ああ、できることなら私の胸をたち割って、真紅の心臓をお目にかけたい。愛と信実の血液だけで動いているこの心臓を見せてやりたい。
b　私は友を欺いた。中途で倒れるのは、初めからなにもしないのと同じことだ。
c　ありがとう、セリヌンティウス。よくも私を信じてくれた。それを思えば、たまらない。友と友の間の信実は、この世でいちばん誇るべき宝なのだからな。
d　けれども、今になってみると、私は王の言うままになっている。私は遅れていくだろう。王は、独り合点して私を笑い、そうしてことともなく私を放免するだろう。そうなったら、私は、死ぬよりつらい。私は、永遠に裏切り者だ。地上で最も不名誉の人種だ。

最後に「ああ、なにもかもばかばかしい。」と眠り込むメロスであるから、結局は言い訳に過ぎないと読める。しかし、これらの言い訳は、一面言い訳でありながら、メロスにはもとの自分に引き返したいという要素がまだ残っていたとも読める。その時「愛と信実」「友と友の信実」を大事にしたいという気持ちは確かにあったし、「友を欺」くこと「裏切り者」となることへの強い自責の念も確かにあったとも読める。言い訳と言うと否定的にのみ響くが、言い訳をしないで開き直るより、ぐずぐずと言い訳をしている方がまだ立ち上がる可能性を残しているとも言える。この時の葛藤があったからこそ、一度眠り込んだメロスは再び立ち上がることができたという読みである。とは言え自分が現実に裏切ろうとした事実を「夢」「悪い夢」と認識してしまうのは、あまりにも軽いという見方もできるかもしれない。ただし、もう一方では人間が立ち上がって再出発する際には、過去のトラウマ的経験を自分自身に「夢」と言い聞かせて物語化させることも、場合によっては必要なことであるとも考えられる。それらについて、本文を再読しながら吟味・評価していくのである。

それでもメロスは、セリヌンティウスに自分が「悪い夢」を見たことは告白するが、家に戻った際に「一生このままここにいたいと思った。このよい人たちと生涯暮らしていきたいと願った」ことには全く触れていない。全く触れないことを、「看過できない内面のできごと」と見る立場がある。一方で、そういった「『未練の情』があるというのは、生きたいという気持ちがあるから」と見る立場がある。ともに許し難いが、少なくとも「未練の情」の時点ではメロスは約束を守るという気持ちをもっていたのだから、眠り込んだ時とは意味が全く違うという解釈もありうる。それらを本文の書かれ方に戻りながら論争する形の吟味・評価もある（注6）。

「走れメロス」では、クライマックスで「もっと恐ろしく大きいもの」「わけのわからぬ大きな力」がキーワードとして提示される。これは「信じられている」こと、つまり「信実」であると読める。この瞬間にメロスの中で「信実」の意味が大きく変化したと読める。それまでのメロスにとって、「信実」は常に積極的に守るべき良きものとして存在していた。しかし、時には人に重くのしかかり無理矢理引きずるようなものに「信実」が変化している。捨てれば楽にはなるが、それを捨てられないのが人間であるというものの見方である。

しかし、それは丁寧に読めば読めるが、読者はそこまで読まないままに通り過ぎてしまうことがある。とすると、それは読者の責任と言うより作品の書かれ方によるものという見方もできる。「もっと恐ろしく大きいもの」「わけのわからぬ大きな力」という謎かけ的キーワードが、十分に謎かけとして機能しえていないという可能性である。そのかわりにこの後のメロスとセリヌンティウスとの殴り合いに関わって友情物語として読まれてしまう傾向がある。王を改心させた英雄としてのメロスの物語として読まれてしまう傾向もある。この謎かけという仕掛けは本当に成功しているのかという疑いである。とは言え、丁寧に読めば「信実」の意味の変容という本来の主題は見えてくる。その意味で謎かけは十分に機能しているという見方もありうる。

この後の「総括的」な吟味・評価で再度紹介するが、「大造じいさんとガン」での残雪の描写も、両義的に評価できる可能性がある。残雪の描写は見事である。しかし、それらはすべて大造の一方的な思い入れの描写である。よほど「語り」「語り手」を意識しないと、読者にはその思い入れ性が見えてこない。

＊

技法や事件展開の仕掛け、工夫などについての吟味・評価も有効である。第四章で述べた『『形象』を読み深めるための様々な方法』に関わる技法や伏線などの仕掛けに着目した吟味・評価である。優れた技法や仕掛けを吟味・評価することも吟味よみの大切な要素である。「スイミー」であれば比喩表現、体言止め、反復、倒置、さらに導入部の人物設定がクライマックスで生きる仕掛けなどについての吟味・評価ができる。

（3）事件展開を替えることによる吟味・評価

無理のない範囲で別の事件展開を想定し、それとの差異の比較によってオリジナルの事件展開を吟味・評価していく方法である。

「走れメロス」でメロスはセリヌンティウスの処刑にぎりぎり間に合い王との約束を果たす。しかし、メロスがわずかの差で処刑に間に合わなかったとしたらという仮定をしてみる。オリジナルは次のとおりである。

「待て。その人を殺してはならぬ。メロスが帰ってきた。約束のとおり、今、帰ってきた。」と、大声で刑場の群衆に向かって叫んだつもりであったが、喉がつぶれてしゃがれた声がかすかに出たばかり、群衆は、一人として彼の到着に気がつかない。既に、はりつけの柱が高々と立てられ、縄を打たれたセリヌンティウスは徐々につり上げられてゆく。メロスはそれを目撃して最後の勇、先刻、濁流を泳いだように群衆をかき分けかき分け、

「私だ、刑吏！　殺されるのは、私だ。メロスだ。彼を人質にした私は、ここにいる！」と、かすれた声で精いっぱいに叫びながら、ついにはりつけ台に上り、つり上げられてゆく友の両足にかじりついた。群衆はどよめいた。あっぱれ。許せ、と口々にわめいた。

これをたとえば次のように替えてみる。

「待て。その人を殺してはならぬ。メロスが帰ってきた。約束のとおり、今、帰ってきた。」と、大声で刑場の群衆に向かって叫んだつもりであったが、喉がつぶれてしゃがれた声がかすかに出たばかり、群衆は、一人として彼の到着に気がつかない。既に、はりつけの柱が高々と立てられ、縄を打たれたセリヌンティウスは徐々につり上げられてゆく。メロスは再び叫ぼうとするが、それでも誰も気がつかない。三度目にメロスが叫ぼうとしたその時、民衆からどよめきがわき起こった。「ああ！」「ひどい」悲鳴も聞こえる。その後は、一瞬の静寂である。メロスが、立ち上がると、はりつけの柱のセリヌンティウスの左右の胸から真っ赤な血潮が吹き出ていた。遅かった。

細かい表現については色々考えられるにしても、仮に間に合わなかったとしたら、セリヌンティウスの死が現実のものになっていたとしたら、この作品はどういうものになっているか。それとの緊張関係から、もう一度メロスの悪い夢（眠り込み）、フィロストラトスとの会話等を読み返してみる。

3　構成・構造、題名に着目して吟味・評価する

（１）ストーリーは変えずに構成・構造を替えることによる吟味・評価

「クライマックス」の箇所を別に想定する、錯時法を通常の時間の流れに替えてみるなどの方法がある。

クライマックスは、会話など描写が厚く、読者が立ち止まる書かれ方になっている。それをずらす方法である。「スイミー」のクライマックスは、「みんなが、一ぴきの大きな魚みたいにおよげるようになったとき、スイミーは言った。／『ぼくが、目になろう。』」だが、たとえば次のようにクライマックスの位置を変えて比べる。

　みんなは、一ぴきの大きな魚みたいにおよげるようになった。スイミーも目になった。
　その大きな魚を見たしゅんかん、大きなまぐろはびゅんびゅん音を立てながらにげていった。
　「わあい、ぼくたちはまぐろをおいだした！」
　みんなは大きな声でよろこびあった。

導入部の「みんな赤いのに、一ぴきだけは、からす貝よりもまっくろ。」という人物設定がこれだと生きな

い。それを比べることで「ぼくが、目になろう。」というオリジナルの描写の重要性が逆写しに見える。当然、主題も違ったものとなってくる。

「わらぐつの中の神様」のように「現在1→過去→現在2」という錯時法（自然の時間の出来事の順序を入れ替えて作品を構築する方法）の構造になっている作品を、「過去→現在1→現在2」という通常の時間に戻しオリジナルと比べてみる。そうするとクライマックスの位置も変わってくる。謎解きの醍醐味もなくなるし、主要人物のマサエの変容も際立たない。マサエの事件というより、祖母のおみつの事件に変わってしまう可能性もある。逆写しにオリジナルの錯時法の効果の見事さが見える。

二〇〇七年の全国学力・学習状況調査の中三国語・B問題に「蜘蛛の糸」が出題された(注7)。主要事件の終了後の「お釈迦様は極楽の蓮池の縁に立って、この一部始終をじっと見ていらっしゃいましたが」から始まる終結部「三」について、「ないほうがいい」か「あったほうがいい」かどちらに賛成するか自分の考えを書き、理由を「本文中の表現や内容に触れ」ながら答えるという設問である。終結部のある作品に応用できる。「ちいちゃんのかげおくり」では、「それから何十年。」から始まる終結部がもしないとしたらと問うことができる。

(2) 題名を替えることによる吟味・評価

別の題名の可能性を想定し、それとの差異・比較から題名の意味・象徴性等をとらえ直す。題名は、作品全体の主題に関わる象徴性を担わされていることがある。別の題名可能性と比較しながらそれを深く読む。

「やまなし」を教材としている教科書の学習頁には次のような手引きがある(注8)。「『やまなし』は、『五月』と『十二月』を対比してえがいている。なぜ、十二月しか出てこない『やまなし』が題名になっているのだろうか。理由を考えてみよう。」確かに「五月」と「十二月」は対等に扱われているように見える。としたら、「二枚の幻灯」「二枚の青い幻灯」「谷川の底」などの題名でもよかったはずである。そういった差異の比較から題名のもつ象徴性を読むことができる。

「大人になれなかった弟たちに……」も、なぜ「弟」ではなく「弟たち」なのか。「僕」の弟ヒロユキは一人だけである。「僕」と母とヒロユキの話である。「大人になれなかった弟」でもよいはずである。それを「弟たち」にすることによって、戦争のために栄養失調などで死んだ幼い「弟」はヒロユキだけではない。この話は自分たちだけのものでない、という普遍性をもたせることになる。「……」のもつ意味も重要である。

4　海外作品の複数翻訳および改稿・異本などの比較により吟味・評価する

「故郷」は、少なくとも一〇種類以上の翻訳がある。竹内好をはじめとして高橋和巳、丸山昇、駒田信二、最近では藤井省三のものもある。竹内好による翻訳が教科書では使われるが、それと比較的差異が大きい翻訳を取り上げそれらの差異を比較することで、翻訳の違いによる形象性の違いなどが顕在化する(注9)。「スイミー」は小学校高学年や中学校で投げ入れ教材として使えるが、中学生以上であれば谷川俊太郎訳と英語版と比較させることで、谷川訳の創造性が見えてくる。これも吟味・評価の一つである。

井伏鱒二「山椒魚」は作者自身による改変がある。はじめは「幽閉」という作品が書き換えられ「山椒魚」になる。約五〇年後に作者自身により結末が大きく改変される。それらを比較する吟味・評価も可能である。

また、「平家物語」のように異本が多くある古典作品を、比較するという方法もある。たとえば有名な「扇の的」の場面では、使われている「本」(出典)によってかなりプロットに差がある。光村図書の中学校教科書で使っている本は「高野本」である。そこでは与一の見事な弓さばきを讃えて舞う平家の「五十ばかりなる男」を、義経の命令で与一自身が射殺す場面が次のように描かれている(注10)。

伊勢三郎義盛、与一が後ろへ歩ませ寄つて、／「御定（ごぢやう）ぞ、つかまつれ。」／と言ひければ、今度は中差（なかざし）取つてうちくはせ、よつぴいて、しや頸の骨をひやうふつと射て、船底へ逆さまに射倒す。平家の方には音もせず、源氏の方にはまたえびらをたいてどよめきけり。／「あ、射たり。」／と言ふ人もあり、また、／「情けなし。」／と言ふ者もあり。

それに対して、「百二十句本」は次のようになっている（注11）。

伊勢の三郎、与市がうしろへあゆませ寄つて、「御諚にてあるぞ。にくい、奴ばらが今の舞ひ様かな。つかまつれ」と言ひければ、中差取つてつがひ、よつぴいて射る。しや首の骨、ひやうふつと射通され、舞ひ倒れに倒れけり。源氏方いよいよ勝に乗つてぞどよみける。／平家の方には音もせず。

様々な違いがある。たとえば高野本には、男が射殺（いころ）された後の兵士たちの反応が詳しく描写されている。特に「『あ、射たり。』／と言ふ人もあり、また、／『情けなし。』／と言ふ者もあり。」のもつ意味が大きい。「あ、射たり。」は源氏の兵士に違いないが、「情けなし。」は源氏・平家いずれの兵士が言ったのかわかりにくい。一見、平家のように思えるが、文脈からこの時の語り手の位置を考えると、「情けなし。」と言ったのは源氏の兵士である可能性も読める。そうなると全く新しい形象性がここから見えてくる。一方、伊勢三郎の与一への命令の仕方は、「百二十句本」の方が詳しい。この比較から多くのことが読める。複数の異本の比較検討による吟味・評価である。

5 作品を総括的に吟味・評価する──主題、思想、ものの見方・考え方の総括的な吟味・評価

右に述べてきた「1」～「4」の「吟味・評価の方法」を生かしながら、総括的に作品を吟味・評価していく。ここではいくつかの作品の例を示す。たとえば（虚構としての）作者が語り手に何をどう語らせたか、逆に語らせなかったかをとらえ直す（「吟味の方法」の「1」）などを生かしながら吟味・評価していく。

（1）「大造じいさんとガン」の吟味・評価

「大造じいさんとガン」の山場のクライマックスを含む部分に次がある。

残雪は、むねの辺りをくれないにそめて、ぐったりとしていました。しかし、第二のおそろしい敵が近づいたのを感じると、残りの力をふりしぼって、ぐっと長い首を持ち上げました。そして、じいさんを正面からにらみつけました。

それは、鳥とはいえ、いかにも頭領らしい、堂々たる態度のようでありました。

大造じいさんが手をのばしても、残雪は、もうじたばたさわぎませんでした。それは、最期の時を感じて、せめて頭領としてのいげんをきずつけまいと努力しているようでもありました。

大造じいさんは、強く心を打たれて、ただの鳥に対しているような気がしませんでした。

これは三人称の語り手の語りである。ただし語り手は大造に寄り添いながら、その見方（心の中）を代弁する。この作品は三人称の語り手が大造の心の中に入り込み、その思いを直接語る。「うまくいきそうな気がしてなりませんでした。」「むねをわくわくさせながら」「大造じいさんは、たかが鳥のことだ、一晩たてば、ま

たわすれてやって来るにちがいないと考えて」などである。(ただし「が、なんと思ったか、再びじゅうを下ろしてしまいました。」とあえて大造の心の中がわからないという語り方も一部含まれる。)語り手は大造に常に寄り添い大造の側からこの事件を語る。そして大造の心の中に入り込んでいる。ここもその一つと見ていい。

ここで気になるのは「じいさんを正面からにらみつけました。」である。鳥であるガンが「にらみつけ」るとは具体的にどういう状態なのか。人間がにらみつけるのなら顔の表情、目の様子、視線等でわかる。しかし鳥が「にらみつけ」るというのはどういう様子なのか。「にらみつけ」ている根拠は具体的にあるのか。

ここでは大造は(語り手も)「にらみつけ」ていると解釈したということに過ぎないという可能性も読めてくる。ただ緊張して大造の方を見ていたガンの状態を、大造は「にらみつけ」ていると勝手に解釈した。勝手にそう思い込んだという可能性も否定できない。そのすぐ後の「鳥とはいえ、いかにも頭領らしい、堂々たる態度のようでありました。」も、何をもって「頭領らしい」のか、何を根拠に「堂々たる態度のようで」あったのか、よくわからない。出来事としては、①首を持ち上げた→②大造の方を見た→③その状態が継続していた―というだけであろう。「じたばたさわ」がないは、そのとおりであろうが、それ以外はすべて大造がそう解釈した、そう思っただけである。「もうじたばたさわぎませんでした」は、まな板の鯉のイメージ、つまり潔さ・覚悟ということであろうが、この時の残雪は「力をふりしぼって」とあるように肉体的に極限状態にあったはずである。だから、もう体力的にさわげるだけの余力がなかったと解釈することもできる。

「ようでありました。」「ようでもありました。」「気がしませんでした。」と書かれているのだから、大造の主観であるのは当然という見方もできる。しかし、何を根拠に大造がそう見たかについては極めて曖昧である。「最期の時を感じて」「いげんを傷つけまい」も、「自らの死を予感しつつ、それを覚悟し潔くさわがない」といった武士道精神的な見方がそこに過剰に投影されているとも読める。

そういった要素は、約半年後に大造が残雪を逃がす場面でも見える。

「おうい、ガンの英雄よ。おまえみたいなえらぶつを、おれは、ひきょうなやり方でやっつけたかあないぞ。なあ、おい。今年の冬も、仲間を連れてぬま地にやって来いよ。そうして、おれたちは、また堂々と戦おうじゃあないか。」

「ひきょうなやり方」とある。フェアプレーの精神とも、武士道的な精神とも読める。ただし、何をもって「ひきょう」と言えるのか、「ひきょう」でないと言えるのか不明である。もともと大造と残雪の関係はゲームでも試合でもない。対等な戦いでもない。大造は残雪たちの命を一方的に狙い、残雪たちはそれに反撃することなく、ただ逃げるだけである。もちろん大造には猟銃もある。だから、この「ひきょう」は大造の思い込み・思い入れに過ぎない。「ひきょう」とは、通常の猟師としての捕獲手段意外の方法で残雪たちを捕まえたり殺したりすることを言っているに過ぎない。「堂々と戦おう」も、何が「堂々」であり、何が「堂々」でないのか。これも要するに大造の論理、思い込み・思い入れに過ぎない。残雪にとっては、どうでもよい何の関係もない論理である。残雪はただ一羽のガンとして殺されないように自然に振る舞っているに過ぎない。

そう見ると、大造と残雪の関係が、結局のところ大造の論理、思い込み、思い入れによって成立しているに過ぎないという可能性が見えてくる。言い換えると、大造の「一人相撲」の世界である。

そもそも、この作品で残雪は人物とは言えない。人間以外でも人物にはなるが、それは「ごんぎつね」のごんのように、人間と同じ（虚構としての）人格を与えられた場合である。残雪は人物と確認できる説明も描写もない。とするとこの作品の大造のモノローグに近い「一人相撲」「思い込み」のプロットが見えてくる。

(2)「少年の日の思い出」の吟味・評価

「少年の日の思い出」は、たとえば「『ぼく』は、自分の行動には自らが責任を持たなくてはならないということを、身をもって悟り、こうして大きく精神的な成長を遂げていった」(注12)などと長く読まれてきた。しかし、それだけでは、エーミールの人物形象の読みとして大きな欠落がある。それとの関係で見えてくる「僕」の形象、さらには大人になった「僕」の形象の読みとりも再考する必要がある。

エーミールについては、たとえば「『美』とは無縁であ」る人物(注13)、「いやみな行動」をとり「冷淡に構えている」人物(注14)などと今まで読まれてきている。そして「僕」はそのエーミールと対局にある人物として読まれる。「同じちょうを、一方(エーミール)は貨幣価値のあるものとしてとらえ、一方(僕)は美としてとらえる」(括弧・阿部)(注15)などの読みである。確かに次に着目すれば、そういう人物像は読めそうである。

それは、中庭の向こうに住んでいる先生の息子だった。この少年は、非の打ちどころがないという悪徳をもっていた。それは、子供としては二倍も気味悪い性質だった。

そして、実際に「僕」がコムラサキを見せにいくとエーミールは「二十ペニヒぐらいの現金の値打ちはある、と値踏みし」た上で、「難癖をつけ始め」る。二年後のクジャクヤママユの出来事でも、エーミールは自分の失敗をやっとの思いで告白しに来た「僕」に対して「激したり、僕をどなりつけたりなどはしないで、低く『ちぇっ。』と舌を鳴らし」「そうか、そうか、つまり君はそんなやつなんだな。」と言い、「軽蔑的に見つめて」いる。「僕」が「自分のちょうの収集を全部やる」と言っても次のように言うだけである。

「結構だよ。僕は、君の集めたやつはもう知っている。そのうえ、今日また、君がちょうをどんなに取りあつかっているか、ということを見ることができたさ。」

「今日また、君がちょうをどんなに取りあつかっているか、ということを見ることができた」とは、今までの「僕」のちょう集めの在り方全体を否定する言葉である。「僕」のちょう集めと標本化の価値を大きく打ち消す意味を含んでいる。そう読むと、確かにエーミールは「『美』とは無縁」な冷たい存在ということになる。

しかし、そこには大きな読み落としがある。それらを「語り」の在り方に注目して読むと、新たな形象が見えてくる。この作品は一人称であるから、エーミールの人物像はすべて主人公である十歳または十二歳の「僕」の目を通して語られる。だから以上のエーミール像はすべて「僕」の視点から見た人物像である。ということは「僕」の語りの陰に隠れて見えていないエーミール像の可能性が読めるはずである。エーミールが「二十ペニヒぐらいの現金の値打ちはある、と値踏みし」「難癖をつけ」ることを「『美』とは無縁」と断定的に読むが、蝶であれ何であれ自分の収集を値段に換算しようとするのはそう珍しいことではないとも考えられる。蝶でも切手でも古銭でも実際に売り買いしなくても値段に換算してみて楽しむということはある。美しいと思う。でも値段にも換算してみたい―と思っては何故いけないのかとも考えられる。（私自身子供の頃、切手集めをした際に切手のデザインや色の美しさを楽しむと同時に「この切手は今三千円の価値がある」などと楽しんだ覚えがある。）エーミールが「二十ペニヒ」と言ったからと言って「『美』とは無縁」とだけは断定できないはずである。「難癖」も、エーミール的な美の基準から見ると許せなかったから指摘しただけとも読める。さらにクジャクヤママユの出来事の際のエーミールの対応にしても、本当に「『美』と無縁」と言えるのか。「僕」にとってそれが「興奮」の対象であったことは確かであろうが、なぜエーミールにとって「クジャクヤママユをさなぎからかえ」したということが「興奮」するような出来事でないと言えるのか。エーミールが、やっとの思いでかえした蝶に違いない。そのクジャクヤママユに対して、エーミールが「僕」とは違った形の興奮や感動をもっていた可能性はないなどとは断定できないはずである。

「激したり、僕をどなりつけたりなどはしないで」「『ちぇっ。』と舌を鳴らし」「そうか、そうか、つまり君はそんなやつなんだな。」と言い「僕を見つめ」るという行為からは、エーミールがうまく自分の怒りを示すことのできない（不器用な）人物であるという可能性も読める。それを「軽蔑的」と解釈したのは「僕」である。彼が周到に計算し「僕」に冷淡な態度をとったとだけは読めない。「僕は、君の集めたやつはもう知っている。」も、事実をそのまま語っただけとも読める。「君がちょうをどんなに取りあつかっているか、ということを見ることができたさ。」も、当然の反応とも言える。「僕」は「ちょうを右手にかく」す。つまり貴重な蝶を平気で素手で持とうとする。そしていくら隠そうとしていたからとは言え上着のポケットに蝶を直接突っ込む。いかにも子供っぽい扱い方である。大人的な蝶の扱い方に慣れているエーミールにとっては信じがたい扱い方であるとも言える。「君がちょうをどんなに取りあつかっているか、ということを見ることができた」は、エーミールにとっては自分が感じたことをそのまま語っただけとも読める。

その「語り」の在り方に着目すると、語り手である「僕」から見たエーミール像と、もう一つのエーミール像、少なくとも「僕」には見えていないかもしれないエーミール像の可能性が見えてくる。すべてのプロットは、語り手によって語られ、語り手のものの見方・考え方・感じ方が反映される。三人称の語り手でも同じである。一人称の場合はそれが露骨に出る。露骨に出ること自体が作品の仕掛けと言える。

エーミール像は「僕」の目を通した人物像であるという点に着目した読み方もあった。竹内常一は「かれにたいするぼくの評価の揺れを読みとることが大切である。そうしないと『先生の息子』というものは『非のうちどころがないという悪徳』をもっているということになり、かれの具体像を読み落とすことになる。」と述べている。ただし、とは言いつつ竹内がエーミールを「かれの熱中は、ぼくのようにチョウをとらえることやその美しさを見ることにあったのではなく、チョウを『もの』として取り扱い、『もの』として整理し、『もの』として修理することにあった」としていることは不可解である(注16)。

「僕」の目を通したエーミール像を読むだけではこの作品の「語り」の構造を読んだことにはならない。この作品は「わたし」の家の書斎での「わたし」と「客」との会話から始まる。二人とも中年と言える人物である。「わたし」が自分の蝶の収集を客に見せる。それを見て「客」は「僕は、小さい少年のころ、熱情的な収集家だったものだ。」と「その思い出が不愉快ででもあるかのように」言う。そして「僕も子供のとき、むろん収集していたのだが、残念ながら自分でその思い出をけがしてしまった。実際、話すのも恥ずかしいことだが、ひとつ聞いてもらおう。」と「客」は自分の子ども時代を「僕」という一人称で語り始める。その導入部の最後は「友人は、その間に次のように語った。」となっている。そして「僕は、八つか九つのとき、ちょう集めを始めた。」となる。と言うことは、この時の語り手は十歳〜十二歳の子供の頃の「僕」でもあるが、同時に四十を超えた大人になった「僕」つまり「客」でもある。この語りは子供の時の「僕」と大人になった「僕」とが重なる形の構造（重層構造）と読める。とすると、「非の打ちどころがないという悪徳をもってい た」「子供としては二倍も気味悪い性質」「軽蔑的に見つめて」いるというエーミール像は、子供の時の「僕」だけでなく、大人になった「僕」がまだもっているエーミール像である可能性がある。大人になった「僕」は今もそういうエーミールへの見方を引きずっているということである。つまり「僕」は、大人になった今も、当時の自分のエーミール像をまだ乗り超えられずにいることになる。もしかするとエーミールは値踏みをしながらも、彼なりに蝶の「美」を大切にしていたかもしれない。エーミールはあの時の「僕」とは違った形でクジャクヤママユの崩壊を悲しんでいたのかもしれない。不器用な彼はそのことを上手く表現できなかったのかもしれないといった可能性に、大人になった今も「僕」は全く思い至らないということである。

「僕」は「一度起きたことは、もう償いのできないものだということを悟」り自らの手で「ちょうを一つ一つ」「粉々に押しつぶ」すことで、自分の「純粋」な熱情の世界とは違った世界があることを知る。そして、今までの生き方の象徴である蝶と訣別する。その意味で「僕」は少年時代と別れ新しい生き方に踏み込んだということが読めるかもしれない。しかし、それは「僕」が自分の中のエーミール像を対象化したり更新したりしていくというまでのものではなかった。自分は「熱情」「興奮」「美」などの世界、エーミールは「非のうちどころがないという悪徳」「気味悪」さ「現金」「軽蔑」の世界という二項対立の世界からは、おそらくは大人になった今も抜け出せていない。そういう「僕」つまり「客」の可能性を読むことも必要である。そう読むと「僕」が「大きく精神的な成長を遂げていった」(注17)というだけの解釈には決定的な読み落としがあることになる。ただし、作品そのものがそういった読み落としを起こしやすい書き方になっていると見ることもできる。そういう切り口で読み直すと、「少年の日の思い出」という作品の評価もまた更新される可能性がある。

吟味よみにおける「語り手を替える」「ストーリーは替えずに構成・構造を変える」などによる吟味・評価の方法は、いずれも「言葉による見方・考え方」にあたるものであり、国語科の高次の教科内容と言える。

(3)「読むこと」から「書くこと」への吟味・評価の発展

「読むこと」と「書くこと」は常に深く関わる。それは構成・構造の読み（構造よみ）の際も、形象・技法の読み（形象よみ）の際も関わる。「書くこと」の学習によって「読むこと」の学習は深まる。作品の構成・構造の読み、形象・技法の読みを「発言」という形で表明し、子ども相互に話し合い・意見交換という形で交流し討論していくことは重要である。しかし、それは「話し言葉」のレベルである。それを、教師が意味づけ

「板書」等の形で「書き言葉」に変換することで整理され定着されていく。ただし、大切な指導過程では、子どもたち自身が「書くこと」の学習により、「話し言葉」レベルの読みを整理し定着させていく必要がある。

そして、その「書くこと」の学習は、吟味・評価の過程では特に大きな意味をもつ。この過程は、これまでの学習を収斂するものであり、よりメタ的な読みが要求される。ここでは、自らの作品の吟味・評価を文章として書いていくことを重く位置づける。そして、それを子ども相互に交流し討論し深めていくのである。

たとえば本章・第1節で紹介したようにエーミールを語り手とした作品を提示し「リライト版とオリジナル版と自分はどちらに共感できるか」「二つのリライト版のどちらに共感できるか」を問い「吟味文」として書かせる方法がある。先に文章を書かせてから、それに基づいて作品について学級で論議をする方法もあるし、学級で論議をした上で文章を書かせていく方法もある。教科書の「走れメロス」の手引きには「『メロス』の行動や考え方について、共感できたところや、できなかったところを、その理由も考えながら話し合ってみよう。」[注18]がある。その話し合いの後に「吟味文」を書かせ、さらにそれを交流させていくという方法もある。ストレートに「あなたは、この作品をどう評価したか」といった課題で吟味文を書かせることもできる。ただし、その際には書く方法を丁寧に指導したり吟味文のモデルを示したりといった配慮が必要である。

石川県の山下雅美は「わらぐつの中の神様」の「現在1―過去―現在2」のオリジナルのプロットを、時間どおりの順序「過去―現在1―現在2」にリライトし、その差異からオリジナルのプロットの効果を考え、文章に書かせている。小学校低学年の場合は、たとえば「『スイミー』の中で一番好きな言い方はどれ？」と問いかけ簡単な文章にして交流させるというところから始めてもよい。

比較的本格的な「吟味文」を書かせる授業と、右の低学年のように短めの短作文的「吟味文」で済ませる場合とがあってよい。子どもたちの学習到達度、発達段階（学年など）、学習内容（教科内容）、教材（単元）によって、様々な形の「書くこと」の指導が展開されることが望ましい。いずれにしても、第1節の「吟味よみの六要素」「吟味・評価の方法」を応用しながら、多様な「書くこと」の指導を展開していく必要がある。

　吟味よみによって子どもたちはより主体的な読者として育っていく。多様な観点から物語・小説を豊かに「再読」する力がつく。構成・構造を読む力、形象・技法を読む力、吟味・評価をする力をもつ読者は、「厳しい読者」である。「厳しい読者」が多く存在することで、その時代の文学の質・文学創作の質も上がる。子どもたちに質の高い「読む力」がつくことで、日本や世界の文学の在り方に変化が出てくる大きな可能性がある。

〈注〉

(1)　時枝誠記「国語教育に於ける古典教材の意義について」『国語と国文学』一九四八年四月、至文堂、一六〜一七頁
(2)　文部科学省『中学校学習指導要領解説・国語編』（二〇一七年）にも「文学的文章においても、例えば、登場人物の行動や物語の展開の意味を考えたり、登場人物と自分との考え方の違いを確認したりするなど、批判的に読むことが重要である。」とある。
(3)　ロバート・スコールズ（折島正司訳）『テクストの読み方と教え方』一九八七年、岩波書店、三五頁【Robert Scholes "Textual Power: Literary Theory and the Teaching of English" 1985】
(4)　荒木繁「民族教育としての古典教育」日本文学協会『日本文学』一九五三年、未来社
(5)　中学校教科書『国語1』（二〇一二年、光村図書）の「少年の日の思い出」の学習頁（一九三頁）には次の課題がある。「別の人物の立場で書こう／この作品では、『僕』が見たり感じたりしたことは十分に語られているが、クジャクヤママユをつぶされた『エーミール』の気持ちや、『僕』を『エーミール』のもとに送り出した『母』の気持ちはほとんど語られていない。／そのとき、『エーミール』や『母』はいったい何を見て何を感じ、何を考えていたのだ

ろうか。『僕』以外の人物の立場で作品を書き換えてみよう。（中略）／②人物を決め、書き換える場面を選んで、物語風の文章を四百字程度で書いてみよう。」

(6) これについては田中実と田近洵一が、座談会の中でメロスの「未練の情」をめぐって論争を行っている。（「座談会Ⅰ　読みのアナーキーをどう超えるか―〈原文〉とは何か」田中実他編『文学の力×教育の力・理論編』二〇〇一年、教育出版、六七～一一〇頁）

(7) 文部科学省「全国学力・学習状況調査」中学校三年「国語」Ｂ問題

(8) 小学校教科書『国語六』二〇一五年、光村図書、一三一頁

(9) 上谷順三郎は「故郷」の翻訳の比較による吟味の有効性について論じている。（「中学校国語科における『批評』の位置づけ」科学的「読み」の授業研究会編『国語授業の改革12』二〇一二年、学文社、一七九～一八二頁）

(10) 中学校教科書『国語２』二〇一二年、光村図書、一四一頁

(11) 水原一校注『平家物語』（新潮日本古典集成47）一九八一年、新潮社、二三〇～二三一頁

(12) 金くみ子「少年の日の思い出」『読み方授業のための教材分析・６』一九八三年、明治図書、三四頁

(13) 田中みどり『文芸研教材研究ハンドブック「少年の日の思い出」』一九九三年、明治図書、二〇頁

(14) 前掲書(12)、四四頁

(15) 前掲書(13)、一四頁

(16) 竹内常一「罪は許されないのか」田中実他編『教材の力×文学の力・中学校編1年』二〇〇一年、教育出版、二二三頁

(17) 前掲書(12)、三四頁

(18) 中学校教科書『国語２』二〇一二年、光村図書、一九七頁

第2部 有名教材であたらしい「読み」の授業を検証

第一章 「モチモチの木」（斎藤隆介）のあたらしい「読み」の授業

「モチモチの木」は、斎藤隆介（一九一七年〜一九八五年）の作品である。一九六三年に『教育新聞』（日本教職員組合）に掲載され、一九六七年に単行本『ベロ出しチョンマ』（理論社）に収められた。教科書には一九七七年に光村図書（小3）、教育出版（小3）、日本書籍（小4）の国語教科書に掲載された。現在、光村図書、東京書籍、教育出版、学校図書の小3の国語教科書に掲載されている。単行本と教科書で本文に一部異同がある（注1）。この作品には小見出しがあるが、教育出版は小見出しをなくし番号を付してある。

第1節 「モチモチの木」の構造よみ—構成・構造を読む

「モチモチの木」は、「導入部—展開部—山場—終結部」の四部構成の作品である。

この作品には小見出しがある。「おくびょう豆太」「やぃ、木ぃ」「霜月二十日のばん」「豆太は見た」「弱虫でも、やさしけりゃ」の五つである。「おくびょう豆太」「やぃ、木ぃ」が導入部、「霜月二十日のばん」が展開部、「豆太は見た」が山場、「弱虫でも、やさしけりゃ」が終結部である。

導入部と展開部の伏線が、山場のクライマックスで生きるという典型性をもつ。また、クライマックスで主題が顕在化し、終結部でさらにそれが深まり発展するという仕掛けもある。

1 「モチモチの木」の構成をつかむ―発端「霜月二十日のばん」

この作品の導入部は、比較的長い。「おくびょう豆太」と「やい、木ぃ」の二つの部分である。「おくびょう豆太」には、「じさまぁ。」「しょんべんか。」と会話が含まれる。「やい、木ぃ」にも「やい、木ぃ、モチモチの木ぃ、実ぃ落とせぇ。」などとある。会話があるのだから描写的と読める。既に事件が進行しているようにも見える。

しかし、丁寧に読むと、これらがある日ある時のことではなく毎日繰り返されている日常の説明とわかる。「おくびょう豆太」は「全く、豆太ほどおくびょうなやつはない。」から始まる。その後は、日常的に繰り返されている「おくびょう」豆太の説明となる。「夜中には、じさまについてってもらわないと、一人じゃしょうべんもできないのだ。」も、「豆太が『じさまぁ。』って、どんなに小さい声で言っても、『しょんべんか。』と、すぐ目をさましてくれる。」も、日々繰り返されていることの説明である。

「やい、木ぃ」でも「秋になると、茶色いぴかぴか光った実を、いっぱいふり落としてくれる。」と毎年繰り返される様子を説明している。じさまが夜に豆太のしょんべんに付き添うことについても「じさまは、かならずそうしてくれるんだ。」とある。「かならず」ということは一回だけでなく、繰り返される出来事である。

それに対し「霜月二十日のばん」からある日ある時の描写になる。ここは「そのモチモチの木に、今夜は、灯がともるばんなんだそうだ。」から始まり、じさまの言葉（会話）が続く。ある日ある時の一度だけの出来事の描写になる。「説明的な書き方から描写的な書き方に変わる」「日常の繰り返しをまとめて説明するところから、ある日ある時の描写に変わる」という発端の典型的なかたちである。

そして、この「霜月二十日のばん」から、それまで繰り返されてきた日常とは違う「事件」が起こる。日常に対し非日常的な出来事が始まる。じさまの急病が、豆太にこれまでにない新たな行動をさせる。そして、豆太とモチモチの木の新しい関係が生まれていく。そのきっかけとなる部分がここである。ここが、事件のはじまり＝発端である。

この作品の発端の特徴を整理すると次のようになる。

1 説明的な書き方から描写的な書き方に変わる。
2 日常の繰り返しをまとめて説明するところから、ある日ある時の描写に変わる。
3 それまで繰り返されてきた日常とは違う「事件」が起こる。
4 じさまの急病をきっかけとして、豆太とモチモチの木の新しい関係が生まれていく。
5 それらの意味でここから主要な「事件」が動き出す。

2 「モチモチの木」のクライマックス—豆太とモチモチの木の関係性の劇的変化

クライマックスは、次の部分である。

豆太は、小屋へ入るとき、もう一つふしぎなものを見た。
「モチモチの木に、灯がついている。」

じさまの急病で豆太は医者様を呼びに行く。豆太は医者様と小屋に戻るが、医者様におぶわれて小屋に入る直前に灯がついたモチモチの木を見る。豆太自身は気づいていないようだが、これが展開部でじさまが言っていた「勇気のある子どもだけ」が見ることのできる「山の神様のお祭り」としての「モチモチの木」の「灯」である。これまでの「空いっぱいのかみの毛をバサバサとふるって、両手を『わあっ。』とあげる」と思ってきた豆太、そして「――それじゃぁ、おらは、とってもだめだ――。」と思っていた豆太とモチモチの木の関係がここで大きく変わる。終結部で、じさまが豆太に語る言葉「おまえは、山の神様の祭りを見たんだ。」で、豆太も自分の行為の意味を知る。事件の決定的な転換点である。主題もここで顕在化する。

また、ここは会話文もあり描写性も高い。真夜中にモチモチの木に灯がともるという点でも、読者に強くアピールする場面である。

授業では、クライマックスの候補として次の部分が出されることがある。じさまの急病を知った豆太が、小屋から飛び出す場面である。

「医者様をよばなくっちゃ。」
豆太は、小犬みたいに体を丸めて、表戸を体でふっとばして走りだした。
ねまきのまんま。はだしで。半道もあるふもとの村まで――。

臆病だった豆太が勇気を出して真夜中に一人で外に飛び出すところである。緊迫感もあり、描写の密度も濃い。大きな事件の節目である。ただし、導入部や展開部を見ると、クライマックスとしてはまだ早いことがわかる。

導入部の「おくびょう豆太」と「やい、木ぃ」では、豆太の臆病ぶりが説明されるだけではない。豆太がモチモチの木をひどく怖がっていたことが繰り返し述べられる。「大きなモチモチの木がつっ立っていて、空いっぱいのかみの毛をバサバサとふるって、両手を『わあっ。』とあげる」「夜になると、豆太はもうだめなんだ。木がおこって、両手で、『お化けぇ。』って、上からおどかすんだ。」「もう、しょんべんなんか出なくなっちまう。」などである。それらが導入部の重要な伏線となる。

展開部で「霜月二十日のばん」になると「そのモチモチの木に、今夜は、灯がともるばん」であることがじさまによって語られる。そして、じさま自身も「子どものころに見たことがある。死んだおまえのおとうも見たそうだ。」「それは、一人の子どもしか、見ることはできねえ。それも、勇気のある子どもだけだ。」と語る。それを聞いた豆太は「――それじゃぁ、おらは、とってもだめだ――。」と言い、「じさまもおとうも見たんなら、自分も見たかったけど、こんな冬の真夜中に、モチモチの木を、それも、たった一人で見に出るなんて、とんでもねえ話だ。」と思う。これも、豆太とモチモチの木の関係性を示す重要な伏線である。

そう見ると、この作品の主要な事件は、豆太とモチモチの木との関係によって成り立っていることがわかる。（題名も「モチモチの木」である。）そうすると、小屋を飛び出すところも重要な節目ではあるが、まだ豆太とモチモチの木の関係性そのものは変化していない。「モチモチの木に、灯がついている。」で、豆太とモチモチの木の関係が大きく変化する。「豆太は、小屋へ入るとき、もう一つふしぎなものを見た。／『モチモチの木に、灯がついている。』」がクライマックスである。

また、ここでは「豆太は、小屋へ入るとき、もう一つふしぎなものを見た。」という一文を提示してから、「モチモチの木に、灯がついている。」を出す。倒置的な効果が生まれている。「豆太は」「もう一つふしぎなものを見た。」で、読者は「一体何を見たの？」と強く気持ちを引きつけられる。そこで灯がついたモチモチの木が登場する。優れた表現上の工夫である。

クライマックスの特徴を整理すると次のようになる。

1　豆太とモチモチの木の関係が大きく転換する。
　この作品ではモチモチの木が象徴的な意味をもち、ここで主題が顕在化する。
2　導入部・展開部の伏線が、ここで大きく生きる。その劇的な逆転の効果である。
3　会話を含み描写の密度が特に濃い。
4　場面としても真夜中にモチモチの木に灯がつくという読者にアピールするものとなっている。
5　「もう一つふしぎなものを見た。」の次に「モチモチの木に、灯がついている。」が示されるという表現上の工夫がある。

山場の始まりは、クライマックスを含む場面の始めの「豆太は見た／豆太は、真夜中に、ひょっと目をさました。」である。結末は、「豆太は見た」の最後「湯をわかしたりなんだり、いそがしかったからな。」であり、終結部は主要な事件の後日譚である「弱虫でも、やさしけりゃ」の部分となる。

導入部が長めで展開部が短めという特徴はあるが、導入部（まえばなし）―展開部（事件のひろがり）―山場（事件の急展開・やま）―終結部（あとばなし）という典型的な構造となっている。

3　「モチモチの木」の構造表

「モチモチの木」の構造表である。

「モチモチの木」の構造表

事件（発端〜結末）

導入部

冒頭 おくびょう豆太／全く、豆太ほどおくびょうなやつはない。——

発端 霜月二十日のばん／そのモチモチの木に、今夜は、灯がともるばん——

展開部

山場の始まり 豆太は見た／豆太は、真夜中に、ひょっと目をさました。——

山場

◎ **クライマックス** 豆太は、小屋へ入るとき、もう一つふしぎなものを見た。
「モチモチの木に、灯がついている。」

結末 ——湯をわかしたりなんだり、いそがしかったからな。

終結部

末尾 ——そのばんから、／「じさまぁ。」／と、しょんべんにじさまを起こしたとさ。

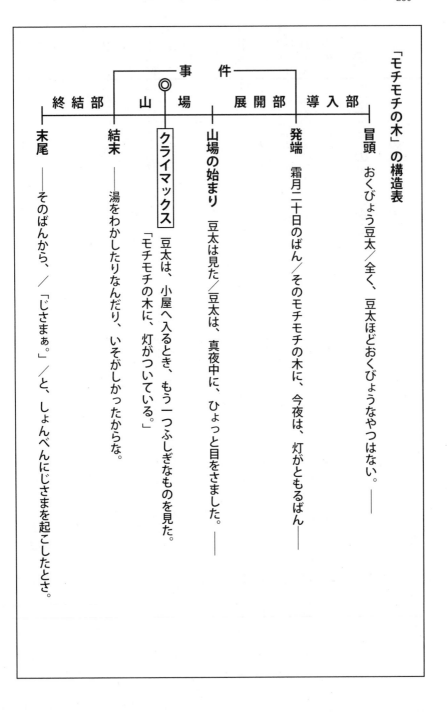

第2節　「モチモチの木」の形象よみ―「鍵」に着目し形象を深める

1　「モチモチの木」の導入部の形象と技法

（1）見出しと冒頭の一文の効果―読者に強い印象を与える冒頭

導入部では、豆太の人物の紹介、じさまと豆太との関係、豆太とモチモチの木の関係が述べられている。いずれもが重要な伏線である。

まず冒頭で「おくびょう豆太」という小見出しが読者をとらえる。「おくびょう豆太」とラベリングしているのだから、普通と違う余程の臆病と読者は予想する。おそらく同年代の子どもと比べても特に豆太は臆病ということなのだと思う。導入部は、この小見出しどおり、いかに豆太が臆病かが繰り返し述べられる。

小見出しの後に次の第一文が示される。

全く、豆太ほどおくびょうなやつはない。

「全く」は「とても」「非常に」に意味は近いが、ここではそれ以上の強さがある。ここで「全く」は、「ほど～ない」という表現と呼応する。「ほど～ない」自体が係り結び的強調である。豆太以上の臆病はいない。一番の臆病、普通の子どもの程度を大きく超えた臆病ということである。それが「全く」と呼応し、さらに意味を強める。「おくびょう豆太」「全く」「豆太ほどおくびょうなやつはない。」とトリプルで臆病を強調する。

また、ここでの「全く」は、いらだち、許せないという気持ち、困ったという気持ちを含む。（語り手の）

強い不満でもある。語り手がいらだち不満をもつほどのひどい臆病ということである。

これに呼応するかたちで、この「おくびょう豆太」の最後に「どうして豆太だけが、こんなにおくびょうなんだろうか――。」がある。「どうして」「だけが」「こんなに」「――」によって豆太の臆病がさらに強調される。三重にも四重にも豆太の大きな臆病性が印象づけられる。

この冒頭の小見出しと始めの一文のもつ意味そしてインパクトは大きい。インパクトの強い冒頭部分が、伏線として山場で大きく生きる。この作品に限らず、物語・小説では冒頭への着目は重要である。

(2) 豆太とモチモチの関係性が重要な伏線

そして、「豆太のおくびょう」を証明する説明が続く。「おくびょう豆太」では、「五つにもなったんだから、夜中に、一人でせっちんぐらいに行けたっていい。」の後に次が来る。

ところが、豆太は、せっちんは表にあるし、表には大きなモチモチの木がつっ立っていて、空いっぱいのかみの毛をバサバサとふるって、両手を「わあっ。」とあげるからって、夜中には、じさまについてってもらわないと、一人じゃしょうべんもできないのだ。


本当にモチモチの木が「空いっぱいのかみの毛をバサバサとふるって、両手を『わあっ。』とあげる」わけではない。豆太には木の枝や葉が「かみの毛」に見え、それが風に揺れる様子が「バサバサとふるっ」たように見える。「わあっ。」は、枝が覆い被さるようになっている状態がそう見えたのかもしれない。強い風に煽られた枝や葉が鳴らす音がそう聞こえたのかもしれない。あるいは、その両方かもしれない。

「やぃ、木ぃ」では、モチモチの木は「お化け」にもなる。

木がおこって、両手で「お化けぇ。」って、上からおどかすんだ。夜のモチモチの木は、そっちを見ただけで、もう、しょんべんなんか出なくなっちまう。

豆太にとって、モチモチの木がいかに恐ろしいものであるかが繰り返し述べられる。ここで重要なのは、豆太がただ臆病であることを強調している点ではない。モチモチの木との関係で豆太の臆病が述べられている点である。構造よみでも述べたとおり、豆太とモチモチの木の関係性が重要な伏線になっている。

物語・小説で何度も繰り返されている要素は伏線となっている場合が多く、是非着目すべきものである。一回だけ何気なく示される伏線もある。後から考えるとあれが伏線だったかと気づく伏線もある。（推理小説では、よくその手を使う。）しかし、まずは何度も繰り返されている伏線に着目することが重要である。

「おくびょう豆太」「やぃ、木ぃ」（導入部）には、じさまと死んだおとうの紹介もある。「おくびょう豆太」の後半で「けれど、豆太のおとうだって、くまと組みうちして、頭をぶっさかれて死んだほどのきもすけ」「じさまだって、六十四の今、まだ青じしを追っかけ」と、二人の勇敢さが示されている。これは、展開部始めのじさまの豆太への語りの中で再度出てくる。（これも繰り返しとしての伏線である。）

（3）「豆太」という名前を読む

「豆太」という名前も仕掛けである。「豆」は小ささの比喩、子どもの比喩として使う。「豆電球」「豆記者」などである。豆太が子どもであること、そして体が小さいことを象徴している。かわいらしさも読める。また、体だけでなく、気持ち・肝玉が小さいとも読める。ただし、豆は種子だから、これから大きく育っていくという可能性も読めるかもしれない。

（4）語り手を読む

この作品の語り手は、自分の思いをかなりの程度前面に出す。冒頭から「全く、豆太ほどおくびょうなやつはない。」と不満を露わにする。「やつ」「ぬらされちまう」「でっかいでっかい」「しょんべん」「みっともないやなぁ」「そうしなくっちゃだめなんだ」など、少し乱暴で荒い言葉遣いである。冷静で知的な語り手とは違う。しかし、読者にとってきどっていない親しみやすい語り手とも言える。末尾の「と、しょんべんにじさまを起こしたとさ。」の「とさ。」からは、昔話の語り手の姿も垣間見える。読者に近い存在としての語り手である。読者がこの物語世界に親しみをもって入ることができるという効果を生んでいる。

また「空いっぱいのかみの毛をバサバサとふるって、両手を『わあっ。』とあげる」と、豆太の思いを代弁する。豆太の心の中に入る三人称の語り手である。じさまの心には入らないようだから三人称限定視点である。

2 「モチモチの木」展開部の形象と技法

（1）伏線としてのじさまの言葉

この展開部では、構造よみでも述べたとおり次のじさまの言葉が伏線として重要な意味をもつ。

「霜月の二十日のうしみつにゃぁ、モチモチの木に灯がともる。起きてて見てみろ。そりゃぁ、きれいだ。おらも、子どものころに見たことがある。死んだおまえのおとうも見たそうだ。山の神様のお祭りなんだ。それは、一人の子どもしか、見ることはできねえ。それも、勇気のある子どもだけだ。」

「うしみつ」は、丑三つで午前二時から二時三〇分くらいである。普通の人は寝静まっている特別な時間である。「草木も眠る丑三つ時」というように、真夜中らしい真夜中という時間である。季節は、霜月つまり陰暦の十一月だからかなり寒い。うしみつだと、一層寒いはずである。だからこそ、そういう季節にその時間まで起きていて、おそらくは一人でモチモチの木を見ることのできる子どもは特別ということなのである。

そのような条件が揃うことで、「モチモチの木に灯がともる」様子を見ることができる。それも「今夜は」とあるのだから、その一日だけ限定である。かなり印象的で綺麗な情景のようである。その上、「山の神様のお祭り」という意味がそこに付加される。神が関わる特別の時間ということになる。「一人の子どもしか、見ることはできねえ。」は、普通の子どもでは見ることができない。誰でも見られるわけではない。限られた子どもだけという意味とも読める。また、特別の子ども、選ばれた子ども一人だけというニュアンスも読める。

その「山の神様の祭り」を、「おらも、子どものころに見た」「死んだおまえのおとうも見た」となる。その孫であり子どもである豆太も見ることができて当然という思いがそこに含まれる。

既に述べたとおり、導入部でも「けれど、豆太のおとうだって、くまと組みうちして、頭をぶっさかれて死んだほどのきもすけ」「じさまだって、六十四の今、まだ青じしを追っかけ」と、二人の勇敢さが示されている。それと関わるかたちで、「霜月の二十日のうしみつ」に「モチモチの木に灯がともる」様子をじさまもおとうも見たとなる。繰り返される重要な意味をもつ伏線である。

(2) 豆太の「おらは、とってもだめだ――。」

しかし、豆太は「――それじゃぁ、おらは、とってもだめだ――。」と泣きそうに言い、「じさまもおとうも見たんなら、自分も見たかったけど、こんな冬の真夜中に、モチモチの木を、それも、たった一人で見に出るなんて、とんでもねえ話だ。ぶるぶるだ。」と思う。導入部で述べられた豆太の様子を見れば、当然の反応である。もちろん、この反応自体もクライマックスにつながる伏線となっている。

ここで着目したいのは、二つのダーシ「――」である。「それじゃぁ」の前と、「とってもだめだ。」の後のダーシは、無言を表現していると読める。直ちに「それじゃぁ」と言ったのではなく、一瞬間を置いて言った。豆太が一瞬考えていたことがわかる。だめとは思いつつも「おらも、子どものころに見た」「死んだおまえのおとうも見た」と言われ「そりゃぁ、きれいだ。」と言われれば、できれば自分も見たいと思う。しかし、自分にはできるはずはないと思う。――という思考過程があった。後のダーシの無言からは、豆太の残念さ無念さが読める。それを裏付けるように直後に「じさまもおとうも見たんなら、自分も見たかったけど」とある。じさまの話と豆太の反応、これらがすべて伏線としてクライマックスにつながる。

3 「モチモチの木」の山場の形象と技法

（1）倒置のもつ効果

山場となり急に緊迫感が増す。じさまが体を丸めてうなっている。ここでは倒置が効果的である。

「医者様をよばなくっちゃ。」
豆太は、小犬みたいに体を丸めて、表戸を体でふっとばして走りだした。
ねまきのまんま。はだしで。半道もあるふもとの村まで――。

「走りだした。／ねまきのまんま。はだしで。半道もあるふもとの村まで――。」と倒置になっていることで、まずは豆太の「表戸を体でふっとばして走りだした。」という劇的な行動が読者に強くアピールする。その上で「ねまきのまんま。はだしで。半道もあるふもとの村まで。」と続くことで、表現に切れ味が生まれ緊迫感が高まる。「ねまきのまんま」「はだしで」「半道もあるふもとの村まで」のそれぞれも、読者を強くとらえる。ここでそれぞれが、読点「、」でなく句点「。」となっていることの効果もある。

もしこれが次だとこれほどの緊張感はない。


「医者様をよばなくちゃ。」

豆太は、ねまきのまんま、はだしで、半道もあるふもとの村まで小犬みたいに体を丸めて、表戸を体でふっとばして走り出した。


説明臭い冗長な表現になる。倒置にすることで「ふっとばして走りだ」す緊迫感が高まると同時に「ねまきのまんま」「はだしで」「半道もあるふもとの村まで」という一つ一つの厳しい状況を読者に印象づける。十一月だから夜は特に寒い。それを裸足で子どもが夜中に二キロ走る。たいへんなことである。倒置の効果が大きい。（授業でも右のように比べると表現の効果がより顕在化する。表現の差異を生かした読みの方法である。）

「小犬みたい」は、体の小さな豆太が健気に振る舞う様子、かわいらしさが読める。語り手が、豆太の行為をかわいいものとしてとらえていることも読める。

「霜が足にかみついた。」の比喩も、足から血が出るくらいの状況、また冷たさを身体感覚で示している。

やっと医者様のところに着いたものの、医者様は全く慌てていない。「おう、おう――。」と応えるだけである。その上、ゆっくりと「えっちら、おっちら」小屋に上がってくる。この対照が面白い。

（2）伏線の延長線上にクライマックス

そして、クライマックスとなる。

豆太は、小屋へ入るとき、もう一つふしぎなものを見た。

「モチモチの木に、灯がついている。」


すぐにモチモチの木の灯を読者に見せずに、「もう一つふしぎなものを見た。」と予告する。ここで読者は「もう一つふしぎなもの？」「それは何？」と一瞬思う。次を読みたくなる。期待効果である。倒置的な効果が生まれている。モチモチの木に灯がついている様子をより劇的なものにする効果もある。

「モチモチの木に、灯がついている。」は、豆太にとって、生まれて初めての光景である。だから「ふしぎなもの」なのである。また、「ふしぎ」というのだから、怖いという感覚ではない。うれしいでもない。綺麗でもない。この時点では、豆太にはまだよくわからない。でも何か引きつけられるというものである。もちろん読者にとっては、じさまが言っていたあの「山の神様のお祭り」としてのモチモチの木の灯であることはわかる。しかし、豆太はここではそこまで意識できていない。（それを知らされるのは、終結部である。）

「モチモチの木に、灯がついている。」は、展開部でじさまが言っていた「山の神様の祭り」としての灯だから、ここで豆太が「勇気のある子ども」になったことがわかる。「おらは、とってもだめだ」と言っていた豆太が、ここでそれらのことを達成したことがわかる。

作品全体を振り返ると、展開部だけでなく導入部も含めた「豆太とモチモチの木の関係」が、ここで大きく変化したことがわかる。それを通じて豆太は「おくびょう豆太」から「勇気のある子ども」になることができたとまずは読める。構造的な読みが、クライマックスの形象の読みに生きてくる。

4 「モチモチの木」の終結部の形象と技法

この作品の終結部は、主題をより明示すると同時に新しい主題も示している。

「おまえは、山の神様の祭りを見たんだ。モチモチの木には、灯がついたんだ。おまえは、一人で、夜道を医者様よびに行けるほど、勇気のある子どもだったんだからな。自分で自分を弱虫だなんて思うな。人間、やさしささえあれば、やらなきゃならねえことは、きっとやるもんだ。それを見て、他人がびっくらするわけよ。は、は、は。」

ここでクライマックスの意味が一層明確になる。豆太もじさまやおとうと同じように「山の神様の祭り」を見たこと、そして「勇気のある子ども」だったということが明示される。さらに「人間、やさしささえあれば、やらなきゃならねえことは、きっとやるもんだ。」というさらなる作品の主題が示される。

ただし、その後に次がある。

――それでも、豆太は、じさまが元気になると、そのばんから、
「じさまぁ。」
と、しょんべんにじさまを起こしたとさ。

ここでも「――」ダーシが効果的である。一瞬間を置いて、「勇気のある子どもだった」とは言えないかも

しれないという事実を提示する。そして、そのまま作品を終える。元の「おくびょう豆太」に戻ったも読めるような終わり方である。それについては吟味よみで述べる。

第3節 「モチモチの木」の吟味よみ―吟味・評価で物語を再読する

1 豆太は勇気のある子どもなのか、そうでないのか

右の部分をめぐって、これまで授業で「豆太は本当に勇気のある子どもか」など様々な論議がされてきた。確かに、じさまをしょんべんに起こすのだから、豆太は変わっていないという読みも成り立ちそうである。これについては、様々な見方ができるが、おおよそ次のような三つの見方ができそうである。

まず、人間はそう簡単に「勇気がある人物」に変われるものではないという見方である。だから、一度は勇気を出して走った豆太だが、やっぱりまた元の「おくびょう豆太」に戻ったという読みである。

次に、「勇気」というのは、不安や恐れを全く持たないこととは違うのではないかという見方である。日常では不安や恐れをもつ。臆病と言われるほど強く怖がる。しかし、そうであっても本当に必要なときに必要な行動がとれるのであれば、それは勇気があると言ってもいいのではという見方である。もともと不安や恐れがないなら、それは通常の行動であり勇気とは言えない。怖いと思うから勇気がないということではなく、怖くても必要なときに必要な行動が取れることこそ勇気であるということである。だから、日常に戻り、また豆太がしょんべんにじさまを起こすことをもって「豆太は勇気がない。」「豆太はもとの豆太に戻ってしまった。」と簡単には見ることはできないという見方である。

そして、ある時は勇気を出せる、でもある条件のもとでは勇気を出せないというのがむしろ普通の人間のあ

り方かもしれないという見方である。その方が常に揺らぎなく勇気凛々より、人間的で魅力的とも見られる。まして成長期の子どもにとっては一進一退は当然である。それを「勇気がある・ない」と二分法で評価しようとすること自体、もともとふさわしくないという見方である。二番目の見方と一部重なるかもしれない。

いずれの見方を選択するかは読者が決めることである。これらを作品本文に戻りながら検討することに意味がある。いずれにしても、この「『じさまぁ。』と、しょんべんにじさまを起こしたとさ。」があることで作品に深みが出ている。「勇気のある子ども」で終わっていたら、ステレオタイプの成長譚で終わっていた。授業で豆太が「しょんべんにじさまを起こした」がある方がいいかない方がいいかについて検討をさせても面白い。

2 霜月二十日のばんとじさまの急病

じさまは「霜月の二十日のうしみつにゃぁ、モチモチの木に灯がともる。」と言う。モチモチの木の灯は、今日一日を除いては見ることができない。明日ではもう遅い。昨日でもだめ。そういう一日だけのその日に、いつもは元気そうなじさまが急病になる。だから、豆太は勇気を出すことができたのだが、あまりにもうまくいき過ぎているという見方もできなくはない。

物語なのだから、そういうことはあると見ることもできる。ただし、もしかするとじさまの仕組んだこと、つまり仮病ではないかと邪推したくもなる。答えはないが、そういう読み方も文学の楽しみの一つである。仮にそうだとすると、医者様は予めそれを知っていて慌てなかったという読みも成り立つかもしれない。

〈注〉

(1)　本文は、小学校教科書『国語三・下』二〇一五年、光村図書による。

第二章 「ごんぎつね」（新美南吉）のあたらしい「読み」の授業

「ごんぎつね」は、新美南吉（一九一三年～一九四三年）の作品である。一九三二年に『赤い鳥』に掲載され、一九四三年に単行本『花のき村と盗人たち』（帝国教育会出版部）に収められた。『赤い鳥』主宰の鈴木三重吉の手が入っている可能性が高い。その意味で南吉と三重吉の合作と見ることもできる。初出と単行本とは若干の異同がある。南吉死後は、全集等に収められる際に、編者によってかなり手が加えられている。教科書には、一九五六年に大日本図書（小４）の国語教科書に掲載された。現在、全社の小学校四年生の国語教科書に掲載されている。教科書は初出を底本にし、一部表記を改めている。

「ごんぎつね」は、「導入部―展開部―山場」の三部構成の作品である。

第1節 「ごんぎつね」の構造よみ―構成・構造を読む

1 「ごんぎつね」の構成をつかむ―発端への着目

この作品は、ごんと兵十の出会い、誤解（すれ違い）、銃を撃つ・撃たれる、誤解が解ける―などにより成り立っている。その事件の始まりが「発端」である。導入部でごんの人物紹介が始まる。「『ごんぎつね』というきつね」「ひとりぼっちの小ぎつね」「いたずらばかりしました。」など、この後の事件で意味をもつ（伏線としての）人物像が示される。そして、「ある秋のことでした。」から、ごんと兵十の出会いに向かっての事件が動き出す。「あなからはい出」たごんは、漁をしている兵十を見つける。それまでの導入部の「～住んでいました。」「〜いたずらばかりしました。」という長い期間の日常の（繰り返し）の説明から、「ある秋のこと」を境に「あなからはい出ました。」など時間が絞られる。「ある秋のことでした。」が「発端」である。第1部・第二章・第2節で示した「発端」の指標（五七頁）と照らし合わせると次のようになる。

> 1　ごんと兵十の関わりによる主要な事件が始まる。
> 2　ごんと兵十という主要な人物が出会う。
> 3　ごんのいたずらとつぐないという、それまでの日常とは違った非日常的なことが起きる。
> 4　「〜住んでいました。」など説明的な書かれ方から「〜はい出ました。」など描写的な書かれ方に変わる。

2　「ごんぎつね」のクライマックス―最大の事件の節目

クライマックスである。山場にあたる次の傍線部の二カ所AとBがクライマックスの候補として挙げられる。（AB および傍線は阿部による。）

兵十は立ち上がって、なやにかけてある火なわじゅうを取って、火薬をつめました。Aそして、足音をしのばせて近よって、今、戸口を出ようとするごんを、ドンとうちました。

ごんは、ばたりとたおれました。

兵十はかけよってきました。うちの中を見ると、土間にくりが固めて置いてあるのが、目につきました。

「おや。」

と、兵十はびっくりして、ごんに目を落としました。

B「ごん、おまいだったのか、いつも、くりをくれたのは。」

ごんは、ぐったりと目をつぶったまま、うなずきました。

兵十は、火なわじゅうをばたりと取り落としました。青いけむりが、まだつつ口から細く出ていました。


AもBも、描写性が高く緊張感があり読者へのアピールの度合いが強い。Aは主要人物の兵十が、もう一人の主要人物ごんを撃つのだから決定的場面と読める。Bはそれまで誤解していた兵十が、その誤解を解消するという大切な部分である。互いの互いに対する見方のすれ違いが、ここで初めて解消・解決する。

ここだけを見ていたのではクライマックスを決めることはできない。クライマックスは山場の中で盛り上がりをアピールするというだけではない。その作品の主要な事件の展開・流れにとって決定的な部分である。だから、この作品の「主要な事件」とは何かを、物語全体を振り返りながら俯瞰的に読み直す必要がある。さきほど述べたとおり「ごんと兵十の出会い、誤解（すれ違い）、銃で撃つ・撃たれる、誤解が解ける」―などによって物語は成り立っているが、さらに詳しく見ていくと、この作品が「ごんの兵十に対する見方の変化」と「兵十のごんに対する見方の変化」を軸に成立していることが見えてくる。

事件は、ごんと兵十の出会いから始まる。ごんは、兵十が魚をとっているのをみつけると「ちょいと、いたずらがしたくな」り、兵十のびくの中の魚を川の中へ投げこむ。それを見付けた兵十は「うわあ、ぬすっとぎつねめ。」と叫ぶ。ごんは「ちょいといたずら」をする程度のつもりで魚を投げていただけだが、兵十はそれを盗みという行為として認識する。二人のすれ違い・誤解がここから始まる。

「２」の場面でごんは兵十の母親の葬式を見る。そして、その晩ごんは自分の行為を後悔する。「兵十のおっかあは、とこについていて、うなぎが食べたいと言ったにちがいない。（中略）うなぎが食べたいと思いながら死んだんだろう。ちょっ、あんないたずらをしなけりゃよかった。」そして、「３」の場面でごんは兵十を見て「おれと同じ、ひとりぼっちの兵十か。」と思う。ごんは兵十に強く共感し始める。しかし、兵十にとってごんは「ぬすっとぎつね」のままである。ごんと兵十のすれ違い・誤解の程度は、より大きくなっている。

ごんは「３」の場面で何度も兵十に物を届ける。「兵十のうちのうら口から、うちの中へいわしを投げこんで、あなへ向かってかけもど」る。「次の日も、その次の日も、ごんは、くりを拾っては兵十のうちへ持ってきて」やる。「松たけも二、三本、持ってい」く。ごんの兵十への思い、つぐないと共感は続いていく。もちろん兵十はそのことには気がつかない。そして「４」「５」の場面。「月のいいばん」にごんは兵十と加助の後を追う。それも「兵十のかげぼうしをふみふみ」追う。ごんは兵十のすぐ後についていているということである。見つかれば危険が生じるかもしれないにもかかわらず、それを顧みずごんは兵十の近くに寄り添っていく。ごんの兵十への思いの強さである。加助は、くりや松たけをもってくるのは「神様が、おまえがたった一人になったのをあわれに思わっしゃって、いろんな物をめぐんでくださる」と兵十に言う。兵十は「そうかなあ。」と応える。それを聞いたごんは「おれがくりや松たけを持っていってやるのに、そのおれにはお礼を言わないで、神様にお礼を言うんじゃあ、おれは引き合わないなあ。」と思う。冷静に考えれば、兵十がごんに「お礼を言」うわけなどない。にもかかわらず、ごんは自分の行為が相手に伝わらないことを残念がる。ごんの兵十への思い入れ・共感が一層高まっていると読める。そして最後の「６」の場面に入る。

ここまで読んでくると、この作品の展開部で、ごんの兵十への思い入れ・共感が繰り返し描かれ同時にそれが強くなっていることがわかる。しかし、その思い・共感は兵十には全く伝わらない。ごんは兵十に「ぬすっとぎつね」と誤解され続けている。その矛盾がこの作品の事件の主要な要素である。言い換えると「ごんが兵十をどう見ているか」「兵十がごんをどう見ているか」の相互関係こそが、この作品の主要な事件である。とすると、ごんと兵十のすれ違い・認識のズレ（矛盾・葛藤）が決定的に変化する部分がクライマックスとなる。

Ｂ「『ごん、おまいだったのか、いつも、くりをくれたのは。』／ごんは、ぐったりと目をつぶったまま、うなずきました。」が決定的な変化の部分、つまりクライマックスということになる。クライマックスの指標の「１　事件がそこで決定的となる」「３　作品の主題に強く関わる」に対応する。

「２　読者により強くアピールする書かれ方」、またその下位の指標である「描写の密度が特に濃い」という点でもAよりBの方がふさわしい。Ａも確かに描写的である。しかし兵十が「立ち上が」る→「火なわじゅうを取」る→「火薬をつめ」る――という一連の動作が一文で描かれる。そして段落を換えずにＡ「そして、足音をしのばせて近よって、今、戸口を出ようとするごんを、ドンとうちました。」となる。「足音をしのばせ」る→「ドンとう」つという一連の動作も一文で描いている。会話などに比べると、ある瞬間ではなく一定の時間をまとめて表現する要素が含まれる。おそらく数秒はかかっている。Ｂに比べると描写性がやや薄い。

一方Ｂは、直前で兵十がごんを撃った後、ごんにかけよる。そこで「土間にくりが固めて置いてある」ことに気づく。次いで「おや。」とびっくりする。そして「ごん、おまいだったのか、いつも、くりをくれたのは。」となる。ここは「かけよってきました」→くりが「目につきました」→「おや。」→「びっくりして、ごんに目を落としました。」→「ごん、おまいだったのか、いつも、くりをくれたのは。」という流れで描かれる。短くはあるが漸層的な形象の流れになっている。また、この一連の動きはほんのわずか（おそらく二〜三秒）の出来事であるにもかかわらず、かなり丁寧な描写となっている。ほんの数秒の出来事に三つの段落・四文・約百字を使っている。特に「ごん、おまいだったのか、いつも、くりをくれたのは。」は兵十の生の会話であり描写が特に濃い。また倒置という技法も使われている。「ごんは、～うなずきました。」も一瞬の出来事である。

さらにBの後の「兵十は、火なわじゅうをばたりと取り落としました。青いけむりが、まだつつ口から細く出ていました。」も、兵十の衝撃の強さが読める。Bは特に「より強くアピールする書かれ方」になっている。

第1部・第二章・第3節で示した「クライマックス」の指標（六〇頁）と照らし合わせると次のようになる。

1　展開部から続くごんと兵十の見方のすれ違いという「事件」がここで「解決」する。ここは特に「①人物相互の関係性」「②人物の内面」の二つが深く関わる。またここではごんが死ぬという「破局」も同時に訪れる。（「解決」と「破局」が重なるクライマックスである。）

2　兵十が一瞬のうちに自分の誤解・過ちに気づくという劇的な場面であり、読者へのアピール度は高い。「緊迫感」もある。また会話であり、ある瞬間の出来事を密度濃く描写している。倒置法も含まれる。

3　ここで本来二人は通じ合えたはずであることがわかる。誤解が生む悲劇という主題に特に強く関わる。

3　「ごんぎつね」の構造表

「ごんぎつね」の構造表である。「ごんの兵十に対する見方」と「兵十のごんに対する見方」のズレが解決するクライマックスがポイントとなる。「形象よみ」ではそれを意識しつつ、それに向かって事件が発展する鍵の部分を展開部・山場から取り出す。導入部でもクライマックスを意識することで鍵の設定に着目できる。

「ごんぎつね」の構造表

導入部｜展開部｜山場（事件＝展開部・山場、◎＝クライマックス）

- **冒頭**　これは、わたしが小さいときに、――
- **発端**　ある秋のことでした。――
- **山場の始まり**　その明くる日も、――
- **クライマックス**　「ごん、おまいだったのか、いつも、くりをくれたのは。」
  ごんは、ぐったりと目をつぶったまま、うなずきました。
- **結末＝末尾**　――まだつつ口から細く出ていました。

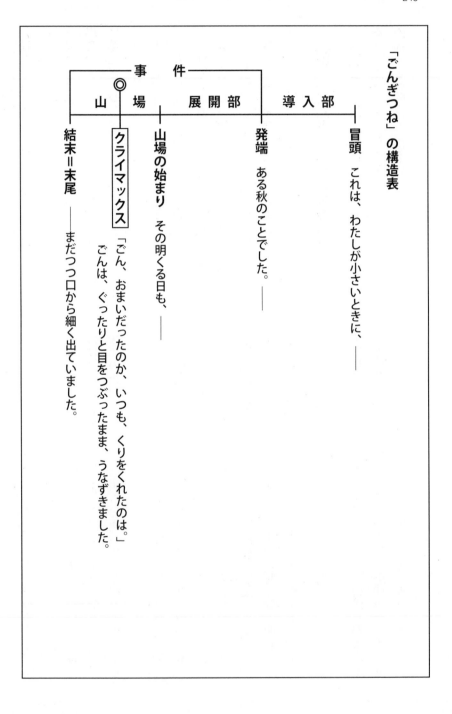

第2節　「ごんぎつね」の形象よみ―「鍵」に着目し形象を読み深める

1　「ごんぎつね」の導入部の形象と技法

導入部の「鍵」の部分（語句）の「取り出し」では、「1　人物、2　時、3　場、4　先行事件、5　語り手」が指標となるが、ここでは「1　人物」に絞る。

人物

「ごんぎつね」で着目し取り出すべき「人物」設定としての鍵は、次の部分である。これらは、この後の事件展開そしてクライマックスにもつながる。

①　「ごんぎつね」というきつね
②　ひとりぼっちの小ぎつね
③　いたずらばかりしました。
（畑へ入っていもをほり散らしたり、菜種がらのほしてあるのへ火をつけたり、百姓家のうら手につるしてあるとんがらしをむしり取っていったり）

まず「ひとりぼっち」に目が向く。「いたずらばかりしました。」は、「ばかり」という強意を含む。直後、その具体例を三つも示している。そして名前である。物語・小説では「名前よみ」が大切な位置を占める。

(1) 名前読み、そして「きつね」を読む

a 「ごん」という名前

「ごん」という名前である。まず「ゴン」という響きには、かわいらしさ、そしてユーモラスな印象がある。(「タンスにゴン」というCMもユーモラスな印象を演出したコピーである。) ただし、その一方で人物の名前としてはやや軽さ、間の抜けた感覚、場合によっては見下した感覚も読めそうである。たとえば「光太郎ぎつね」「次郎ぎつね」などと比べてみると、「ごん」は一人前の人物に対する呼称とは考えにくい。

地域によっては「権たくれ」という言葉がある。乱暴者、いたずら者、腕白といった意味で使われることが多い。「いたずらばかり」していた「ごん」の人物像と重なる。(ただし、この読みには前提となる知識・(地域的) 言語感覚が必要となるので読みのボーダー上にあると言えるかもしれない。)

また「『ごん』というきつね」ではなく、「『ごんぎつね』というきつね」である。「ごんぎつね」と農民たちから呼ばれていた可能性も読める。「ごん」より「ごんぎつね」の方がやや突き放した言い方である。

b 「きつね」という設定のもつ意味

きつねは、犬・猫などに比べると人間と一定の距離がある。ペットにはしにくいし、一般的に人に慣れにくい。ただし、同じ獣でも熊・虎などに比べると人間からそれほど遠い存在でもない。人の住居の近くに住んでいることもあるし、住居の近くをきつねが歩くこともある。そして、直接人間の身体に危害を与えることはたいへん少ない。ただし、場合によっては鶏などの家畜を襲うことはある。

また、「きつね」というものがもつ文化文脈もある。肯定的形象としては、縫いぐるみになるように愛嬌のある可愛いイメージをもつ。キャラクター性もあり、マスコットなどの題材となることもある。一方で、狐は

狸のように人を化かす、だます動物というイメージももつ。比喩表現で「きつねのように」という場合、褒める場合よりも「ずる賢い」という場合が多い。さらに、きつねは、お稲荷様の遣いといった神事にも現れるし、たとえば「狐憑き」などのように否定的な霊的な文脈でも使われることもある。これらのいくつかが、この作品で通奏低音のように生きている可能性がある。

「きつね」という設定については、「形象よみ」の過程だけでなく、「吟味よみ」の過程で「なぜ、この物語はきつねと人間という設定になっているのか」という課題として生かせるかもしれない。

(2)「ぼっち」と「小ぎつね」を読む

a 「ひとりぼっち」の意味

「ぼっち」は否定的な意味をもつ。わざわざ「ぼっち」と言っているということは、本来「ひとり」でいるはずはない、いるべきでない、通常と違うというニュアンスが読める。さみしい、孤独で家族も友達もいないと読める。その上「小ぎつね」である。大人のきつねでないとすると孤児のイメージとも読めるかもしれない。

この設定が「3」のはじめの「おれと同じ、ひとりぼっちの兵十か。」という兵十への共感につながり、それがごんの過剰とも言えるつぐないにつながる。「ひとりぼっち」同士だからこそ(少なくともごんはそう思った)、ごんは兵十に強く共感したのである。しかし、その強い共感がなかったら悲劇は起こらなかった。

b 「小ぎつね」の「小」に着目

「小ぎつね」は、体の小さなきつねとも読める。ただし、「子ぎつね」ではない。実際に一人で暮らしているのだから、子供のきつねではない。とすると、大人になってはいないが、小さな子供でもない。授業では、「人間だったら何歳くらいかな?　小学生?　中学生?　高校生?」などと子どもに問うと、「中学生くらい」「高校生くらい」「いや小学校高学年」などの予想が出てくる。明確に決めることはできないが、幼児などではない。「小」と言うのだから少年期から青年前期と見てよい。実際に事件ではそれに対応した言動をとる(注1)。

(3) 山場につながる「いたずらばかり」を読む

「ばかり」とあるのだから、かなりの回数の「いたずら」である。「いたずら」は、①「戯れ」「遊び」を意味する場合と、②許し難い「悪事」「迷惑行為」を比喩的に示す場合がある。「いたずら」と言うのは語り手だが、ごんにとっては「戯れ」のつもりかもしれない。少年期であるとすると親和性が高い。ただし、「いたずら」の具体(「いもをほり散ら」す。「菜種がら」に「火をつけ」る。「とんがらしをむしり取」る。)を見ると、農民たちにとって②許し難い「悪事」のはずである。そこにすれ違いが生じている可能性がある。

いずれにしても農民たちからごんは、とんでもない「悪ぎつね」と見られていた可能性が高い。札付きのきつねなのである。だから「1」のごんの行為を、兵十は「ぬすっとぎつねめ。」と意味づける。(ごんは盗もうとはしていない。)「6」で兵十が躊躇なくごんを撃とうとするのも、この設定が伏線となっている。

2 「ごんぎつね」の展開部の形象と技法

展開部以降は、「1　事件の発展」「2　新しい人物像」を指標にして「鍵」となる部分を取り出すが、この作品では「1　事件の発展」に絞る。その際に、特にクライマックスの読みとりを生かしながら取り出すことが有効である。クライマックスへの着目で確認したように、この作品の主要な事件は「ごんの兵十に対する見方」と「兵十のごんに対する見方」のすれ違いから成り立っている。これらの節目が「事件の発展」となる。

(1) 展開部のごんと兵十の「すれ違い」を読む―「鍵」の取り出し

展開部では「ごんの兵十に対する見方」の変化が大きな意味をもつ。それが大きく発展する。クライマックスを意識しながら「ごんの兵十に対する見方」の変化という「事件の発展」に着目すると、a「1」のごんの

「ちょいと、いたずら」と兵十の「ぬすっとぎつねめ。」のすれ違い、b「2」「3」の兵十のおっかあの死をきっかけとしたごんの変化・共感、c「3」のごんによるつぐないの繰り返し、d「4」「5」の「神様」の行為と誤解されることへの不満―などの部分が浮上してくる。次の部分を「鍵」として取り出す。

a ①ちょいと、いたずらがしたくなったのです。（中略）／「うわあ、ぬすっとぎつねめ。」「1」

b ②そのばん、ごんは、あなの中で考えました。「兵十のおっかあは、とこについていて、うなぎが食べたいと言ったにちがいない。それで、兵十が、はりきりあみを持ち出したんだ。ところが、わしがいたずらをして、うなぎを取ってきてしまった。だから、兵十は、おっかあにうなぎを食べさせることができなかった。そのまま、おっかあは、死んじゃったにちがいない。ああ、うなぎが食べたい、うなぎが食べたいと思いながら死んだんだろう。ちょっ、あんないたずらをしなけりゃよかった。」「2」

③「おれと同じ、ひとりぼっちの兵十か。」「3」

c ④うちの中へいわしを投げこんで、あなへ向かってかけもどりました。（中略）／ごんは、うなぎのつぐないに、まず一つ、いいことをしたと思いました。「3」

⑤「かわいそうに兵十は、いわし屋にぶんなぐられて、あんなきずまでつけられたのか。」／ごんは、こう思いながら、そっと物置の方へ回って、その入り口にくりを置いて帰りました。「3」

⑥次の日も、その次の日も、ごんは、くりを拾っては兵十のうちへ持ってきてやりました。その次の日には、くりばかりでなく、松たけも二、三本、持っていきました。「3」

d ⑦ごんは、「へえ、こいつはつまらないな。」と思いました。「おれがくりや松たけを持っていってやるのに、そのおれにはお礼を言わないで、神様にお礼を言うんじゃあ、おれは引き合わないなあ。」「5」

（2）「ちょいといたずら」と「ぬすっとぎつねめ」のすれ違いを読む

ちょいと、いたずらがしたくなったのです。（中略）／「うわあ、ぬすっとぎつねめ。」　「1」

ここから二人の「すれ違い」が始まる。「ちょいと」とあるように、ごんとしては軽い気持ちで「いたずら」をしようとしたのであろう。兵十の獲物を盗もうなどと思っていない。その証拠に、ごんは首に巻き付いたうなぎを「やっと外して、あなの外の草の葉の上にのせて」いる（「1」の最後の文）。しかし、兵十は「『うわあ、ぬすっとぎつねめ。』とどなりたて」る。導入部の設定どおり農民たちにとってごんは、害を及ぼす悪狐なのである。ごんが、獲物に手を出すということは、盗もうとしているに違いないと兵十は思い込む。

ここから二人の「誤解」「すれ違い」が始まる。これが伏線となり「6」で兵十は「こないだ、うなぎをぬすみやがったあのごんぎつねめが、またいたずらをしに来たな。」とごんを躊躇なく撃つ。ここで言う「いたずら」は、ごんの「ちょいと、いたずらがしたくなった」というレベルのものではない。許し難い悪事である。

（3）ごんの兵十に対する見方の変容を読む

そのばん、ごんは、あなの中で考えました。「兵十のおっかあは、とこについていて、うなぎが食べたいと言ったにちがいない。それで、兵十が、はりきりあみを持ち出したんだ。ところが、わしがいたずらをして、うなぎを取ってきてしまった。だから、兵十は、おっかあにうなぎを食べさせることができなかった。そのまま、おっかあは、死んじゃったにちがいない。ああ、うなぎが食べたい、うなぎが食べたいと思いながら死んだんだろう。ちょっ、あんないたずらをしなけりゃよかった。」　「2」

兵十の母親が死んだことを知ったごんは、「ちょっ、あんないたずらをしなけりゃよかった。」と後悔する。村人に「いたずらばかりして」いるごんの人物像としては大きな変化である。ただし、この時ごんの性格が急に変わったということではない。もともとごんはそういう性格の人物であったのだが、ここで初めて（読者に）そのことが見えたということである。あるいは、ごんが元来もっていたそういう性格が、この出来事で顕在化したと見ることもできる。これが転換点となりごんの兵十へのつぐないが始まる。「事件の発展」である。

それもただの「反省」ではなく、自分がうなぎを取ってしまったために兵十は死の間際に母親にうなぎを食べさせることができなかったという重い後悔をする。「ああ、うなぎが食べたい、うなぎが食べたいと思いながら死んだんだろう。」などの繰り返しからは、ごんの強い悔恨が読める。それは、すぐ後の「３」で出てくる「おれと同じ、ひとりぼっちの兵十か。」というごんの兵十への共感につながっていく。

ただし、ごんの悔恨の前提である〈兵十が母親にうなぎを食べさせたかった〉〈自分が取ったために母親にうなぎを食べさせることができなかった〉については何の確証もない。ごんの思い込みである可能性がある。しかし仮に思い込みでも、そこまで強く後悔し兵十に共感するごんの人物像を読みとることが重要である。確かかどうかわからないのにここまで後悔するということは、思い込みの強い性格とも読めるが、一方ではそこまで想像し共感できる人物・性格、そこまでの自己批判力や細やかさなどをもっている人物とも読める。

もちろん兵十はごんのこういった後悔を知るよしもない。兵十にとってこの時もこの後も、ごんはずっと「ぬすっとぎつねめ。」のままである。ごんが兵十に対する見方を変えたことで、結果として二人の相互の見方のズレが一層大きくなったということになる。このズレの大きさが、この作品の事件の核である。

（４）ごんの兵十に対する共感を読む

「おれと同じ、ひとりぼっちの兵十か。」　［3］

導入部の人物設定が、ここで大きな意味をもつことになる。導入部で読んだとおり「ひとりぼっち」からは孤独、さみしさ、本来そうありたくない状態であることなどが読める。導入部では、ごんが「ひとりぼっち」であることを語り手が説明する形であったが、ここではごん自身が「ひとりぼっち」と認識している。その上で兵十も「おれと同じ」と見る。ごん自身も身の上のさみしさを感じていることが読める。本当は友達や家族がほしいと思っている可能性である。

そして「ひとりぼっちの兵十」とあるのだから、兵十も「ひとりぼっち」でさみしいと感じているはずであると、ごんは見ている。兵十が一人になったことは確かだが、実際に兵十がごんのような「ひとりぼっち」かどうかはわからない。兵十には友達がたくさんいるかもしれないし、村人たちも兵十のことを気遣ってくれているかもしれない。しかし、ごんは「ひとりぼっちの兵十」と思う。実際にそのとおりかどうかではなく、兵十がそういう状況であると見ているごんを読むことに意味がある。そう思ったごんは、兵十への共感を深めていく。共感が深まりつつあるから「ひとりぼっちの兵十」と一層強く感じたとも読める。

「2」の最後の「ちょ、あんないたずらをしなけりゃよかった。」と、この「おれと同じ、ひとりぼっちの兵十か。」は、この作品の前半の大きなターニングポイントである。これがあったからこそ、ごんと兵十がつながれる可能性が出てきたと言える。しかし、これがあったために、二人の「すれ違い」がどんどん大きくなっていったとも言える。その「すれ違い」が、この後大きな悲劇を引き起こすことになる。

（5）ごんの「つぐない」のエスカレートを読む

うちの中へいわしを投げこんで、あなへ向かってかけもどりました。（中略）
ごんは、うなぎのつぐないに、まず一つ、いいことをしたと思いました。（中略）
「かわいそうに兵十は、いわし屋にぶんなぐられて、あんなきずまでつけられたのか。」／ごんはこう思いながら、そっと物置の方へ回って、その入り口にくりを置いて帰りました。
次の日も、その次の日も、ごんは、くりを拾っては兵十のうちへ持ってきてやりました。その次の日には、くりばかりでなく、松たけも二、三本、持っていきました。「3」

いわし屋にぶん殴られた兵十を「かわいそうに」と思う。ごんの兵十への共感が確かなものであることが確認できる。そして「いわし」↓次の日の「くり」↓その次の日の「くり」↓その次の日の「くり」と「松たけ」――と続く。死の床の母親にうなぎを食べさせられなかったことのつぐないとすると、どこまでが妥当な「つぐない」なのかは誰にもわからない。しかし、ごんはできる限りのことをしようとし、それを一日も欠かさない。「4」の場面では「くりや松たけなんかを、毎日毎日くれる」とある。

「5」の場面にごんが「兵十のかげぼうしをふみふみ行きました。」があるが、これらを合わせて読むと、ごんの兵十へのつぐないが、つぐないの域を超え始めていることが読める。「おれと同じ、ひとりぼっちの兵十か。」も合わせて読むと、ごんは兵十に愛情あるいは思慕に近い気持ちをもち始めている可能性も読める。

ここでも兵十はごんを「ぬすっとぎつねめ。」と思い続けている。二人の「すれ違い」の一層の開きである。

（6）ごんの兵十に対する不満を読む

ごんは、「へえ、こいつはつまらないな。」と思いました。「おれがくりや松たけを持っていってやるのに、そのおれにはお礼を言わないで、神様にお礼を言うんじゃあ、おれは引き合わないなあ。」「5」

この部分について作品の瑕疵であるとする見方がある。ごんは自分で兵十に見つからないように用心しながらくりや松たけを置いているのだから、兵十が気がつかないのは当然で、それを「つまらない」「引き合わない」とするのは矛盾しているという読み方である。しかし、これを矛盾と見る必要はない。自分では知らせないようにしているのに知ってほしいと思うようなことは、実際にあることである。たとえば恋愛では、自分では好意を相手に知らせないようにしているくせに、知ってほしい、気づいてほしいと思うものである。

ただし、「つまらない」「引き合わない」と思ったのなら、これでつぐないをやめるという選択も、ごんにはあった。しかし、ごんは、「6」で「その明くる日も」兵十のところへ行く。これまでのごんの兵十への共感、あるいは愛情・思慕の可能性を読めば、それは自然なこととも言える。しかし、それが悲劇を生む。

3 「ごんぎつね」の山場の形象と技法

山場になると、より事件展開が急になる。ロラン・バルトが「stretta」と名付けたとおりである（注2）。だから、通常「事件の発展」が読める「鍵」の文は多くなる。山場であっても、常にすべてを取り出すわけではないが、ここではほとんどの部分が「取り出し」の対象となる。次に「6」の場面全体を引用する。

その明くる日も、ごんは、くりを持って、兵十のうちへ出かけました。兵十は、物置でなわをなっていました。それで、ごんは、うちのうら口から、こっそり中へ入りました。

そのとき兵十は、ふと顔を上げました。と、きつねがうちの中へ入ったではありませんか。こないだ、うなぎをぬすみやがったあのごんぎつねめが、またいたずらをしに来たな。

「ようし。」

兵十は立ち上がって、なやにかけてある火なわじゅうを取って、火薬をつめました。そして、足音をしのばせて近よって、今、戸口を出ようとするごんを、ドンとうちました。

ごんは、ばたりとたおれました。

兵十はかけよってきました。うちの中を見ると、土間にくりが固めて置いてあるのが、目につきました。

「おや。」

と、兵十はびっくりして、ごんに目を落としました。

「ごん、おまいだったのか、いつも、くりをくれたのは。」

ごんは、ぐったりと目をつぶったまま、うなずきました。

兵十は、火なわじゅうをばたりと取り落としました。青いけむりが、まだつつ口から細く出ていました。

（1）「その明くる日も」の「も」を読む

その明くる日も、ごんは、くりを持って、兵十のうちへ出かけました。

「5」で、ごんは自分の行為を「神様のしわざ」とされたことに対し、「つまらない」「引き合わない」と思う。自分で正体がわからないようにしているとは言え、ごんが「引き合わない」と思うのは自然なことでもある。そして「引き合わない」と思うのであれば、もう兵十へのつぐないをやめてもよいはずである。

また、つぐないは自分がしたことへの謝罪と代償だから、もう十分とも言えそうである。しかし、ごんは「その明くる日も」栗を持って兵十のところに行く。「も」には列挙の意味もあるが、強調の意味も含まれる。ごんにとっては、兵十はつぐないの相手であることを超え始めている。「ひとりぼっち」同士として、つながりたいという強い気持ち、あるいは（片思いとしての）愛情・思慕の可能性が読める(注3)。

（2）兵十のごんへの見方の顕在化を読む

と、きつねがうちの中へ入ったではありませんか。こないだ、うなぎをぬすみやがったあのごんぎつねめが、またいたずらをしに来たな。

この作品は三人称の語り手が語る。三人称の語り手の作品には、外の視点だけから描写し説明する「客観視点」もあるが、登場人物の心の中に入り込むことのできる「限定視点」あるいは「全知視点」もある。この作品は「三人称全知視点」である。ここまで語り手はごんに寄り添い、ごんの心の中にまで入り込んでいる。ごんしか知り得ない心の内を語っている。この「6」で初めて語り手は兵十の心の内に入り込む。この「こないだ、うなぎをぬすみやがったあのごんぎつねめが、またいたずらをしに来たな。」は兵十の心の声である。また「と、きつねがうちの中へ入ったではありませんか。」も兵十のごんに対する見方を代弁している。

ここでまず注目すべきは「きつね」である。「と、ごんがうちの中へ入ったではありませんか。」ではない。

「きつね」という呼称から、兵十がごんをどう見ているかがよくわかる。これは兵十が人物相互の関係としてごんを憎らしく思っているということを、さらに超える意味をもつ。兵十にとってごんは「きつね」という獣でしかないということである。読者は「人物相互の関係」として読んでいるが、兵十にとってごんは獣でしかない。相互に理解し合ったり、心がつながったりする可能性など全くありえない強い異質性をごんに感じているということである。「鬼畜」という言葉があるが、それに近い見方とも見える。極めて冷たい関係であり、人間の立場で上から見下げている。だから、この後、何の躊躇もなく、ごんを撃ち殺そうとする。「ぬすみやがった」の「やがった」は、相手をののしり、侮蔑する時に使う表現である。相手に許し難いという気持ちをもっている際にも使う。「ごんぎつねめ」の「め」からも、相手を見下げる気持ち、嫌悪の気持ちが読める。

翻ってごんの兵十への見方を思い返すと、その落差の計り知れない大きさを確認できる。兵十の母親のことを思いやり「あんないたずらをしなけりゃよかった」と思う。毎日毎日「つぐない」に栗や松茸を持って行く。「神様のしわざ」と思われ「引き合わない」と感じつつ、「その明くる日も」栗を持って行く。兵十と加助の後をついていく時には「兵十のかげぼうしをふみふみ行」く。そういうごんに対して兵十は獣として冷たく見下げる。この「いたずら」は、兵十にとって害獣による許しがたい悪行なのである。

（3）兵十が躊躇なくごんを撃つことの意味を読む

「ようし。」

兵十は立ち上がって、なやにかけてある火なわじゅうを取って、火薬をつめました。そして、足音をしのばせて近よって、今、戸口を出ようとするごんを、ドンとうちました。

ごんは、ばたりとたおれました。

兵十は躊躇なく周到にごんを撃ち殺そうとする。「ようし。」は、このチャンスに殺してやろうという強い決意である。火縄銃に火薬を詰めた後、「足音をしのばせて近よって」という過程がある。ただ、一時の怒りに任せての突発的な行為ではない。必ずごんを仕留めてやろう、撃ち殺してやろうという周到な行為である。

兵十のこの行動は、導入部で農民たちにとって許し難い「いたずら」ばかりをしている札付きのきつねとしてのごんという人物設定、そして「1」でごんが魚を盗んでいると思われたことが伏線になっている。兵十は、特に残酷な人物ではないことが、それらから読める。おそらく村人ならば誰でもが自然とそうした可能性がある。兵十はその一人に過ぎない。だから、これだけのことをしながら読者が兵十を恨むことはあまりない(注4)。

ここも描写的で印象的な書き方ではあるが、一瞬の描写だけではない。「ドンとうちました。／ごんは、ばたりとたおれました。」は、オノマトペを使い、ある一瞬を描いている。しかし、その直前の「兵十は立ち上がって、なやにかけてある火なわじゅうを取って、火薬をつめました。そして、足音をしのばせて近よって」は時間としては一瞬ではない。「ようし」→「立ち上がって」→「火なわじゅうを取って」→「火薬をつめ」→「足音をしのばせて」は、描写ではあるが、一連の行為であり、たとえばクライマックスの「ごん、おまいだったのか、いつも、くりをくれたのは。」や「ごんは、～うなずきました。」という一瞬の描写に比べると、やや弱い。クローズアップの度合いもやや弱い。クライマックスに比べ読者がやや立ち止まりにくいとも言える。

（4）兵十が異変に気づく

兵十はかけよってきました。うちの中を見ると、土間にくりが固めて置いてあるのが、目につきました。

「おや。」

と、兵十はびっくりして、ごんに目を落としました。

ごんを撃った直後、兵十は異変に気づく。「土間にくりが固めて置いてあるのが、目につ」く。まず「固めて置いてある」からごんの律儀さが読める。見つかることを用心しているのだから、放り込む方法もあったはずだが、わざわざ「固めて」いる。「3」でごんが兵十にいわしをあげようとする際には「投げこんで」いた。「おや。」と「びっくりして」兵十は、栗や松茸をくれたのが実はごんであったことにこの時気づく。

「兵十はかけよってきました。」については、その視点をめぐって様々な論議がある。この前後で語り手は兵十に寄り添っている。直前は兵十からの視点であるし、この直後も「目につきました。」「ごんに目を落としました。」と語り手は兵十に寄り添っている。しかし「かけよってきました。」だけは、ごんの視点である。書き間違いであるという見方（a）、ここで一瞬ごんに視点が移ることはあってもよいという見方（b）、そもそもそこまでこだわる必要はないという見方（c）など様々である。「兵十はかけよっていきました。」であるべきで、書き間違え、作品の瑕疵であるというのが、aの見方である。兵十の視点で書かれていると言っても、もともとごんに寄り添って語っていた語り手が、ここで一時ごんに寄り添っても特に問題ないというのがbの見方である。ここは、直前の一文も含め「ごんは、ばたりとたおれました。／兵十はかけよってきました。」で、語り手がごんの視点に寄り添って語ると読むしかない。そして次の「うちの中を見ると、土間にくりが固めて置いてあるのが、目につきました。」で、また兵十に視点が寄り添う。―と読むしかないであろう。その上で、それを作品の瑕疵と見るか、許容範囲内と見るかは、読者によって判断が分かれてもよい。

（5）クライマックスから主題を総合

「ごん、おまいだったのか、いつも、くりをくれたのは。」

ごんは、ぐったりと目をつぶったまま、うなずきました。

ここで、兵十が、これまでの栗や松茸などが、すべてごんの行為であったことに気づく。ごんと兵十の見方のすれ違いが大きく解消される。「ごんの兵十に対する見方」と「兵十のごんに対する見方」の極端なズレは、ここでかなりの程度解消する。その証拠にここで呼称が大きく変化している。その直前では「きつね」「あのごんぎつねめ」と（心の中で）見ていた兵十だが、ここでは「ごん」「おまい」に変わる（注5）。この意味は大きい。

その変化を挙げると次頁のようになる。ごんが感じたとおり、ごんも兵十もともに「ひとりぼっち」であった可能性がある。二人とも恵まれた状況とは言えない。二人とも、（人間ときつねの違いはあるが）貧しく社会的に弱い存在である。性格としてもごんは繊細で優しい人物であるし、兵十も素朴な人物に見える。行き違いや「人間」と「きつね」という壁がなかったとしたら、二人は理解し合えたかもしれない、親しくなれたかもしれないという可能性が読める。それが一方が一方を撃ち殺すという最も悲劇的なかたちで事件が終わる。

このクライマックスは、大きくすれ違っていた「ごんの兵十に対する見方」と「兵十のごんに対する見方」が転換し、かなりの程度お互いの見方が近くなったという点では事件として「解決」と言える。二人はすれ違いさえなければ、理解し合えたかもしれないという可能性が見えたという点でも「解決」的要素をもっている。しかし、そういった解決が見られた時に、一方が一方を撃ち殺すという悲劇が同時に進行している。明らかな事件としての「破局」である。つまり、この物語のクライマックスで、「解決」と「破局」がほぼ同時にやってくる。だから、読者は気持ちを引きちぎられるように感じる。大きな「解決」が見えたからこそ、その「破局」の悲劇性がより高まるというクライマックスである。この破局は、たとえば立場の違い、言葉が通じないことなどに深く関わる。これらの読みから主題を示すとすると、たとえば「近い境遇にいる者同士が、本来わかりあえるはずである者同士が、立場の違いや言葉の喪失ゆえにすれ違い、一方が一方を殺すというかたちでしか理解し合えることができなかったという悲劇」などということになろうか(注6)。

「きつね」「ごんぎつねめ」という呼称から「ごん」「おまい」という呼称への変化のもつ意味

ア　「人間と獣」という関係　→　「人間と人間」のような関係
イ　兵十にとってごんは遠い存在（強い異質性）　→　近しい存在（同質性）
ウ　極めて冷たい関係、繋がり合えるなどありえない　→　親しく温かい関係、理解し繋がり合える可能性
エ　人間の立場から上から下に見下げている関係　→　対等な関係
オ　憎らしい存在、いまいましい存在　→　感謝すべき存在、自分を思いやってくれる存在
カ　殺して当然の存在（もともと兵十の家にある鉄砲は獣を撃つためのもののはず）　→　殺すなどということは許されない存在

（6）情景の象徴性を読む

兵十は、火なわじゅうをばたりと取り落としました。青いけむりが、まだつつ口から細く出ていました。

「落とす」と「取り落とす」は大きく意味が違う。「取り落とす」とはうっかり落としてしまうということである。自分のしたことの重大さに兵十が気づき、呆然とし無意識のうちに銃を落としたと読める。

「青いけむりが、まだつつ口から細く出ていました。」の「まだ〜出ていました。」から、重大な出来事が一瞬のうちに起こり、わずかの間に兵十が自らの誤ちに気づいたということが読める。すべてがわずかの時間に

起こり終わったという感覚が強くなる。また、ここでは兵十の表情や心でなく、鉄砲の「青いけむり」を描いている。それも「細く」「青い」などとよりそれをクローズアップし描写性を高めている。そこに読者の目をより強く引きつけることで、兵十の大きな後悔や絶望を、読者に推理し想像させるという仕掛けになっている。

第3節　「ごんぎつね」の吟味よみ―吟味・評価で物語を再読する

1　冒頭の一文の意味を吟味・評価する

「これは、わたしが小さいときに、村の茂平というおじいさんから聞いたお話です。」という一文からこの物語は始まる。しかし、この一文は物語の内実とほぼ関係がない。「わたし」が語り手であり「聞いたお話」なのだから、自分自身が登場人物である可能性は低い。また、「聞いたお話」つまり伝聞だから、本当の出来事かどうかはわからないと読める。この一文の必然性は、すぐには見えてこない。その上で、この一文のもつ意味を考えてみる。

「村の茂平というおじいさんから聞いたお話」ということは、茂平も誰か別の人から聞いたお話である可能性が高い。とすると、この話は「昔話」に近い。多くの人たちにより語り継がれている話ということになる。

第2文に「昔は、わたしたちの村の近くの中山という所に、小さなおしろがあって、中山様というおとの様がおられたそうです。」を見ると、今はもう「おしろ」はない時代の物語という可能性が読める。とすると、これは江戸期ではなく近代になってから「茂平というおじいさん」から聞いた話である可能性がある。ただし、この話は、場合によっては江戸期から今までかなり長い間にわたって多くの人々に語り継がれてきた「昔話」であるという可能性もある。昔話が、なぜ途絶えることなく語り継がれてきたか。その理由は様々だろうが、なんと言っても多くの人々の共感がそこにあったからである。とすると、この一文は「ごんぎつね」の話が多くの人々が共感してきたものであることを示唆する役割を担っていると読める。実際に話を読んでいくと、読者の気持ちを大きく揺さぶる話である。ただたまたま起こった出来事ということではなく、多くの人々に共感され続け、多くの人々に語り継がれてきたお話をこれから紹介するよ、という予告でありメッセージである。

さらに読みを広げると、この物語の最後にごんは死ぬが、兵十はそのまま生き続ける。兵十がすべてのいきさつを知っているわけではないが、自分が実際にごんと関わった出来事を思い返し、その空白を想像で埋めながらこの話を構築し直し多くの人に語り伝えてきたというドラマも仮想しうる。強い後悔をもっていた兵十が、その気持ちをもちながら後に再構築した物語という仮想である。そして、それが多くの人々に共感され支持されたことで「昔話」となり、やがて茂平そして「わたし」にまで届いたという仮想である(注7)。

問いかけとしては「冒頭の一文のもつ意味を考えよう。」「この冒頭の一文はなくても物語は成り立つね。この一文があることで、どういう効果が生まれるだろう。」などが考えられる。

2 なぜこういう悲劇が生まれたかを推理する

「なぜこういった悲劇が生まれたのか」を考えていく吟味・評価である。このことを一般論で検討しても意味はない。作品に戻り再読することを通して追究していくことで新しい読みが生まれる。

(1) 人間と獣という関係が悲劇を生んだという推理

この物語は、誤解・すれ違い・認識のズレが大きな位置を占める。導入部の「いたずら」という認識と農民たちの害獣という認識のズレ、二人の出会いでの「ちょいと、いたずら」と「ぬすっとぎつねめ」のズレ、山場の「またいたずらをしに来た」という誤解、「きつねがうちの中へ入った」という見方など、いずれも「人間」と「獣」という関係性が大きく前提となっている。強い異質性であり隔絶性である。

もちろん、ごんは人物であるから「きつね」であって本当のきつねではない。とすると、人間と獣の関係性のように、大きく隔絶された人間同士の関係性が生んだ悲劇という読みの可能性が見えてくる。実際に、人間相互の関係の中に、国、民族、人種、地域、階層、社会的位置の違いなど様々な超えにくい隔絶がある。本来であれば理解し合えたかもしれない者同士が、その立場・身分などの違いから、殺す・殺されるという関係に陥ってしまうという悲劇性である。そういった人間相互の隔絶性を悲劇の理由の一つとする読みである。（本章・第2節1で「きつね」という設定のもつ意味を読んだが、そのことをここで取り上げることもできる。）

（2）言葉の不在が悲劇を生んだという推理

作品中ごんの言葉は、カギ括弧「　」で何度も出てきている。ごんは何度も実際に言葉を発しているかのように見てしまうが、実際にはごんは一度も声を発していない。兵十や加助の言葉の理解はしているが、自分から一度も声を出して話したことはない。兵十たちの言葉を理解しているのだから、ごんは言葉が使えたと見ることもできる。しかし、一方では、仮に言葉が理解できたとしても、音声として話すことはできないという可能性も否定できない。さらには、仮に音声として話すことができたとしても、実際に話す機会はごんと兵十の間ではありえなかったという読み方もできるかもしれない。

実際の授業で「ごんは手紙で兵十に自分の気持ちを伝えたらよかった。」という発言が出ることがある。それはそれで一つの見方だが、言葉を理解できることと書くことができることとは同じではない。

いずれの可能性をより強く選択するとしても、ごんと兵十の間に「言葉」を使っての意思疎通が実際にはできていなかったということは読めそうである。とすると、「言葉」の不在が、この悲劇を招いたという読みの可能性が見える。「言葉」の不在が、人と人との、あるいは国と国との、民族と民族との悲劇を生むということは現実にもある。

（3）ごんの「ひとりぼっち」の境遇が悲劇を生んだという推理

導入部でごんは、「いたずらばかりしました。」と紹介されている。ただし、それらは村人にとってはとても「いたずら」では済ますことのできない悪事である。また、兵十に「ちょいといたずら」をしようともしている。これは、ごんが「ひとりぼっち」であるゆえの「いたずら」であるという推理である。ひとりぼっちであるから、構ってもらいたくて村人たちに「いたずら」をしている。兵十に対してもそうである。

「小ぎつね」から想定できる少年期から青年前期の年齢も関係していると見てもよい。その時期には、関心を引きたくて、構ってもらいたくていたずらをしてしまうということは、実際にもあることであろう。しかし、「いたずら」をされる側からは、とても「いたずら」とは見ることができないということもある。それがきっかけとなって実際以上に否定的なラベリング（評判）が行われるということもある。「ひとりぼっち」がごんにいたずらをさせ、それを続けさせ、結果として大きな悲劇を生み出してしまったという推理である。

3　この後兵十はこの出来事をどう語ったか

これに近い「学習の手引き」が、現行の小学校教科書にある（注8）。

「6」の後で、「兵十」が「ごん」のことを「加助」に話すとしたら、どのような会話になるでしょうか。

二人の会話を想像して、書きましょう。

兵十がこの後、この出来事をどう見ていたかを想像する課題であり、広い意味での吟味・批評にあたる。ただし「加助」に話すという限定の仕方より、村人に話すという設定の方がよりよい。加助は兵十と親しいが、加助は軽い人物として描かれている。兵十の気持ちを吐露する相手の設定として加助がベストとは考えにくい。

たとえば「兵十が一番、頼りにしている村人に、このことを語るとしたら」「報告するとしたら」などの方がよい。

いずれにしても、第三者に兵十がどうこの出来事を語ったかを考えることには意味がある。ただし、恣意的な想像ではなく、本文の一語一文にもとづく想像でなければ意味が薄い。と言うより、本文から遊離した想像は、逆にそれまでの作品の読みを阻害する危険がある。導入部から読めるごんの評判、「ぬすっとぎつねめ」とどなった際の記述、そして毎日続いたごんの行為、そして「6」の記述に戻りながら、兵十が村人（たち）にどういう語りをしたかを想像させることが大切である。

〈注〉

(1) 鳥越信は「小狐なのである。」と述べ「年齢にすればちょうどこの作品を書いた頃の南吉、つまり十六、七歳くらいの多感な思春期の青年像として受けとるべき」と述べている。（鳥越信『鑑賞日本現代文学35 児童文学』一九八二年、角川書店、一七八頁）

(2) ロラン・バルト（沢崎浩平訳）『S／Z』一九七三年、みすず書房、三四頁【Roland Barthes "S/Z" 1970】

(3) 斎藤喜博は「その明くる日も」の「も」に焦点化した授業を展開し「つまらない」「さびしい」等の気持ちを「押しつぶして」いることを読ませる。（斎藤喜博『介入授業の記録・中』一九七七年、一莖書房、四五頁）

(4) 西郷竹彦は次のように述べる。「一方的にごんの視覚でいくと、最後まで兵十の怒りも見えてきません。ですから突然ごんが殺されてしまうと、一方的にごんの悲劇で終わってしまうのです。けれども視覚が兵十に転じたおかげで、ごんと兵十、両者の悲劇であるというふうに読者に受け取られてくるのです。」（西郷竹彦『新訂・西郷竹彦教科書指導ハンドブック・小学校　4年の国語』一九九二年、明治図書、九〇頁）

(5) 甲斐睦朗は呼称の変化について「兵十のごんに対する気持ちが、憎悪から親愛へと百八十度転換したわけである。愛称『ごん』で呼びかけているのは兵十の気持ちがごんを受け入れたことを表している。」と述べる。（甲斐睦朗「『ごんぎつね』の表現」全国国語教育実践研究会編『実践国語研究別冊139「ごんぎつね」教材研究と全授業記録』一九九四年、明治図書、四六頁）

鶴田清司は呼称の変換について「〈ごん〉に対する呼称の変化の違いに目がつく。Aは〈ごんぎつね〉という敵意・憎悪に満ちた呼称であり、Bは〈ごん〉という親近感を込めた呼称である。」と述べている。（鶴田清司『「ごんぎつね」の〈解釈〉と〈分析〉』一九九三年、明治図書、一〇八頁）

(6) 西郷竹彦は「ごんぎつね」の主題について「おたがい独りぼっちであり、ごんは、あれほど兵十に心を寄せているにもかかわらず、その兵十に殺されるといういたましい悲劇は、つまりは対話が成立しないという両者の人間関係がひきおこしたもの」（『西郷竹彦文芸・教育全集1「文芸教育論」』一九九六年（初出は一九九五年）、恒文社、三〇九頁）と述べる。また「人間ときつねの間にコミュニケーションがない。話が通じ合う条件がない。そういう状況の中に兵十とごんぎつねは住んでいる。言葉が通じない。」（『西郷竹彦文芸・教育全集8「文芸の世界Ⅱ」』一九九六年（初出は一九九一年）、恒文社、一三四頁）とも述べる。

鶴田清司は「ごんぎつね」の主題について「同じような境遇にありながら対話の関係が絶たれている人物同士が撃ち撃たれるという形でしか理解し合えないという悲劇」と述べる。（前掲書(5)、九一頁）

(7) 鈴木啓子は冒頭の一文について「ごんの『死』という結末に行き着いた時、私は、兵十はこの瞬間にすべてを悟ったと、何の根拠もなく思った。（中略）語り手が村の茂平というお爺さんが小さい頃に聞いたというこの話は、ごんを撃ち、ごんの死に立ち会い、ごんの想いを理解した兵十によって語られ、村人によって語り継がれてきた、『ごん狐』という非業の英雄の伝説なのだと。死という結末は私をテクストの冒頭へと立ち戻らせたのである。」と述べる。

（鈴木啓子「『ごんぎつね』の引き裂かれた有りよう―語りの転移を視座として―」田中実他編『文学の力×教育の力』二〇〇一年、教育出版、六六～六七頁）虚構とは言え、「ごんの『死』という結末に行き着いた時、私は、兵十はこの瞬間にすべてを悟った」は飛躍のし過ぎであるが、どういう経緯にしろ長く語り継がれている設定の意味を様々に仮想していく吟味には創造的な意味がある。

(8) 小学校教科書『国語四・下』二〇一五年、光村図書、二九頁。

第三章　「走れメロス」（太宰治）のあたらしい「読み」の授業

「走れメロス」は、太宰治（一九〇九年～一九四八年）の作品である。一九四〇年に『新潮』に掲載され、同年に『女の決闘』（河出書房）に収められた。F・シラーの叙事詩「人質」を題材に書かれた。教科書には一九五五年に中教出版の国語教科書に掲載された。現在、全社の中学校二年生の国語教科書に掲載されている。

第1節　「走れメロス」の構造よみ―構成・構造を読む

「走れメロス」は、「展開部―山場」の二部構成の作品である。クライマックスの位置にも独自性がある。これまで読んできた構成・構造の読みの方法を生かしながら、新しい構成・構造に挑戦するという意味がある。

1　「走れメロス」の構成をつかむ―発端への着目

作品は「メロスは激怒した。必ず、かの邪知暴虐の王を除かなければならぬと決意した。」の二文から始まる。ただならぬ始まり方である。これから起こる事件の激しさを予感させる。次が作品のはじめの部分である。

メロスは激怒した。必ず、かの邪知暴虐の王を除かなければならぬと決意した。メロスには政治がわからぬ。メロスは、村の牧人である。笛を吹き、羊と遊んで暮らしてきた。けれども邪悪に対しては、人一倍に敏感であった。今日未明、メロスは村を出発し、野を越え山越え、十里離れたこのシラクスの町にやって来た。メロスには父も、母もない。女房もない。十六の、内気な妹と二人暮らしだ。この妹は、村のある律儀な一牧人を、近々花婿として迎えることになっていた。結婚式も間近なのである。メロスは、それゆえ、花嫁の衣装やら祝宴のごちそうやらを買いに、はるばる町にやって来たのだ。まず、その品々を買い集め、それから都の大路をぶらぶら歩いた。メロスには竹馬の友があった。セリヌンティウスである。今はこのシラクスの町で、石工をしている。その友を、これから訪ねてみるつもりなのだ。久しく会わなかったのだから、訪ねていくのが楽しみである。歩いているうちにメロスは、町の様子を怪しく思った。ひっそりしている。もう既に日も落ちて、町の暗いのはあたりまえだが、けれども、なんだか、夜のせいばかりではなく、町全体が、やけに寂しい。のんきなメロスも、だんだん不安になってきた。道で会った若い衆を捕まえて、何かあったのか、二年前にこの町に来たときは、夜でも皆が歌を歌って、町はにぎやかであったはずだが、と質問した。若い衆は、首を振って答えなかった。しばらく歩いて老爺に会い、今度はもっと語勢を強くして質問した。老爺は答えなかった。メロスは両手で老爺の体を揺すぶって質問を重ねた。老爺は、辺りをはばかる低声で、わずか答えた。

「王様は、人を殺します。」

「なぜ殺すのだ。」

（中略）

「いいえ、乱心ではございませぬ。人を信ずることができぬというのです。このごろは、臣下の心をもお疑いになり、少しく派手な暮らしをしている者には、人質一人ずつ差し出すことを命じております。ご命令を拒めば、十字架にかけられて殺されます。今日は、六人殺されました。」

聞いて、メロスは激怒した。「あきれた王だ。生かしておけぬ。」

メロスは単純な男であった。買い物を背負ったままで、のそのそ王城に入っていった。

冒頭の二文の後に行を変えずに「メロスには政治がわからぬ。メロスは、村の牧人である。」と続く。それ以降メロスの人物紹介や場、状況の説明などが始まる。「政治がわからぬ」からが導入部らしい説明となる。「メロスには政治がわからぬ。」から「人一倍敏感であった。」までがメロスの紹介、「今日未明、メロスは村を出発し」から「訪ねていくのが楽しみである。」までが町にやってきた状況の説明と家族等の紹介である。そして「歩いているうちにメロスは、町の様子を怪しく思った。」からまた内容が変わる。異変を示唆する記述である。ここはまだ説明的要素も残る。次の「しばらくして老爺に会い、今度はもっと語勢を強くして質問した。」になり完全な描写に入り、「王様は、人を殺します。」と会話になる。冒頭からここまで一段落である。

その老爺との会話の終わりに、初めての改行とともに「聞いて、メロスは激怒した。『あきれた王だ。生かしておけぬ。』」が位置づく。これは冒頭の「メロスは激怒した。必ず、かの邪知暴虐の王を除かなければならぬと決意した。」と重なる。同じ出来事についての描写である。「聞いて、メロスは激怒した。『あきれた王だ。生かしておけぬ。』」を冒頭に写し取ったと見ることもできる。その後、行を替え「メロスは単純な男であった。買い物を背負ったままで、のそのそ王城へ入っていった。」となる。この後メロスと王が出会う。

こう見ると「発端」は冒頭の「メロスは激怒した。」なのか、老爺とのやりとりの始まりの部分か、「聞いて、メロスは激怒した。」か、それともその後メロスが王城に入っていくところか、いくつかの可能性が考えられる。結論としてはこの作品は冒頭＝発端と読める。

まず冒頭の「メロスは激怒した。」から「聞いて、メロスは激怒した。」までは記述としてひとまとまりである。段落も冒頭から「今日は、六人殺されました。」まで一続きである。段落が変わり改行されるのは、メロスと老爺のやりとりの最後の「聞いて、メロスは激怒した。」である。そこも段落が改まっているとは言えメロスと老爺のやりとりの続きだから場面として一続きである。とすると「聞いて、メロスは激怒した。『あきれた王だ。生かしておけぬ。』」を発端とするには無理がある。もちろん冒頭の「メロスは激怒した。」からの二文を導入部の状況設定と読むことはできない。

この後の展開を強く予感させ、事実上このメロスの決意が、王との関わりにつながっていく。冒頭の二文が、この作品の主要な事件は、メロスと王の関わり・葛藤、そしてメロス自身の葛藤によって成り立っている。さらに、「聞いて、メロスは激怒した。『あきれた王だ。生かしておけぬ。』」までのメロスと老爺のやりとりも会話という密度の濃い描写になっている。

ということから「発端」は、冒頭の「メロスは激怒した。」と読むのが自然である。

問題は冒頭の二文とメロスと老爺の対話に挿まれた人物紹介や状況説明をどう見るかであるが、ここは展開部の中に挿み込まれた人物紹介・状況説明と読める。描写が中心である展開部の中に人物紹介や説明が挿み込まれる作品はある。「その若い侍は、新兵衛の主君松山新介の側腹の子であった。」(「形」)、「二年たって、僕たちは、もう大きな少年になっていたが、僕の熱情はまだ絶頂にあった。」(「少年の日の思い出」)などである。

この作品は展開部と山場の二部構成である。発端は「メロスは激怒した。」であり「冒頭＝発端」となる。また、山場で作品が終わるから「結末＝末尾」である。ただし展開部の前半に人物紹介や状況説明が挿まれる。第1部・第二章・第2節で示した「発端」の指標（五七頁）と照らし合わせると次のようになる。

1　メロスと王の関わり合い、メロスの「激怒」という強い葛藤からこの作品の主要な事件が始まる。
2　メロスと王という主要な人物の出会いが事実上そこで決定する。
3　殺人の決意という非日常性がそこで生まれる。

4 「メロスは激怒した。」など描写的な書かれ方になっている。（その後説明が入るが、また描写に戻る。）

「メロスは激怒した。必ず、かの邪知暴虐の～」というインパクトある描写で作品を始めることで、読者に衝撃を与え作品に引き込む。この二文により読者はこれから展開される事件がただならぬものであることを感じる。また「激怒」「邪知暴虐」「決意」などの強い漢語、「除かなければならぬ」の文語が、それらを一層演出している。

冒頭の「メロスは激怒した。」から「聞いて、メロスは激怒した。『あきれた王だ。生かしておけぬ。』」までの間に挟まれる人物紹介・状況説明の始まりが、「メロスには政治がわからぬ。」であることはわかるが、それがどこで終わるかがはっきりしない。少しずつメロスと老爺の（ある日ある時の）描写に移っている。「歩いているうちにメロスは、町の様子を怪しく思った。」の直前で人物紹介・状況説明が終わるとも読めるし、「しばらく歩いて老爺に会い、今度はもっと語勢を強くして質問した。」の直前で終わるとも読める。これらは段落を変えずに続く。人物紹介・状況説明とメロスと老爺との描写的な会話はグラデーションのようである。

2 「走れメロス」のクライマックス―事件の二つの大きな節目

この作品のクライマックスには二つの候補がある。一つ目は次のAである（特に傍線部が重要）。ここでメロスの走り方が大きく変わる。これまでと違い「引きずられ」るようにも走る。走り続けることの意味がメロスの中で大きく変化している可能性がある。メロスがこれまで一度も見せることのなかった人物像が見えてきている。描写の密度も濃く、極めて高い緊張感がある。また、「大きなもの」「大きな力」といった謎が示される。（傍線は阿部による。）

A「それだから、走るのだ。信じられているから走るのだ。間に合う、間に合わぬは問題でないのだ。人の命も問題でないのだ。私は、なんだか、もっと恐ろしく大きいもののために走っているのだ。ついてこい！　フィロストラトス。」

「ああ、あなたは気が狂ったか。それでは、うんと走るがいい。ひょっとしたら、間に合わぬものでもない。走るがいい。」

言うにや及ぶ。まだ日は沈まぬ。最後の死力を尽くして、メロスは走った。メロスの頭は空っぽだ。何一つ考えていない。ただ、わけのわからぬ大きな力に引きずられて走った。

もう一つはメロスが刑場に駆け込みセリヌンティウスの両足にかじりつく次のBである。ここでメロスと王の約束が果たされる。メロスと王の関係性がここで逆転し決定的となる。描写の密度も濃く緊張感もある。

Bメロスはそれを目撃して最後の勇、先刻、濁流を泳いだように群衆をかき分けかき分け、「私だ、刑吏！　殺されるのは、私だ。メロスだ。彼を人質にした私は、ここにいる！」と、かすれた声で精いっぱいに叫びながら、ついにはりつけ台に上り、つり上げられてゆく友の両足にかじりついた。

メロスと王の人物相互の事件としては、Bをクライマックスと読むのが自然である。ここで王との約束を守りセリヌンティウスを救うことが決まる。この後のメロスとセリヌンティウスのやりとり、王の変化もここに関わる。「破局→解決」のクライマックスとなる。その点Aではまだメロスが間に合うかどうかはわからない。眠り込んでいたメロスが再び走り出しはしたが、間に合わないかもしれない。Aの時点ではまだ不明である。

ただし、Aは今述べたようにそれまでのメロスの走り方と大きく違った走り方になっている。それまで見せることがなかった新しい人物像をメロスが見せる。自信たっぷりだったメロスは、「ああ、なにもかもばかばかしい。（中略）やんぬるかな。」と一度眠り込む。しかし、再び立ち上がり「名誉を守る希望」をもち、走り出す。しかし、メロスはそのまま刑場に突入したわけではない。フィロストラトスが出現し「むだでございます。」「あなたは遅かった。」と言われると、これまでのメロスからは考えられない「間に合う、間に合わぬは問題でない」「なんだか、もっと恐ろしく大きいもの」などの言葉が飛び出す。そして、「わけのわからぬ大きな力に引きずられ」ながら走る。異様な状況である。メロスの心の葛藤という事件にとっては、決定的とも言える変容である。この作品の主要な事件は確かにメロスと王の関わり合い・葛藤だが、同時にメロスの内面の葛藤も主要な事件と言える。三人称小説だが、語り手はメロスの心の中に入り込み、心理的にも強くメロスに寄り添っている。（メロスしか知り得ないメロスの心を代弁している。王の心にも入るからこの作品は三人称全知視点である。）その葛藤がこのAで決定的な局面を迎える。詳細は形象よみで検討するが、ここでは明らかにメロスの中で「信じられ」ていることとの意味、つまり「信実」の意味が変容している。

そう見るとクライマックスとしてA・Bともに要件を満たしていると読める。授業では二つのそれぞれの形象を確かめつつ「二つのクライマックス」を確認できることが大切である。「二つのクライマックス」ということで指導をしてもよいし、その上で「どちらがよりクライマックス」としてふさわしいかを論議・検討させてもよい。ただし「構造よみ」段階での徹底的な論議よりも、後の「形象よみ」「吟味よみ」で本文に丁寧にこだわらせ再読させつつ論議させていく方がよい。最終的に①Aがクライマックス　②Bがクライマックス　③観点により二つともにクライマックス—のいずれかを子どもに判断させればよい。私は③が妥当と見ている。

第1部・第二章・第3節で示した「クライマックス」の指標（六〇頁）と照らし合わせると次のようになる。

1　事件が決定的　A：メロスの内面の葛藤の末にそこで決定的な局面を迎える。
　　　　　　　　　B：メロスと王の関係性がそこで決定的となる。

2　読者により強くアピールする書かれ方　A：会話文を含み描写の密度が濃い、「大きいもの」「大きな力」という謎、「引きずられて」など緊張感。
　　　　　　　　　B：会話文を含み描写の密度が濃い、「叫びながら」「かじりついた。」など緊張感。

3　作品の主題に関わる　A：メロスの変容自体がこの作品の主題を形成する。
　　　　　　　　　B：メロスと王との関係性の変化が主題を形成する。

A・Bいずれとしても、クライマックスが把握できていることで、この後の形象よみの「鍵」の「取り出し」がより有効にできる。クライマックスを意識しつつ、それに向かって事件が発展する部分を展開部・山場から取り出すのである。導入部もクライマックスを意識しながら、そこにつながる「鍵」となる設定に着目する。

3 「走れメロス」の構造表

「走れメロス」の構成・構造は、次のとおりである。

「走れメロス」の構造表

事件：展開部／山場

冒頭＝発端　メロスは激怒した。――

ここに（導入部的な）人物設定、場の設定などが挿み込まれている
（グラデーションのように少しずつ「事件」の描写に移行していく）

山場の始まり　ふと耳に、せんせん、――

◎**クライマックス**
A　「それだから、走るのだ。～大きな力に引きずられて走った。
B　メロスはそれを目撃して～つりあげられてゆく友の両足にかじりついた。

結末＝末尾　――勇者は、ひどく赤面した。

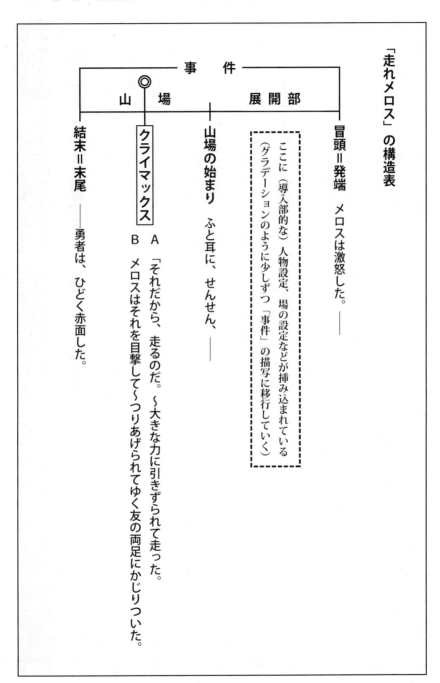

第2節　「走れメロス」の形象よみ―「鍵」に着目し形象を読み深める

1　「走れメロス」の冒頭を読む―冒頭は「危険地帯」

物語・小説の冒頭だけが集められた本もある。物語・小説では冒頭は特別な意味をもっている。ロラン・バルトは冒頭について次のように述べる(注1)。

冒頭は言説の危険地帯です。語り始めるということは、むずかしい行為なのです。それは沈黙からの脱出です。(中略)始めるということは、無限に続いているものを断ち切るということなのです。それゆえ、物語の冒頭は、ぜひとも研究しなければならないのですが、まだ研究されていません。

第1部・第二章・第4節で述べた継続的に続く「ストーリー」のどこを「プロット」として切り取るかという問題とも関わる。「走れメロス」の冒頭は特に印象的である。冒頭で読者をわし掴みにする。

メロスは激怒した。必ず、かの邪知暴虐の王を除かなければならぬと決意した。

「走れメロス」という題名しか知らされていない読者は、「メロスは激怒した。」でまず驚く。「激怒」、激しく怒る。漢語であり日常で普通に使う言葉ではない。文語的である。日常的なレベルの怒りを超えているかもしれないことを予感させる。直後に「邪知暴虐の王」がある。これは「激怒」以上に日常で使うことのない漢語である。「邪知」―悪くよこしま、人の道にはずれた考え方をもつ。「暴虐」―暴力的で残虐で人を苦しめる。人の命を奪う意味を含むこともある。とんでもない王が存在していることがわかる。そして「除かなければならぬ。」となる。「除く」はここでは殺すという意味であり、殺人の決意である。そして文語の「ならぬ」である。「激怒」「邪知暴虐の王」「除かなければならぬ」「決意」――いずれもただならぬ意味をもつ。その上、漢語、文語を使いそのインパクトを強めている。恐ろしい事件がこの後起こるであろうことを読者に予想させる始まり方である。これらによって、読者を作品の中に引きずり込む効果を生んでいる。

その後「メロスには政治がわからぬ。」と人物設定が提示される。次いで場や時、先行事件、そして老爺との描写的な会話があり、再び「聞いて、メロスは激怒した。『あきれた王だ。生かしておけぬ。』」が続く。ここに至り、この老爺との会話のこの部分がさきほどの冒頭と重なっていることに読者は気づく。

映画でタイトルや出演者紹介の前に冒頭で衝撃的場面が示されるものがあるが、同じ効果を生んでいる。

2 「走れメロス」の展開部に挿み込まれている人物設定

導入部ではないが、展開部に挿み込まれている導入部的な部分である。「メロスには政治がわからぬ。」から「結婚式も間近なのである。」あたりまでである。導入部の「鍵」の部分の取り出しでは「1　人物、2　時、3　場、4　先行事件、5　語り手」が指標となるが、ここでは「人物」に絞る。

人物

「走れメロス」で着目し取り出すべき「鍵」は、次の部分である。これらは、この後の事件展開そしてクライマックス（A／B）につながっていく。

① メロスには政治がわからぬ。
② 村の牧人
③ 笛を吹き、羊と遊んで暮らしてきた。
④ 邪悪に対しては、人一倍に敏感
⑤ メロスには父も、母もない。女房もない。
⑥ 十六の、内気な妹と二人暮らし

右の「人物」設定以外では、たとえば「十里離れたシラクスの町」などから、メロスの村とシラクスがほぼ四〇キロあることが「場」として読める。四〇キロという距離は丁度マラソンの四二・一九五キロに近い。歩けば約一〇時間、プロの選手が走っても二時間は切れない。そういう距離設定である。これがもし「五キロ」であったら、逆に「二百キロ」であったら、こういった際どい事件展開にはならなかったはずである。

(1)「政治がわからぬ」ことの肯定面・否定面を読む

展開部に挿まれる形の人物設定だが、なぜか「政治がわからぬ。」から始まる。普通は年齢や職業、家族などから始まるのだろうが、「政治」についてのわかる・わからないから始まる紹介(設定)は異様でさえある。「政治がわか」るかどうかを問題にしているということは、「政治」に関わる事件が起こる可能性を暗示しているとも読める。冒頭の「邪知暴虐の王を除かねばならぬ」と合わせて読むこともできる。

「政治」がわからないということは、否定的に見ると、世の中の仕組みがわからないということである。世間知らず、知識や教養がないとも読める。この後紹介される「村の牧人」という職業からすると、それは当然のこととも言える。「村の牧人」が「政治がわからぬ」ことはそう特別なことではないはずであろう。にもかかわらず、あえて「政治がわからぬ」と断っていることは、そこに何か仕掛けがある可能性が読めてくる。

否定的な人物形象が読める一方で肯定的な人物形象も読める。「政治」は、文脈によっては否定的な意味で使われることがある。「立場をうまく利用して巧みにものごとをすすめる」「駆け引き」といった意味である。「あの人はなかなかの政治家だから」などという場合は、否定的ニュアンスが含まれる。それがわからない、そういうことをよく知らないということは、そういった駆け引きや根回しなどを知らない人物という可能性も読める。それだけ純粋さをもつ人物ということでもある。それは「邪悪に対しては、人一倍に敏感」とも照合する。

(2)「メロス」の名前よみ

「メロス」という名前を読む。「メロス」については、藤原和好は、ラテン語の「メルス」の複数対格という読みをしている。「メルス」とは「澄み切った」「晴れた」「純粋な」「裸の」「誠実な」といった意味をもつ(注2)。また、ギリシャの詩人「ホメロス」を連想させるという読みもできる。「メロス」は小説の素材となったシラーの作品「人質」の名前であり、太宰のオリジナルではない。(「ディオニス」も同様である。)とは言え、そのまま近代文学の作品に「メロス」が使われている以上、その形象性を読むことに意味がある。

ここには「メロス」の他に「ディオニス」「セリヌンティウス」「フィロストラトス」が出てくる。それらの名前と比べると、「メロス」は音数が少ない。濁音もなくマ行音＋ラ行音＋サ行音と比較的柔らかい名前である。もちろん、「セリヌンティウス」「ホメロス」などと共に「～ス」で終わる。ギリシャ的な名前である。

「ディオニス」に比べると明らかにすっきりとして発音し易い名前である。メロスの「単純」さ、一本気な性格と重ねてみても、それほど違和感はない。仮に「走れディオニス」となると、大きく印象が違ってくる。

「セリヌンティウス」「フィロストラトス」も柔らかな音をもつ名前だが、こちらは長い。特に後半でメロスが疾走する部分で「メロス」の名前が繰り返されるが、そこでは短い名前の方が効果的である。「走れフィロストラトス」だと疾走感は弱くなる。一方で「メロス」という短さ・柔らかさは、軽さ・安っぽさを生む危険がある。しかし、人物紹介や事件展開、内面描写の在り方により、そうならないようになっている。

(3) メロスの職業と性格を読む

村の牧人
笛を吹き、羊と遊んで暮らしてきた。
邪悪に対しては、人一倍に敏感

「村の牧人」という一庶民、そして「笛を吹き、羊と遊んで暮らしてきた」ということは、裕福でないにしても自分の生活・仕事に不満をもったりはしていないと読める。「邪悪に対しては、人一倍に敏感」の「人一倍」は、人並みの正義感を大きく超えているということであり、普通の人が感じない、見過ごすようなことにも反応するということである。清々しい生き方ではある。反面、過剰な反応をする可能性も推測できる。

(4) メロスの家族を読む

メロスには父も、母もない。女房もない。
十六の、内気な妹と二人暮らし

「父も、母もない」ということは、寂しい境遇、そして、自分を支える人がいない社会的立場の弱さが読める。「女房もない」とわざわざ記す以上、「女房がいてもおかしくない」年齢でもあるからである。ただし、それは逆に見ると、身軽で気遣いをすべき係累がほとんどないということでもある。自由の身である。これはこの後、王と命懸けの「約束」をすることとも関わる。単身王城に乗り込む無謀さを許す条件になっているとも読める。もしたとえば「年老いた父も、母もいる。女房とまだ小さい四人の子どもがいる。」ということであれば、王城に乗り込むにはそれなりの覚悟がいる。この後のメロスの内面的な葛藤の中で残してきたそれら係累の存在が関わることになる。そうなると、別の要素が入り込み事件展開の明快さが損なわれる可能性がある。

ただし妹という唯一の気がかりがある。「十六の、内気な妹」である。主要人物のメロスの年齢は書いていないのに副人物の妹の年齢が明示してある。「十六」にはどういう意味があるか。たとえば「九つになる妹」とはどう違うか。十六は結婚可能年齢である。戦前では日本でも十六での結婚は珍しくなかった。ただし「二十八になる妹」などと比べると「十六」の別の側面が見える。まだ独り立ちは難しいかもしれない。独力で生きるには若い年齢である。メロスは親代わりだろうからまだ面倒を見る必要がある。さらにわざわざ「内気」としている。一層メロスにとって気がかりである。ただし、結婚すればその心配はなくなる。計算された人物設定である。

なお、ここでは「取り出し」はしていないが、老爺との会話の中でメロスは両手で「体を揺すぶって質問を重ね」る。メロスの短気な性格が読める。一方では「のんきなメロス」ともある。「竹馬の友」がいるということから、ひとりぼっちではないこともわかる。「祝宴のごちそう」を買いにくるのだから、村人たちとも良好な関係を築いている可能性が読める。

3 「走れメロス」の展開部の形象と技法

(1)「暴君ディオニス」の人物形象を読む

展開部で、メロスと王は出会い、事件が展開していく。そして「約束」にまで至る。その際に、「暴君ディオニス」の人物像が、いよいよはっきりしてくる。「新しい人物像」である。特にメロスと王の対面の場面「この短刀で何をするつもりであったか。言え!」から「わしだって、平和を望んでいるのだが。」あたりまでの部分から読む。次の部分のうち、傍線部が特に取り出すべき「鍵」と言える。(傍線は阿部による。)

暴君ディオニスは静かに、けれども威厳をもって問い詰めた。その王の顔は蒼白で、眉間のしわは刻み込まれたように深かった。(中略)

「疑うのが正当の心構えなのだと、わしに教えてくれたのは、おまえたちだ。(中略)人間は、もともと私欲の塊さ。信じては、ならぬ。」暴君は落ち着いてつぶやき、ほっとため息をついた。

「わしだって、平和を望んでいるのだが。」

「暴君」は、人民を苦しめる横暴な王である。実際に展開部はじめのメロスと老爺のやりとりからは「暴君」であることが確認できる。「ディオニス」という名前もそれにふさわしい。「ディオニス」は、濁音と拗音が入り、それ自体重く強い音の響きである。清音、それもM音とR音とS音の「メロス」とは対照的である。そして、「ディオニス」は「ディオニソス」(Dionysos)を連想させる。「ディオニソス」は、ギリシャ神話の酒の神である。ニーチェが著作の中で芸術の象徴として挙げた時の「ディオニソス」は特に激情的な意味を含む。

しかし、「暴君」と言う割には「静か」である。そして「蒼白」で「眉間のしわ」は深い。「ため息」までついてしまう。暴君の荒々しいイメージとは違う人物像である。「蒼白」つまり青白さは、肉体的な不健康さ、衰弱を示唆する。精神的な衰弱、悩みなどの可能性も読める。たとえば赤ら顔のぎらぎらと脂ぎったステレオタイプの暴君とは対照的である。文体も「青白く」ではなく「蒼白」となっている。漢語であることからより硬い感触がある。聴覚的にも視覚的にも硬い。日常では「蒼白」はあまり使わない。非日常的な表現である。より病的な印象、より精神的に衰弱している印象が強まる。「眉間のしわは刻み込まれたように深かった」は「蒼白」の精神的な衰弱、悩みなどと重なる。また、「刻み込まれた」は、彫刻のようであるということだから表情が動かない、伸びやかさが全くない固い表情が読める。

「疑うのが正当な心構えなのだと、わしに教えてくれたのは、おまえたち」の「教えてくれた」という言い方は、責任転嫁の際によく使う表現である。ただし「疑い」をもちたくなるような状況に追い込まれ痛い思いをした経験がある可能性は読める。そして「信じては、ならぬ」である。特にこの読点「、」である。「信じてはならぬ」と一息に言えばよいものを「信じては」と「ならぬ」に「間」がある。この間はしっかりと最後まで言い切れない弱さ、息が続かない弱さである。そして「ため息」をつく。自分を殺しに来た見ず知らずの若者の前で「ため息」をつく。当然、周囲の臣下も兵士も、それを見ているはずである。しかし、そのような気遣いなしに「ため息」をついてしまう「暴君」である。肉体的・精神的に病み苦しむ人物の可能性が見える。

「わしだって、平和を望んでいるのだが。」からも、悪に徹しきれない、弱音を吐く人物と読める。ポーズというよりかなりの程度本心を言っている可能性がある。ただし、一方で自分の家族や重臣たちを次々に殺していく残虐さも合わせもつ。この後のメロスとの約束の場面でも残虐さを見せる。どうしていいかわからないままに悩み苦しみ、同時に残虐を行う人物である。「勧善懲悪」を超えた近代小説的な多面的人物像と言える。

（2）メロスの自信を読む

メロスと王とのやりとりの中で、二人の対照性が際立ってくる。次のような記述が繰り返される。

（王の「はは。命が大事だったら、遅れてこい。おまえの心は、わかっているぞ。」に対して）
① メロスは悔しく、じだんだ踏んだ。ものも言いたくなくなった。
② 今日はぜひとも、あの王に、人の信実の存するところを見せてやろう。
③ 王の奸佞邪知を打ち破るために走るのだ、走らなければならぬ。
④ 濁流にも負けぬ愛と誠の偉大な力を、今こそ発揮してみせる。

似た形象が繰り返される。王の「遅れてこい」に、メロスは「じだんだ踏」む。「ものも言いたくなくなる。強い憤りである。だから「王に、人の信実の存するところを見せてやろう」と思い「王の奸佞邪知を破る」と考える。妹や妹婿への言葉からもメロスの強い誇りと自信が読める。川の濁流に対し「愛と誠の偉大な力を、今こそ発揮」と思う。導入部の「邪悪に対しては、人一倍に敏感」の延長線上にある人物像であり、王への強い怒りと強い自信・自負が一貫して読める。ここでメロスに「暴君」の異様さ━静かさ、顔の蒼白、眉間のしわの深さ、ため息などを変だと感じる余地はない。王と自分は全く異質であり「奸佞邪知」「邪知暴虐」の王は「信実」を見せつけ教えるべき対象であり、打ち破るべき対象でしかない。これら繰り返しを読むことで、この後の「悪い夢」との対比性が際立つ。クライマックスAでのメロスの変容にもつながる。

展開部前半でもう一つ注目したい部分がある。メロスが王と約束をし、王城を出発する場面の「初夏、満天の星である。」の部分である。これはメロスの決意を象徴する自然描写と読める。

（3）メロスの挫折を読む

そして、メロスの挫折である。「悪魔のささやき」「悪い夢」とメロスは後に思い返している。展開部の重要な節目である。これが「A」のクライマックスにつながる。この挫折の部分でメロスの直接的な心理描写は「ああ、あ、濁流を泳ぎ切り」から始まる。ただし、このあたりは「と自分をしかってみるのだが、全身なえて、もはや芋虫ほどにも前進かなわぬ。路傍の草原にごろりと寝転がった。」「もう、どうでもいいという、勇者に不似合いなふてくされた根性が、心の隅に巣くった。」など、語り手の外からの視点で述べられている。それが、「私は、これほど努力したのだ。」から「やんぬるかな。」までで完全にメロスの心の中の言葉（心内語）となる。ここを一つの短編に見立てると、「私は、これほど努力したのだ。」が発端にあたる。そして、「ああ、なにもかもばかばかしい。私は醜い裏切り者だ。どうとも勝手にするがよい。やんぬるかな。」がクライマックスであり、結末である。「私は、これほど努力したのだ。」から、「やんぬるかな。」までを、構造的に見ていくと、だいたい四つの部分に分けることができる。これらは、段落がかわらずに一続きになっている。

次は、それを阿部が四つに分けたものである。（a～dの段落分け、枠囲み、傍線は阿部による。）

【a】私は、これほど努力したのだ。約束を破る心は、みじんもなかった。神も照覧、私は精いっぱいに努めてきたのだ。動けなくなるまで走ってきたのだ。私は不信の徒ではない。ああ、できることなら私の胸をたち割って、真紅の心臓をお目にかけたい。愛と信実の血液だけで動いているこの心臓を見せてやりたい。けれども私は、この大事なときに、精も根も尽きたのだ。私は、よくよく不幸な男だ。私は、きっと笑われる。私の一家も笑われる。私は友を欺いた。中途で倒れるのは、初めからなにもしないのと同じことだ。ああ、もう、どうでもいい。これが、私の定まった運命なのかもしれない。

【b】セリヌンティウスよ、許してくれ。君は、いつでも私を信じた。私も君を欺かなかった。私たちは、本当によい友と友であったのだ。一度だって、暗い疑惑の雲を、お互い胸に宿したことはなかった。今だって、君は私を無心に待っているだろう。ああ、待っているだろう。ありがとう、セリヌンティウス。よくも私を信じてくれた。それを思えば、たまらない。友と友の間の信実は、この世でいちばん誇るべき宝なのだからな。セリヌンティウス、私は走ったのだ。君を欺くつもりは、みじんもなかった。信じてくれ！　私は急ぎに急いでここまで来たのだ。濁流を突破した。山賊の囲みからも、するりと抜けて一気に峠を駆け降りてきたのだ。私だからできたのだよ。ああ、このうえ、私に望みたもうな。放っておいてくれ。どうでもいいのだ。私は負けたのだ。だらしがない。笑ってくれ。

【c】王は私に、ちょっと遅れてこい、と耳打ちした。遅れたら、身代わりを殺して、私を助けてくれると約束した。私は王の卑劣をにくんだ。けれども、今になってみると、私は王の言うままになっている。私は遅れていくだろう。王は、独り合点して私を笑い、そうしてこともなく私を放免するだろう。そうなったら、私は、死ぬよりつらい。私は、永遠に裏切り者だ。地上で最も不名誉の人種だ。セリヌンティウスよ、私も死ぬぞ。君といっしょに死なせてくれ。君だけは私を信じてくれるにちがいない。いや、それも私の、独りよがりか？　ああ、もういっそ、悪徳者として生き延びてやろうか。

【d】村には私の家がある。羊もいる。妹夫婦は、まさか私を村から追い出すようなことはしないだろう。正義だの、信実だの、愛だの、考えてみればくだらない。人を殺して自分が生きる。それが人間世界の定法ではなかったか。ああ、なにもかもばかばかしい。私は醜い裏切り者だ。どうとも勝手にするがよい。やんぬるかな。——四肢を投げ出して、うとうと、まどろんでしまった。

これらは、似たパターンが繰り返されていることがわかる。同時に少しずつ変化もしている。

まず、a、b、c、それぞれの前半では様々に言い訳をする。「私は、これほど努力したのだ。」（a）、「私は走ったのだ。」（b）、「わたしも死ぬぞ。」（c）などである。そしてそれぞれの最後に「ああ」という形でその言い訳さえも放棄して「どうでもいい」などと開き直りが出てくる。dだけは、はじめから開き直り「正義だの、信実だの、愛だの、考えてみればくだらない。」「どうとも勝手にするがよい。やんぬるかな。」と、すべてを否定し開き直る。その意味で、この部分の山場はdである。

aでは「愛と信実」そして「笑われる」ということでおそらく名誉を、bでは「信実」を、cでは「不名誉の人種」ということで「名誉」、そして王との約束・卑劣という点でおそらく正義を、それぞれ問題にし否定していると読める。それを、dで「正義だの、信実だの、愛だの、考えてみればくだらない」と一括して否定している。aとbに対して、cは「悪徳者として生き延びてやろうか」と、より強い開き直りに進んでいる。そして、dで自らを「人を殺して自分が生きる」という生き方を選択しようとしていく。また、aでは「私」、bでは「セリヌンティウス」、cでは「王」が、それぞれ前面に出てきて、言い訳→開き直りが起こる。dでは「人間世界の定法」などと、より一般化をしている。

dの「人を殺して自分が生きる。それが人間世界の定法ではなかったか。」は、王の殺戮と王の言葉「人間は、もともと私欲の塊さ。信じては、ならぬ。」「人のはらわたの奥底が見え透いてならぬ。」と重なる。ただし、メロスはそれだけでは終わらない。「ああ、なにもかもばかばかしい。私は醜い裏切り者だ。どうとも勝手にするがよい。やんぬるかな。」にまで至る。王は、殺戮を行い、人間不信になりながらも、「わしだって、平和を望んでいるのだが。」と漏らし、顔を「蒼白」にし「眉間」に深いしわを刻み込みながら苦悩している。

しかし、今のメロスは「悪徳者として生き延びてやろうか。」「なにもかもばかばかしい。私は醜い裏切り者」

とまで考える。メロスは王と同じになるどころか、それ以上の「悪徳」に向かいつつあるとも読める。ここを丁寧に読んでいくと、やはりこの作品の中心的な事件は、メロスと王の関わり合い・葛藤であると同時に、メロスの内面の葛藤でもあることが一層はっきりと見えてくる。

以上を整理すると次のようになる。

a　私は、これほど努力したのだ。／愛と真実の血液／笑われる
　↓ああ、もうどうでもいい。これがわたしの定まった運命なのかもしれない。

b　セリヌンティウスよ／信実／わたしは走ったのだ。
　↓ああ、このうえ、私に望みたもうな。放っておいてくれ。どうでもいいのだ。

c　王は／不名誉の人種／セリヌンティウスよ、私も死ぬぞ。
　↓ああ、もういっそ、悪徳者として生き延びてやろうか。

d　正義だの、信実だの、愛だの、考えてみればくだらない。人を殺して自分が生きる。それが人間世界の定法ではなかったたか。
　↓ああ、なにもかもばかばかしい。私は醜い裏切り者だ。どうとも勝手にするがよい。やんぬるかな。

4 「走れメロス」の山場の形象と技法

（1）山場そして二つのクライマックスから主題を総合

山場の中でも、特に緊迫感のある部分が次の部分である。ここには、クライマックスの「A」と「B」が含まれている。典型的な山場の事件展開であり描写である。（ABおよび枠囲みは阿部による。）


「ああ、メロス様。」うめくような声が、風とともに聞こえた。

「誰だ。」メロスは走りながら尋ねた。

「フィロストラトスでございます。あなたのお友達セリヌンティウス様の弟子でございます。」その若い石工も、メロスの後について走りながら叫んだ。「もう、だめでございます。むだでございます。走るのはやめてください。もう、あの方をお助けになることはできません。」

「いや、まだ日は沈まぬ。」

「ちょうど今、あの方が死刑になるところです。ああ、あなたは遅かった。お恨み申します。ほんの少し、もうちょっとでも、早かったなら！」

「いや、まだ日は沈まぬ。」メロスは胸の張り裂ける思いで、赤く大きい夕日ばかりを見つめていた。走るより他はない。

「やめてください。走るのはやめてください。今はご自分のお命が大事です。あの方は、あなたを信じておりました。刑場に引き出されても、平気でいました。王様がさんざんあの方をからかっても、メロスは来ますとだけ答え、強い信念をもち続けている様子でございました。」

A「それだから、走るのだ。信じられているから走るのだ。間に合う、間に合わぬは問題でないのだ。人の命も問題でないのだ。私は、なんだか、もっと恐ろしく大きいもののために走っているのだ。ついてこい！　フィロストラトス。」

「ああ、あなたは気が狂ったか。それでは、うんと走るがいい。ひょっとしたら、間に合わぬものでもない。走るがいい。」

言うにや及ぶ。まだ日は沈まぬ。最後の死力を尽くして、メロスは走った。メロスの頭は空っぽだ。何一つ考えていない。ただ、わけのわからぬ大きな力に引きずられて走った。日はゆらゆら地平線に没し、まさに最後の一片の残光も消えようとしたとき、メロスは疾風のごとく刑場に突入した。間に合った。

「待て。その人を殺してはならぬ。メロスが帰ってきた。約束のとおり、今、帰ってきた。」と、大声で刑場の群衆に向かって叫んだつもりであったが、喉がつぶれてしゃがれた声がかすかに出たばかり、群衆は、一人として彼の到着に気がつかない。既に、はりつけの柱が高々と立てられ、縄を打たれたセリヌンティウスは、徐々につり上げられてゆく。**B**メロスはそれを目撃して最後の勇、先刻、濁流を泳いだように群衆をかき分けかき分け、

「私だ、刑吏！　殺されるのは、私だ。メロスだ。彼を人質にした私は、ここにいる！」と、かすれた声で精いっぱいに叫びながら、ついにはりつけ台に上り、つり上げられてゆく友の両足にかじりついた。

作品全体を振り返りながら、二つのクライマックス「A」「B」を中心に主題を読んでいく。

「A」からである。まずここでメロスは「間に合う、間に合わぬは問題でない」と断言している。「間に合う」とは、ここでは、①王との約束を守り王の不信を打ち破ること、②人質となっているセリヌンティウスの命を守ること、③メロスが大事にしてきた「信実」「愛」「正義」「名誉」などを守ること―などを意味する。それが、ここでは「問題でない」と言っている。それらが達成されないとしても、走り続けると言っている。

「人の命も問題でない」とも言っている。「人の命」は、①セリヌンティウスの命、②メロス自身の命、③人間の命─などを意味する。それも「問題でない」と言う。それらがどうなっても走り続けるということである。セリヌンティウスが仮に殺されたとしても自分が殺されるとしても走り続けるということである。今までのメロスの走り方、ものの見方と違う。これまでメロスは、約束を守りセリヌンティウスの命を守り王を打ち破り、信実、愛、正義、名誉を守るために走ってきた。今は仮にそれらが守られなくても走ると言っている。

「私は、なんだか、もっと恐ろしく大きいもののために走っている」と言う。この「大きいもの」とは一体何なのか。「なんだか」と言うということは、メロス自身にもよくわからない何か不可解なものということである。「もっと」と言う以上これまで大事にしてきたこと、約束を守り、セリヌンティウスの命を守り、王を打ち破り、信実、愛、正義、名誉などを守るということ以上のことのようである。「恐ろしく大きなもの」は、とてつもなく大きいとも読めるが、「恐ろしく」からは、不可解で怖いというニュアンスも読める。

「大きいもの」は、すぐ後の「メロスの頭は空っぽだ。何一つ考えていない。ただ、わけのわからぬ大きな力に引きずられて走った。」と関わる。「大きなもの」と、この「大きな力」は対応すると読める。「空っぽ」「何一つ考えていない」ということは、これまで考え続けてきた「信実」「愛」「正義」「名誉」などのことは考えていないということか。さきほどの「間に合う、間に合わぬは問題でない」と対応する。

そして「わけのわからぬ大きな力に引きずられて走」るとはどういうことか。「わけのわからぬ」はさきほどの「なんだか」と照応する。なぜ自分自身のことなのに「なんだか」「わけのわからぬ」なのか。それはおそらくこれら「大きなもの」「大きな力」が、メロスにとって初めての何か、初めて経験する何かということであろう。それまでのメロスの生き方、人生観、世界観では計り得ない不可解な何かということである。

そして「引きずられて走った」である。メロスの意思に反してと読める。「引きずられる」は、「引っぱられる」とは違う。無理矢理、抵抗感が読める。「引きずる」の「ずる」は強い摩擦であり抵抗である。かなり苦しい走りである。長い距離を走り続け疲労困憊し血まで吐いている。肉体的要素もあるだろう。しかし、それ以上に精神的要素が強い。そこまで苦しいなら、走るのをやめたらいいとも思うが、それでもメロスの中の何か――「大きなもの」「大きな力」がやめさせない。それは何なのか。

それは、「ため」「から」と書かれている部分に鍵がある。「もっと恐ろしく大きいもののために」走ると言っている。「ため」に近い言葉が「から」である。その直前に「それだから走るのだ。信じられているから走るのだ。」とある。フィロストラトスが、セリヌンティウスは「メロスは来ますとだけ答え、強い信念をもち続けている様子でございました。」と話したことに応えての言葉である。「信じられている」から「走る」と言っているとすると、「大きいもの」「大きな力」は「信実」ということになる。しかし、既に読んできたように「間に合う、間に合わぬは問題でない」「人の命も問題でない」と言っているメロスと矛盾する。「信実」などこれまで大事にしてきたものを、ここではメロスは否定している。その上「大きなもの」「大きな力」が仮に「信実」であるとすると、メロスが「なんだか」とか「訳のわからぬ」などと言ったりするはずがない。

そうなると、ここでメロスが言っている「信じられているから」につながる「信実」と、メロスがこれまで大事にしてきた「信実」とは別のものになっていると読むしかない。メロスにとって「信実」の意味、信じられていることの意味が変容したということである。そこにはメロスの挫折「悪い夢」が関わっている可能性が高い。

以前のメロスにとっての「信実」は、「間に合う、間に合わぬ」は決定的に「問題」であった。間に合うから「信実」であって、間に合わない「信実」などありえない。間に合わないということは不正義であり、不名誉である。恥ずかしいこと、あってはならないことである。それが、今はたとえ間に合わない可能性が高いとしても、出来る限り走り続ける。仮にわずかの差でセリヌンティウスが殺され、メロスの気持ちが伝わらないとしても、また不名誉とののしられても、走り続ける。それが「信実」であるいうことである。

また、以前のメロスにとって「信実」は積極的に守っていくもの、強い自信と意志で守るもの、守って当然のものであった。それを守ることは喜びである。何より自分こそ「信実」とは何かを知っている。王は、それを全く知らないという認識である。メロスと王との出会いの場面では「ちょっと遅れてくるがいい」という王に、「メロスは悔しく、じだんだ踏ん」で悔しがっている。村から王城へ戻る場面でも「あの王に、人の信実の存するところを見せてやろう。」「愛と誠の偉大な力を、今こそ発揮してみせる。」などと考えていた。それが、今のメロスにとっての「信実」は、「なんだか」「訳のわからぬ」不可解なもの、それを守ることに不安があるものに変化している。そして、無理矢理、いやいや「引きずられ」るものに変化している。

「信実」つまり「信じられる」ということは良きことのはずである（メロスも当然のこととしてそう思っていた）。しかし「信じられる」ことが、違うものに転化している。不可解で、恥ずかしく、不安があり、無理矢理いやいやといったものである。それが中心的な主題の一つである。

「信実」が、不可解で、不安で、無理矢理引きずられ、つらく、恥ずかしめも受けるかもしれない苦しいものであるならば、無理をして持ち続けなければいいのではとも思える。つまり「信実」など捨ててしまえばいいということになる。「信実」つまり「信じられている」ことなど無視すれば楽である。特にここではもう間に合わない可能性が高い。無駄である可能性が高いのだから、そんなに苦しいのなら走るのをやめたらいいとも思える。しかし、メロスはそれを捨てることはできない。走ることをやめられない。自分が「信じられている」ことが、それを許さない。人間が「信じる」とか「信じられる」ということにはそういうことが内包されているのではないか、人間とはそういうものではないか、という主題がそこから見えてくる。

以上を整理すると次のア～カのようになる。

そして「B」である。「つり上げられてゆく友の両足にかじりついた。」ところで、メロスは王との約束を守った。フィロストラトスに「もう、だめでございます。むだでございます。」と言われるくらいだから、ぎりぎりの状況である。（フィロストラトスの判断は早過ぎたことになる。）しかし、ぎりぎりでも間に合ったということは、たとえ無駄と思ったとしても、不安と恐怖、恥ずかしさ、痛みの中でも走り続けることでぎりぎりでも達成できることもあるということを描いていると読める。それも主題の一部と言えるであろう。

さらには、それによるメロスとセリヌンティウスとのやりとり、王の心変わりと続く。特に王の改心につい

〈それまでのメロスにとっての「信実」〉から〈ここで見えてくるメロスにとっての「信実」〉へ

ア　自分は信実をよく知っている（愚かな王はそれを知らない）　↓　信実は不可解なもの、正体がよくわからないもの

イ　信実は積極的に守るべきもの　↓　信実に引きずられることもある、つらさ、痛み（引きずられるようなものであっても守る）

ウ　信実を守ることへの絶対の自信　↓　信実を守ることへの不安・恐怖

エ　信実は喜ばしきもの　↓　信実が苦しみをもたらす

オ　信実は名誉にかかわる　↓　（信実がない方が楽、「信じられている」からこそ苦しい）名誉と無縁でも（恥ずかしくても）守るもの

カ　信実はあって当然のもの　↓　信実は苦しい中であえぎながら守るもの

ては、展開部前半での暴君らしくない悩み苦しむ王という人物像がここで生きると読める。（メロスの「悪い夢」の部分でも生きる。）これら王の改心、メロスとセリヌンティウスの殴り合いも副次的な主題を形成している。

（2）題名「走れメロス」を読む

この題名は命令形になっている。「走るメロス」「メロス」「メロスと王」あるいは「約束」「人質」などという題名でもおかしくない。この命令形「走れ」になっていることを読み、主題との関係を考えていきたい。

命令形である以上、誰かがメロスに命令していることになる。その可能性としては、①語り手がメロスに、②メロス自身がメロスに、③セリヌンティウスがメロスに、④（暗黙の）読者がメロスに（言ったかたちにする）、⑤「信実」の声がメロスに、⑥神のような存在がメロスに―などが読めそうである。右で読んできた主題により深く関わると思えるのは、特に①、②、⑤などであろう。「走れ」は命令形であるが、命令そのものであることもあれば、励ましや願いという意味合いで使われることもある。

ではなぜ命令したり励ましたりするのか。それは、走ることがつらい、走りたくない気持ちや条件があるからである。苦しい、走りたくない、困難がある。しかし、それでも「走れ」ということである。右で読んだように、「信実」とは、メロスにとって、そして人間にとって、時として不可解で、不安で、大きな力で無理矢理引きずるような苦しいものであるかもしれない。そうであれば「信実」など無視して捨ててしまえばいい、「信じられている」ことなど無視すればいい、とも思えるが、しかしそれでも「走れ」と言っていることになる。つまり、そういうものであっても捨てないで「走れ」、「信実」を持ち続け、それに応え続けよという作品主体（虚構としての作者）のものの見方の一端が見えてくる。

第3節 「走れメロス」の吟味よみ―吟味・評価で小説を再読する

1 メロスの人物像に共感できるかどうかを吟味・評価する

国語教科書には既に「メロスの行動や考え方について、共感できたところや、できなかったところを、その理由も考えながら話し合ってみよう。」(注3)という手引きがある。「名作」の主要人物に「共感できた」はあっても「共感できなかったか」を教科書で問いかけることなど、かつては考えられなかった。教科書に掲載されている有名作家の「名作」は、疑う余地なくすばらしいものであり、その中のヒロインには共感するのが当然であるという大前提が国語の授業にはあった。「共感できない」「嫌いだ」など批判的に見ることは事実上許されなかった。そういう価値観が学校文化、国語科文化を支配していた。それが今は共感できないこともありうるし、それを理由とともに話し合うことは、学習として意義があるという方向に動きつつある。「名作」と言われていても、読者としてつまらないと思うことはあるし人物に共感できないことがあるのは当然である。それも「読むこと」の重要な要素であるし読書の楽しみの一つでもある。仮にヒロインに共感できなかったとしても、作品としては面白いと思うこともあるだろうし、主要人物には共感できないが副次的人物には共感できるということもある。もちろん主要人物にも共感できないし作品としても面白いと思わないこともある。

「走れメロス」は、特に評価が分かれる作品である。それを主体的に追究しその根拠を本文から再度見つけるという「再読」は、重要な読みの在り方である。「共感」という点では、右に見たように「信実」を一面的にとらえていたメロスが、その怖さ、苦しさ、はずかしさに気づいていくという意味でメロスの変容のドラマが見える。その意味で「邪悪に対しては、人一倍に敏感」で「純粋」であってもツルンとした単調な人物メロスが、襞の多いより複雑な人物に変容していっている。そこに「共感する」ことはありうる。

一方でメロスはかなり自分勝手な人物とも見える。王との約束のためにセリヌンティウスを本人の同意も得ないままに「人質」にしている。王城まで引き出され「自分は人質にならない」などとセリヌンティウスとして言えるはずはない。妹とその婚約者にも、近々結婚すると決まっていたとしても急に明日結婚式をしてくれというのは身勝手過ぎるとも言える。メロスの変容を読んだ後でもメロスがこれらを後悔している様子はない。

また、「信実」の意味が変わってきたとしても、自分が人質に頼んだセリヌンティウスの命を含む「人の命」を「どうでもいい」と言い切るのも勝手と言えば勝手である。一度挫折した自分が再び走れるようになり、さらに仮に間に合わなくても恥ずかしい思いをしても走りきるという姿勢に変わったことはメロスの変容である。しかし、そうだとしても自分が勝手に人質に頼んだのだから、ぎりぎり間に合わない可能性があったとしても走りきるのは当然とも言える。「なんだか、もっと恐ろしく大きいもの」「わけのわからぬ大きな力」などと理屈をつけたりしないでとにかく最後まで走るのはあたりまえ、という見方もできるかもしれない。そういった理由でメロスに「共感できない」という見方もありうる。

さらには右のような身勝手さを含むメロスの人物像を「だからこそ人間的とも言える」「そういう弱さを引きずりながら生きるのが人間かもしれない」などととらえ、「その意味で共感できる」という見方もありうる。

右記以外にも「共感できた」「共感できなかった」、それぞれに理由は見出せる。たとえば妹やセリヌンティウスの視点からこのプロットをとらえ直すことで、新しい作品像が見えてくる可能性がある。妹にとってメロスは、優しい兄であろうが、この無理矢理の結婚式を妹はどうとらえているかという観点で事件を見直すこともできる。大切なのは、ただ印象で「共感できた」「できなかった」を述べ合うことではなく、作品本文を再読しながら理由を見出すことである。この「再読」があるかないかが、吟味・評価の豊かさの分かれ道である。

2 王の変容とメロスの変容に共感できるかどうかを吟味・評価する

まず、王についてである。王は、山場の後半で「おまえらの望みはかなったぞ。おまえらは、わしの心に勝ったのだ。信実とは、決して空虚な妄想ではなかった。どうか、わしも仲間に入れてくれまいか。どうか、わしの願いを聞き入れて、おまえらの仲間の一人にしてほしい。」と話しかける。メロスとセリヌンティウスの殴り合う姿、そしてメロスの様子を見て、王が改心したということである。特に互いに「信実」への疑いをいだきつつも、それを正直に告白する姿に打たれたということであろう。

ただし、これまで王がしてきた残虐な行為、肉親や家臣たちへの殺戮、圧政などが、それで許されていいのかという課題が残るかもしれない。それをめぐりこの結末に「納得できる」「納得できない」で見解が分かれる可能性がある。その際に、一般的な道徳論を展開させるのではなく、この作品の書かれ方を再読しながら論争をさせていく必要がある。「物語・小説で現実の出来事ではないのだから、そこまで問題にしても意味がない。ここは、メロスが、メロスとセリヌンティウスが、王を動かし変容させたと読めばそれでいいのだ。」という見方。また「仮に物語ということであっても、かなりの数の人々を自分の勝手な疑いだけで殺戮した罪がこんな簡単に許されるというのは、物語・小説として破綻している。」などという見方がありうる。

また、メロスは一度「悪い夢」を見るものの、それを「夢」と片付けている。「信実」がただ喜ばしいものとは限らないこと、常に積極的に守るものとは限らないこと、時として人間を苦しめるものでもあることを体験したことは確かだが、それをメロス自身がどこまで対象化・意識化できているかは明確でない。もし「悪い夢」とだけ片付けているのであれば、それは一時の気の迷いとして忘れ去られる危惧がないとは言い切れない。

これについて田中実と田近洵一の論争がある。田中はメロスが村で「未練の情」を起こしたことに対し「自意識」をもたないこと、そのことを看過しセリヌンティウスに詫びることをしないことを「裏切り」と批判する。語り手もそれを問題にしない。そして二人は抱き合いハッピーエンドとなる。そのことも批判する。それに対し田近はそれはメロスの「ヒーローとしての存在を否定する」ものではないと反論する。メロスが「未練の情」を「振り切り、それに打ち克った」ことを評価すべきと述べる(注4)。そういう論争も有効である。

さらに作品を再読すると、一度眠り込んだメロスが再び立ち上がる際の描写が作品には十分に語り込まれていないとも見られる。一度裏切ろうとして眠り込んだメロスがなぜ立ち上がることができるようになったかが、十分な必然性をもって書かれていないという見方もありうる。一方で小説にそこまでを求めるのは無理がある。その空白は読者が埋めるべきであるという見方もできるかもしれない。メロスの「未練の情」「悪い夢」と立ち上がりの部分を再読しながら、そういった論争を展開することは吟味・評価の読みとして意味がある。

ロバート・スコールズは、吟味・評価に関わり「教師の役割は、こうした個々の批評行為が正しいとか誤っているとかを決定することではなく、議論に加わってやりとりをし、すでに記録に残されているさまざまな批評家の意見を、必要に応じて紹介することである。」と述べる(注5)。作品の再読を伴わない恣意的な吟味・評価や明らかな読み誤りは、教師は指摘すべきである。そうでなければ田中が言うところのアナーキーに陥るばかりである。読み落とし、読みの欠落があった場合も、教師は指摘する必要がある。しかし、その上で、子どもたちが作品を肯定的に評価するか否定的に評価するかは、子どもの議論に任せればいいはずである。

丹藤博文はこの作品を「教材から外す」ことを主張している。しかし、この作品と子どもとの出会いを閉ざすことには賛成できない。丹藤は「他者の眼に映る自己像によって自分の行動を決定してしまう」メロスという戸松泉の評価を肯定的に引用しつつ、メロスを「弱い自我」「相手や場面によって〈主体〉が変わりやすい」「自己化された他者」「自己中心的」「愚直」などと評価しつつ「自己欺瞞」の者であるとまで述べる(注6)。しかし、人間には多かれ少なかれ「他者の眼に映る自己像によって自分の行動を決定してしま」ったり「相手や場面によって〈主体〉が変わりやすい」という傾向はもっている。人間には「自己中心的」なところもあれば「愚直」なところもある。常に強い自我をもてるわけでもない。それらがあるからと言って「走れメロス」を教材にすること自体を否定したら、子どもたちが国語の授業で出会う教材の多様性が大きく失われていく。

3 別の事件展開の可能性を想定し山場をとらえ直す

オリジナルの事件展開と違う事件展開の可能性を想定し、そこから作品を再読する方法である。メロスはフィロストラトスに間に合わないと言われたが、走ることをやめなかった。「恐ろしく大きいもの」のため「大きな力」に引きずられて走る。それが結果として間に合うことにつながった。しかし、もしメロスがあとわずかの差でセリヌンティウスの処刑に間に合わなかったとしたら、という仮定をしてみる。セリヌンティウスの死が現実のものになっていたとしたらこの作品はどういうものになっているか。それとの緊張関係から、もう一度メロスの自己内対話、フィロストラトスとの会話等を読み返してみるという吟味である。それにより主題の読みを再読できる。（第1部・第五章・第2節（二〇七～二〇九頁）を参照願いたい。）

4 作品の冒頭と末尾を比べてみる

この作品の冒頭は「メロスは激怒した。」で始まる。そして末尾は「勇者は、ひどく赤面した。」で終わる。この冒頭と末尾の書かれ方について、斎藤美奈子は、次のように述べる（注7）。

赤い顔で激怒していた赤子のようなメロスが最後は赤い顔で恥じ入る。言いかえれば、単純だった若者が「見られている自分」に気づく。感情のままに猪突猛進する心身ともに「裸」だった若者が、最後に「衣」

を手に入れる物語。この瞬間、メロスはコドモからオトナに変わるのである。それを成長とするか俗化と解釈するかは微妙なところ。カッとなって城に乗り込むメロスはそもそも「キレる中学生」みたいなやつだ。その恥ずかしさに中学生は気づくかな。

これをはじめから子どもに読ませてもいいが、「激怒」で始まり「赤面」で終わるメロスを様々な形で解釈させた上でこれを紹介し吟味・評価させてもよい。

〈注〉

(1)　ロラン・バルト（花輪光訳）『記号学の冒険』一九八八年、みすず書房、一五九～一六〇頁【Roland Barthes "L'aventure sémiologique" 1985】

(2)　藤原和好「教材『走れメロス』の研究―裸の聖者―」大西忠治他編『国語教育評論7』一九八七年、明治図書、一二二頁

(3)　中学校教科書『国語2』二〇一二年、光村図書、一九七頁

(4)　「座談会Ⅰ　読みのアナーキーをどう超えるか―〈原文〉とは何か」田中実他編『文学の力×教材の力・理論編』二〇〇一年、教育出版、六七～一一〇頁（第1部・第五章でも紹介した。）

(5)　ロバート・スコールズ（折島正司訳）『テクストの読み方と教え方』一九八七年、岩波書店、九〇頁【Robert Scholes "Textual Power: Literary Theory and the Teaching of English" 1985】

(6)　丹藤博文『文学教育の転回』二〇一四年、教育出版、一二四～一三〇頁。丹藤が引用しているのは戸松泉『小説の〈かたち〉・〈物語〉のゆらぎ―日本近代小説「構造分析」の試み』二〇〇二年、翰林書房、三六八頁

(7)　斎藤美奈子『名作うしろ読み』二〇一三年、中央公論新社、三二一～三二二頁

索　引

【著者紹介】

阿部　昇（あべ　のぼる）

秋田大学大学院教育学研究科特別教授，秋田大学名誉教授，東京未来大学特任教授。

専門は，国語科教育学，教育方法学。

1954年生まれ。茗溪学園中学校高等学校教諭，秋田大学教育文化学部教授，秋田大学大学院教育学研究科教授等を経て現職。

2008年～2011年秋田大学教育文化学部附属小学校校長。

「読み」の授業研究会代表，日本教育方法学会常任理事，全国大学国語教育学会理事，日本ＮＩＥ学会理事。

秋田県ＮＩＥ推進協議会会長，秋田県検証改善委員会委員，2007年～2019年秋田県検証改善委員会委員長。

小学校・中学校国語教科書編集委員（光村図書）。

〈著書（単著）〉

『物語・小説「読み」の授業のための教材研究―「言葉による見方・考え方」を鍛える教材の探究』『確かな学力を育てるアクティブ・ラーニングを生かした探究型の授業づくり』『文章吟味力を鍛える―教科書・メディア・総合の吟味』『授業づくりのための「説明的文章教材」の徹底批判』『「オツベルと象」の読み方指導』（以上明治図書），『力をつける「読み」の授業』（学事出版），『頭がいい子の生活習慣―なぜ秋田の学力は全国トップなのか？』（ソフトバンク・クリエイティブ）など多数。

〈著書（編著書）〉

『あたらしい国語科指導法・五訂版』『国語の授業で「深い学び」をどう実現していくか』『国語の授業で「主体的・対話的で深い学び」をどう実現するか』『国語科教科内容の系統性はなぜ100年間解明できなかったのか』『教育の方法と技術・改訂版』（以上学文社），『説明文・論説文の「読み」の授業』（明治図書），『文学作品の読み方Ⅱ』（日本標準）など多数。

増補改訂版　国語力をつける物語・小説の「読み」の授業
―「言葉による見方・考え方」を鍛えるあたらしい授業の提案―

2020年２月初版第１刷刊　©著　者　阿　部　昇
発行者　藤　原　光　政
発行所　明治図書出版株式会社
http://www.meijitosho.co.jp
（企画）木山麻衣子（校正）丹治梨奈
〒114-0023　東京都北区滝野川7-46-1
振替00160-5-151318　電話03(5907)6702
ご注文窓口　電話03(5907)6668
＊検印省略　組版所　藤　原　印　刷　株　式　会　社

Printed in Japan　ISBN978-4-18-386814-5